KB042755

백제의 민속

송화섭

백제의 민속

저 자 : 송 화 섭
저 작 권 자 : (재) 백제문화개발연구원
발 행 : 도서출판 주류성
발 행 인 : 최 병 식
인 쇄 일 : 2006년 7월 3일
발 행 일 : 2006년 7월 10일
등 록 일 : 1992년 3월 19일 제 21-325호
주 소 : 서울특별시 서초구 서초동 1305-5 창람(蒼藍)빌딩

T E L : 02-3481-1024(대표전화)
F A X : 02-3482-0656
HOMEPAGE : www.juluesung.co.kr
E-MAIL : juluesung@yahoo.co.kr

값 10,000원

잘못된 책은 교환해 드립니다.
ISBN 89-87096-63-7

본 역사문고는 국사편찬위원회를 통한 국고보조금으로 진행되는
3개년 계획 출판사업입니다.

▲ 익산 미륵사지 회랑지 북측 주초석에 새겨진 천반형 윷판도

▲ 익산 미륵사지 회랑지 북측 주초석에 새겨진 천반형 윷판도의 선명한 원경 그림

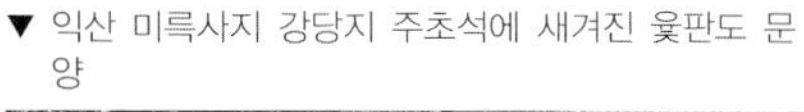

▼ 익산 미륵사지 강당지 주초석에 새겨진 윷판도 문양

◀ 중국 집안시 우산 서단의 방형 계단식 적석묘의 석벽에 새겨진 천반형 윷판도

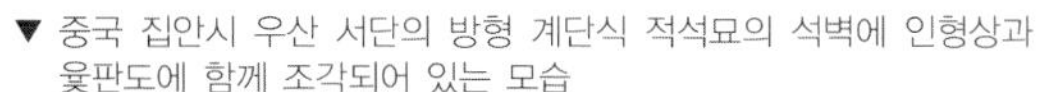

▼ 중국 집안시 우산 서단의 방형 계단식 적석묘의 석벽에 인형상과 윷판도에 함께 조각되어 있는 모습

▲ 전북 부안군 위도면 내원암 대웅전에 봉안된 조선후기 추정의 백의관음보살탱화

▲ 전남 영암군 무위사 대웅전 후불벽리면에 그려진 백의관음보살입상 벽화

▲ 전북 부안군 진서면 내소사 대웅보전 후불벽리면에 그려진 백의관음보살좌상 벽화

▲ 중국 절강성 주산시 보타락가산 조음동의 바닷가 절경

▶ 중국 절강성 주산시 보타락가산의 관음굴위에 조성된 범음동의 불긍거관음원의 지붕과 바닷가 모습

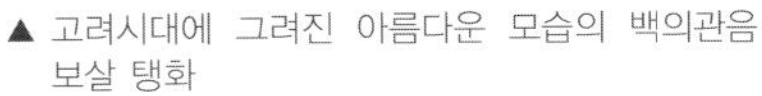

▲ 고려시대에 그려진 아름다운 모습의 백의관음보살 탱화

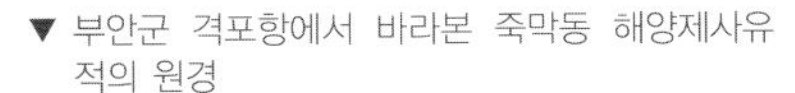

▼ 부안군 격포항에서 바라본 죽막동 해양제사유적의 원경

▲ 부안군 위도면 대리마을에서 전승되는 원당에 봉안된 백의관음보살의 입상당신도의 정면 모습

▲ 부안군 위도면 대리마을에서 전승되는 원당제의 당신도 가운데 원당마누라를 묘사한 백의관음보살입상도

▲ 고창 선운사 대웅보전 후불벽리면에 그려진 백의관음보살좌상의 옛 벽화

◀ 부안 죽막동 수성당 옆에 위치한 당굴, 수성당할미가 거처한다는 신당

▲ 부안군 변산면 적벽강 죽막동 뒤편에 위치한 옛 수성당의 모습

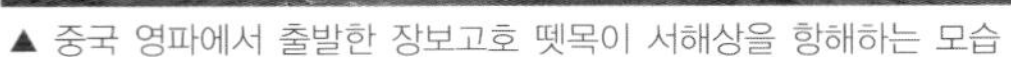
▲ 중국 영파에서 출발한 장보고호 뗏목이 서해상을 항해하는 모습

▲ 정월초에 고창지방에서 마을주민들이 걸립굿을 하는 광경

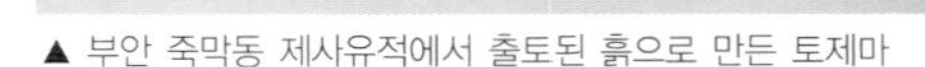
▲ 부안 죽막동 제사유적에서 출토된 흙으로 만든 토제마

▲ 중국 비림의 출입문 입구에 위치한 수호기능이 쌍사자 모습

▼ 김제 벽골제의 옛 경장거 유적과 일제시대 조성된 농수로의 모습

▶ 순창군 구림면 금상리 마을주민들이 정월초에 돌탑옆에 짐대를 세우는 모습

▲ 고창 고수 신평리 마을주민들이 줄다리기를 마친 후에 당산입석에 줄을 감는 장면

▲ 고창 독실마을 주민들이 정월 대보름날에 남여 양편으로 나누어 줄다리기를 하는 모습

▲ 장지로 향하는 장송 행열의 모습

▲ 현전하는 장송례에서 남자는 노란 삼베옷, 여자는 흰옷을 착의한 모습

▲ 줄다리기에서 사용할 외줄의 용머리 형상을 갖춘 모습

▲ 부안군 위도면에서 볼 수 있었던 초분의 모습

▼ 부안 구진마을에서 당산나무에 줄다리기 이후에 용줄을 감아올리는 모습

▲ 청룡이 그려진 용당기와 신농유업이 쓰여진 농기 모습

▲ 전북 고창지방에서 조사된 성혈이 조각된 들독 모습

▲ 전북 진안 백운면에서 발견된 성혈조각이 선명한 들독 모습

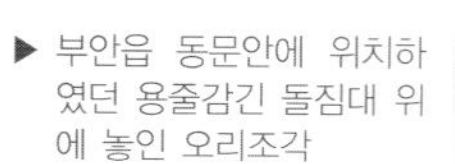
▶ 부안읍 동문안에 위치하였던 용줄감긴 돌짐대 위에 놓인 오리조각

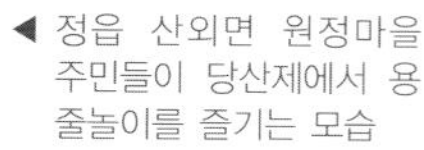
◀ 정읍 산외면 원정마을 주민들이 당산제에서 용줄놀이를 즐기는 모습

▼ 정읍 산외면 원정마을 주민들이 당산제에서 진쌓기 놀이를 진행하는 모습

백제의 민속

머리말

처음 『백제의 민속』을 집필해달라는 청탁을 받고서 참으로 난감했다. 민속에 관심을 갖고 수십년간 마을현장을 돌아다니며 문화유산 계통찾기 작업을 해왔지만, 항상 그곳은 생활의 현장이었지 역사의 현장은 아니었기 때문이다.

한국고대사를 전공한 역사학도로서 민속학에 흥미를 갖기 시작한지 20여 년 동안 가장 큰 난제가 역사 속에서 민속을 어떻게 끄집어 낼 것인가에 대한 고민이었다. 항상 현전하는 민속의 편린을 갖고 역사적으로 어느 시대까지 거슬러 올라갈 것인가 하는 문제가 고민거리였다. 그동안 민속의 배경과 기원을 설정하는데 자료에 대한 면밀한 검토없이 원시사회까지 올려 잡는 경향이었다. 특히 민속신앙의 경우, 역사적 검증도 없이 선사고대로 치닫는게 보편적이었다. 이러한 요인은 식민지 민속학의 그늘에서 탈피하지 못했음을 의미한다. 민속은 구전과 관습에 바탕을 두고 있기 때문에 문헌기록에는 자주 등장하지 않는다.

그러다보니 역사학보다는 국문학 쪽에서 민속학의 주도권을 잡아왔다. 그러나 필자는 민속을 역사학적 시각에서만 바라보는 관점을 견지해왔다. 역사는 역사적 사건에 대한 기록으로 남겨졌지만, 민속은 생활과 관습의 행위로 전승되면서 생성과 소멸을 반복해왔다. 민속의 속성이 집단전승이기에, 영속성을 가진 민속문화는 역사기록보다도 더 소중한 역사민속 자료라 하지 않을수 없다.

더욱 민속은 문화적 충격에 약하여 다양한 문화접변이 일어나고, 역사적 전개와 사회현실에 따라 환경적응하는 과정에서 새로운 민속이 만들어지고 변모해왔다. 이처럼 민속이 갖는 생성과 소멸의 시점과 배경에 대한 고증이 쉽지 않기 때문에 민속을 역사학에서 접근한다는 것은 쉬운일이 아니라고 본다.

그러나 항상 "민속은 역사다"라는 관점을 벗어난 적이 없었다. 민속이 생활문화를 총칭하는 것이라면 고대, 중세, 근대에 살아왔던 사람들도 생활문화를 향유하였던 것은 같다는 인식이다. 그런 차원에서 역사민속을 규명하는 작업을 줄곧 해왔다. 생업과 생활환경에 적응하면서 살아온 생활방식은 고대사회나 현대사회에서 큰 차이가 없다고 본다. 다만 생업과 환경의 여건에 따라 민속에 차이가 있을 뿐이다. 현전하는 민속 자료를 통하여 고려시대, 조선시대의 민속 문화를 규명하는 작업에 몰두하면서 역사학도로서 흥분한 적이 한두 번이 아니었다. 다양한 자료를 수집하여 나름대로 당대의 생활상을 그려볼 수 있었기 때문이다.

그런데 덜컥 백제의 민속에 대한 집필의뢰를 받고서 고대민속까지 몇 단계 더 올라가야 하는가에 고민이 적지 않았다. 왜냐하면 고대로 올라갈수록 민속 자료구하기가 쉽지 않기 때문이다.

그동안 고대민속에 대한 연구성과도 거의 없을 뿐만 아니라, 있다 하더라도 설화문학의 범주에서 논의된 것일 뿐, 사료의 한계가 고대민속 연구에 장애요인이었다. 더욱 백제의 민속 자료구하기는 더욱 힘든 편이었다. 현전하는 백제적인 관련 자료를 놓고 과연 백제시대의 민속문화로 볼 것이냐 하는 난관에 부딪히기를 거듭했다. 예를 들면, 백제의 수도였던 공주 웅신단에 봉안된 곰석상이 공주와 무슨 관련이 있는지, 백제부흥전쟁의 주역이었던 복신과 도침을 숭모하는 부여의 은산별신제가 백제시대부터 전승된 것인지에 대한 구체적인 근거자료를 발견할 수 없었다.

민속도 역사이기에 단순히 현전하는 설(說)을 설(舌) 그대로 받아들이기는 쉽지 않은 문제였다. 백제시대 민속에 관한 정확한 문헌자료나 백제유적에서 출토된 발굴자료를 활용해야 한다. 그러나 역사민속이나 고고민속의 연구성과가 일천한 학계의 풍토에서 기대한다는 것은 쉽지 않을 일이었다. 그런 나머지 민속이라는 협의적 관점보다는 풍속, 관습, 생활방식이라는 광의적인 차원에서 백제인의 생활문화로 접근하는 것이 바람직하다는 결론이었다. 그래서 지배층과 피지배층의 생활관습과 풍속을 자료의 대상으로 삼았다.

그러한 범주에서 일본, 중국의 백제자료와 삼국사기, 삼국유사 등 국내 사료에서 백제민속 관련자료를 추출하여 현전의 민속문화와 연계시켜 해석하는 방향으로 집필을 시작하였다.

이 글은 현전하는 생활문화속에서 사료에 등장하는 소재를 중심으로 백제인의 생활문화를 복원하려는 시도에 불과하다고 본다.

글쓰기를 하면서 새삼 깨닫게 된 것은 한반도라는 자연환경과 생업의 여건에 따라 살아가는 주기적인 생활방식과 환경의 적응방식에서 고대사회나 현재나 큰 차이가 없다는 것이다. 신앙이나 의식에서 더욱 그러했다. 고대사회로 올라갈수록 사회가 단순하고 사람들은 미개적인 삶을 살았지 않았을까 하는 착각은 편견에 불과하다. 오히려 현대사회에 살아가는 사람들에게 민속이 없다.

사람들이 살아가는데 고대사회보다 지금이 더 단순해져 있을지도 모른다. 민속은 풍요로운 삶의 잣대라고 본다. 역사기록은 민속의 잣대가 될 수 없다. 자연환경에 적응하면서 생활능력을 집단적으로 가꾸어온 사람들일수록 민속이 풍성했고, 풍요로운 생활을 누렸다. 맺히면 풀고 푸는 방식도 주기적이었다. 옛사람들은 그 해법을 민속에서 찾았던 것이다. 그러나 현대인들에게는 그 해법을 찾을 길이 없다. 현대인들이 엄청난 스트레스에 시달리는 것도 스스로 민속을 고갈시킨 결과라고 본다. 백제의 민속이 희미해진 오늘날에 삶을 풍요롭게 하는 윤활유로서 민속문화를 부활시키는데 이 책이 조금이나마 기여하는 계기가 되었으면 하는 바람이다.

이 책을 내는데 인고의 시간이 필요했다. 이 책이 출판될 수 있도록 지원해주신 백제문화개발연구원 조부영 이사장님과 원고 집필을 인내

하면서 기다려주신 신병순 사무국장님, 그리고 원고를 꼼꼼하게 읽어 주면서 교정을 도와주신 최옥희 선생님과 이미숙 선생님, 그리고 편집 출판을 맡아 좋은 책을 엮어내는데 애쓰신 주류성의 최병식 사장님과 편집자에게 이 글을 통하여 진심으로 감사의 마음을 전한다.

2006년 6월

천잠산 기슭에서 송 화 섭 씀

차 례

차 례

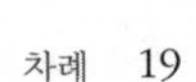

차 례

마한의 소도와 백제의 소도

1. 소도와 솟대

1) 신채호의 수두론

일제 침략기에 민족주의 사학자들은 단군신화를 모태로 하는 고대사회의 태양숭배를 민족사상의 토대로 구축하는데 몰두하였다. 일제시대 소도론을 주창한 학자는 신채호와 손진태이다. 그러나 이들 두 사람의 소도에 대한 시각 차이는 판이하게 달랐다. 신채호는 소도를 고대사회의 성스런 제단으로 인식하고 상고시대를 배경으로 한 민족사상의 중심적 위치에 둔 반면, 손진태는 소도를 마을 입구에 세워놓은 솟대로 해석하여 소도의 역사적 위치를 현대사회로 끌어내렸다. 민족주의 사학자인 신채호는 『조선상고사』에서 소도(蘇塗)를 태양신의 처소요 태양숭배의 신단인 '수두'라는 해석을 내놓았다. 소도가 상고시대 태양숭배의 제장(祭場)이라는 상징적 의미를 부여하고, 그 제장을 '수두'라고 한 것이다.

신채호의 수두론은 최남선의 불함문화론과 같은 맥락을 갖고 있다. 신채호에 따르면 단군신화 속의 태백산 신단수는 수두라는 것이다. 마한에서는 매년 5월과 10월에 천군이 수두에 나아가 천신에게 제사를 지냈다고 하였다. 이때의 수두는 '소도'의 소릿값을 한자에 기탁한 것이며, 마한의 54소국 이름에 등장하는 신소도국(臣蘇塗國)의 '신소도'는 신수두의 음역으로 큰 제단이라는 것이다. 이와 같이 신채호는 소도에서 천군이 천신에게 제사를 지낸 제사터라는 관점에서 민족신앙의 원류를 소도와 연결 짓고 상고시대를 소도시대라고 설정해 놓았다.

신채호는 상고시대를 단군시대·수두시대로 설정하면서 단군제천(檀君祭天)과 소도제천(蘇塗祭天)의 신앙관습을 동일한 개념으로 인식하고 있었다. 그는 일본의 식민통치에 대한 민족적 대응 수단으로 정신사적 측면에서 상고시대 신앙체계인 단군신화와 소도신앙에 대한 관심을 갖게 된 것이다. 그리하여 일제치하라는 시대적 상황에서 민족수난을 겪으면서 한민족의 독자적인 문화를 강조하고, 민족의 주체의식을 강화하는 방편으로 고조선과 상고사 연구를 체계화하는 이론작업에 주력하였고, 그 과정에서 자연스럽게 소도신앙을 부각시킨 것이다.

2) 손진태의 솟대론

손진태는 신채호의 민족주의 사관의 영향을 받았으면서도 그에게는 새로운 민족주의 이론에 부합하는 민족문화의 지론이 필요하였다. 일본 유학생이었던 손진태는 서구의 문화인류학을 도입하여 새로운 역사

연구의 이론을 정립하려고 시도했다. 그리하여 일본 민속학계의 연구 방법론을 우리 민속문화에 적용시켜 보았다. 그는 일본인 역사학자를 스승으로 두었으며, 식민사학자들과 교분을 맺으면서 우리의 민속 현장에 관심을 갖게 되었다. 몇 차례의 현장 조사에서 마을 입구에 있는 신간(神竿)에 관심을 갖게 되었고, 이를 문헌에 등장하는 소도와 연결 짓는 작업을 진행했다.

손진태는 신채호가 소도를 '수두' 사상의 본질로 주창하고 있었음을 알고, 이에 대응하는 논리로 소도를 솟대로 해석하는 새로운 이론을 모색하려 했다. 그는 농촌에 현전하는 오리짐대 또는 조식신간(鳥飾神竿)에 '솟대' 라는 이름을 붙였고, 그가 지은 솟대라는 이름은 70여 년 동안 흔들림 없이 위력을 발휘하고 있다. 신채호가 소도를 민족사상의 근간이라고 주창한 '수두론' 은 역사학계에서 종적을 감춘 지 오래 되었지만, 소도가 민간신앙에 지나지 않는다고 주창한 손진태의 '솟대' 론은 여전히 학계에서 통용되고 있는 것이다.

소도가 민족사상의 본질이냐 민간신앙의 대상이냐의 문제는 『삼국지』 위지 동이전의 소도 사료를 정확하게 해석하면 분명한 결론을 내릴 수 있다. 그럼에도 이러한 문헌고증학적인 연구방법론을 외면하여 오류가 발생하였다. 신채호는 소도를 수두로, 손진태는 소도를 솟대라고 음역하였는데, 이들 서로간의 그와 같은 차이에는 민족사관과 식민사관이라는 대립된 관점의 차이가 배경으로 깔려 있었다. 신채호는 철저하게 민족주의 사관에 입각하여 수두론을 제창하였다면, 손진태는 일본 민속학이론을 도입한 식민사관에 입각하여 솟대론을 주창한 것이다. 결과적으로 신채호는 마한의 소도를 상고시대의 민족사상이라는 토대에 둔 반면, 손진태는 마한의 소도를 민간신앙의 대상으로 전락시켰다는 비판을 면하기는 어렵게 되었다.

그러나 분명한 것은 '수두'와 '솟대'라는 용어 모두 농촌의 민간신앙에서는 쓰지 않는다는 점이다. 솟대를 세우는 마을 사람들은 솟대라는 용어를 쓰지 않고, 짐대 또는 돛대라는 용어를 사용하고 있지만, 이 글에서는 인식의 혼란을 우려하여 기존의 솟대라는 용어를 그대로 사용하기로 한다.

3) 소도와 솟대의 본질

솟대의 소도기원설은 『삼국지』 위지 동이전 한전의 「又諸國各有別邑名之爲蘇塗 立大木縣鈴鼓」(또한 여러 나라에는 별읍이 있어 그것을 소도라 하였다. 큰 나무를 세우고 방울과 북을 매달았다)는 소도(蘇塗) 기록에 그 근거를 두고 있다. 이 내용을 보면, 마한의 여러 국읍에 별읍이 있는데, 그 별읍을 소도라 이름하였고 그곳에 방울과 북이 걸린 큰 나무를 세웠다는 것이다. 원문에 따르면, 소도라는 곳에는 방울과 북이 걸린 커다란 나무가 있을 뿐, 솟대에서 보이는 나무로 만든 오리조각은 나타나지 않는다. 현재 우리나라의 전통 풍속에 방울과 북을 걸어놓은 나무를 세워놓고 제사를 지내거나 신목(神木)으로 삼았다는 보고는 없다. 소도에서 솟대가 기원하였다면 소도에는 방울과 북이 걸려 있는 게 아니라 나무로 조형한 오리가 간두(竿頭)에 앉아 있어야 한다.

큰 나무에 방울과 북이 걸린 신목과 나무 또는 돌로 오리를 조형하여 장대 위에 앉혀놓은 솟대와는 그 성격이 근본적으로 다르다고 보아야 한다. 마한시대에 큰 나무에 걸어놓았던 방울과 북은 제사지낼 때 사용하는 악기였거나 신악(神樂)을 연주하는데 사용하는 악기였을 가능성이 있다. 입대목현령고(立大木縣鈴鼓)를 사실 그대로 받아들인다면, 마한 소국사회에서 방울과 북을 큰 나무에 걸어놓고 제사를 지내는 풍속이 있었다고 보아야 한다. 그렇다면 이 신목은 나뭇가지와 잎이 달린 나무의 아래 부분을 가지치기하여 만든 것이며, 신악기는 제사장들이 사용하는 제의용구였을 가능성이 크다. 방울과 북 모두 악기의 기능을 갖고 있는데, 신악기는 청동방울(銅鐸)과 동물가죽으로 만든 북이었을 것으로 추정된다.

소도의 '입대목(立大木, 세워놓은 큰 나무)'에는 영고(鈴鼓)가 걸려 있을 뿐 새의 장식이 보이지 않는다. 반면에 현존하는 솟대의 대목(大木)에는 오리가 장식되어 있다. 솟대는 긴 장대 위에 나무로 오리를 조형하여 얹은 신목이다. 이 솟대가 있는 마을에서는 정월 세시풍속으로 새로운 솟대를 세우고 동제를 지낸다. 이처럼 현전하는 솟대신앙과 마한의 소도신앙은 차이가 있다. 마한의 소도와 현존하는 솟대와는 2천 년의 시간적 간극이 있다. 이 간극을 메꿀 수 없는 것이라면 소도의 본질적인 모습은 상고시대에서 찾아야 옳다고 생각한다.

부여의 제천의식을 영고(迎鼓)라 하였듯이, 마한의 제천의식이 펼쳐지는 제장에는 큰 나무를 세우고 방울과 북을 매단(立大木懸鈴鼓) 솟대가 있었다. 부여의 영고가 북으로써 신을 맞이하듯이, 마한의 소도 역시 방울과 북으로 신을 맞이하는 의식을 가졌다고 본다. 마한의 '입대목현령고(立大木懸鈴鼓)' 는 제천의식에서 신악의 상징인 방울과 북을 걸어놓은 신목이었다. 마한 소국의 사람들은 방울과 북이 걸린 신목을 제장에 세워놓고 제천의식을 거행하였다. 그런 점에서 마한의 제천의식을 '소도' 라고 부를 수 있다. 중국의 원주민인 라후족과 리수족은 큰 나무를 벤 후에 해금과 비파를 걸어놓은 신목을 만들어서 제장 가운데에 세워놓고, 주민들은 그 신목을 중심으로 빙 둘러서서 춤을 추면서 제천의식을 거행한다고 한다. 마한의 소도 의식도 이러한 모습이었으리라 여겨진다.

솟대의 기원이 마한시대나 그 이전 청동기시대까지 거슬러 올라가려면, 현재 마을 입구에 세워진 솟대가 어떠한 역사적 변천과정을 거쳐 오늘에 이르렀는지에 대한 설명이 필요하다. 솟대의 2천 년 역사를 밝히지 않고 청동기시대의 새에 대한 신앙이 오늘날까지 전승되었다는 단순한 주장은 비논리적이다. 또 하나의 가설로 솟대의 청동기시대 기원설에 대한 고고학적 근거로써 국립중앙박물관에 소장된 농경문청동기를 제시하고 있으나, 이 청동기의 쌍조식(雙鳥飾, 두 마리의 새를 장식한 것)은 청동기시대의 새의 문양이나 상징일 뿐, 오늘날 마을에 위치한 오리 솟대와는 근본적으로 다른 것이다.

이러한 청동기시대의 우수한 청동조형물은 군장급에 속하는 지배자의 소유물이었을 뿐이지, 마을 입구에 세워진 솟대처럼 농촌 주민들의 공동 소유물로 출토된 전례는 없다.

우리나라에서 '솟대'라는 용어를 처음 쓴 사람은 손진태인데, 그는 「소도고(蘇塗考)」라는 글에서 솟대의 기원에 대한 문제를 처음 제기하였다. 다음은 「소도고」 일부를 발췌한 내용이다.

"상술(上述)한 민속으로 추측할 지라도 「삼국지(三國志)」의 소위 소도(蘇塗)란 것이 명백하고 지금도 오히려 민속에 전승되어 있으며 또 그것은 후세에 이르러 여러 가지 변전(變展)을 보았다는 것을 짐작할 수 있으려니와 한편으로는 「삼국지(三國志)」의 소도(蘇塗)라는 것이 지역의 명칭이 아니요 신체(神體) 또는 제단(祭壇)으로서 건립되는 대목(大木)의 명칭일 것도 추측할 수 있을 것이다. 그 신간은 지금도 '솔대' '솟대' 등이라 하여 그 명칭까지 원형이 전수되어 있음으로써이다.

이들의 명칭은 소도의 신성(神聖, 경계표)에 인하여 또 그 소재 장소에 따라 부여된 것이다. 그런데 여기서 가장 문제가 되는 것은 솔대 · 솟대로서 이것은 마한어의 소도와 가장 유사한 까닭이다. 소도가 소자유(蘇子油)로서 무슨 물체에 칠을 한다는 의미가 아닌 이상 이것은 명백히 입대목(立大木)의 마한어 음역(音譯)일 것이다. 삼한 당시의 명칭이 금일(今日)까지도 거의 그대로 전승된 것이다. 그러면 蘇塗 · 솟대 · 솔대를 과연 동원어(同源語)라면 그 의미는 무엇일까.

음편상(音便上) 변와(變訛)는 허다히 있는 것이므로 소와 솔과는 동일원(同一源)의 말로 입목(立木)의 고유 조선명은 솔대 또는 솟대에 가까운 말이었으리라고 대개 추측되는 바이다. 그런데 '솟'은 용용(聳 · 湧)의 동사動詞) · 형용사(形容詞)에 쓰이는 말로서 오늘날은 물론 이조 초기의 문헌에도 용비어천가에는 내 용금탑(湧金塔)의 용湧)을 '솟' 이라 역(譯)하고 「두시언해(杜詩諺解)」에는 강류정유용(江流靜猶湧)과 용파(湧波) 등의 용(湧) 역시 '솟' 이라 역(譯)하였으며 마찬가지 「두시언해(杜詩諺解)」에서는 효등(驍騰)의 등(騰)을 '솟' 으로 역(譯)하였다. 만약 이것이 고대로부터 오늘날까지 큰 변화를 입지 않은 말이라면 소도는 그 원명이 소대 혹은 솟대의 음역이고 또는 이것은 용목(聳木)의 의미가 아니었던가 해석된다."

이처럼 손진태는 소도 · 솟대 · 솔대를 동원어로 보았으며, 소도는 솟대의 음역이라고 말하고 있다. 그의 주장은 소도와 솟대의 음이 유사하다는게 핵심이다. 여기서 왜 손진태는 솟대론을 주창하였을까 하는 의문이 생긴다. 그가 솟대론을 주창한 시기는 일본에 유학을 갔다온 직후이며, 그때는 일제 강점기였다. 일제시대 식민사학자들은 본국의 훈령에 따라 한국사와 한국문화를 식민통치의 도구로 활용하도록 조작해야 하는 책임과 의무를 갖고 있었다. 이러한 상황에서 일본인 학자 밑에서 공부했고 식민사학자들과 친근하게 지낸 손진태는 갈등하지 않을 수 없었을 것이다. 결과적으로 신민족주의 사학을 주창하면서 솟대를 일본 민속학의 관점에서 바라본 것이 왜곡된 솟대론을 주장하게 된 것으로 보인다.

그렇다면 손진태가 주창한 솟대론의 이해를 돕고자 농촌의 마을 입구에 세워진 솟대의 형상과 특징을 정리해 본다.

첫째, 솟대는 보편적으로 고을과 마을 입구에 세워진다.

둘째, 솟대는 장대를 높이 세우고 그 장대 끝에 1~3마리의 나무로 조각한 오리를 올려놓는다.

셋째, 솟대 위에 올려놓은 새는 거의 대부분 오리이다.

넷째, 솟대의 재질이 나무나 석재라는 점이다. 나무솟대만 세우는 게 아니라 화강암의 긴 장대석을 세운 돌솟대도 있다.

다섯째, 솟대는 마을신앙의 대상으로 정월 초 동제의 대상으로 삼는다.

그러면 농어촌의 마을 사람들은 왜 이러한 솟대를 세웠는가가 궁금해진다. 솟대의 유형과 기능을 세 가지로 요약해보면 다음과 같다.

첫째, 화재막이 짐대이다. 마을에 화산(火山)이 비치어 화재가 자주 발생하는 마을에서는 솟대를 화재방지용으로 세운다. 화재막이 짐대는 오리의 머리 방향을 마을로 향하지 않고 마을에서 화기가 비치는 곳을 향하여 바라보게 한다.

둘째, 배 형국의 돛대 기능으로 세운다. 풍수지리상 행주형(行舟形) 지세를 배 형국이라 부른다. 배에는 돛대가 바로 세워져야 안전항해가 가능하다. 그래서 행주형 지세를 가진 마을에서는 돛대 기능의 솟대를 세우는 마을이 많다.

셋째, 풍년농사를 기원하며 솟대를 세운다. 정월 초 솟대를 세워 동제를 지내면서 풍농과 마을의 평안을 기원한다. 풍농 기원의 솟대는 오리가 곡식주머니나 물고기를 물고 있는 모습으로 조형화되어 있다.

이와 같이 현재도 농어촌에 세워지는 솟대는 화재막이 · 액막이 · 풍농기원을 목적으로 세워진다. 따라서 솟대의 오리는 천상의 세계 또는 이상향의 세계를 향하여 날아가는 天鳥(Heaven-birds) 뿐만 아니라 마을을 향하여 날아오는 地鳥(Earth-birds)의 성격도 갖고 있다. 솟대의 역사는 우리가 살고 있는 마을의 역사와 함께 한다. 솟대는 조선 후기 촌락 분화가 이뤄지는 과정에서 농민들이 풍농과 평안을 추구하고자 세운 것으로 3백여 년의 역사를 갖고 있다고 본다.

2. 식민사관과 소도

왜 이처럼 마한의 소도가 민속상 솟대로 변질된 것일까. 손진태의 솟대론 배경에는 일본 식민사학자들의 소도 연구가 모습을 숨긴 채 웅크리고 있었다. 식민사학자들은 문헌상으로 마한시대의 소도신앙을 민간신앙으로 전락시키려는 의도를 갖고 있었다. 이러한 전략은 우리 민족의 정신세계를 해체하는데 목표를 두었다고 할 수 있다. 신채호가 주창하는 수두론에 대응하여 민족문화 말살정책으로 소도의 솟대화를 추진했다고 보아도 틀리지 않는다. 소도를 처음 연구한 일본인 학자는 川本達이다. 그가 1927년 『朝鮮』 143호에 「日韓同源と對馬の蘇塗」이라는 논문을 게재한 이후 田村專之助의「魏志馬韓傳に見えたる蘇塗について」, 末松保和의「魏志韓傳の別邑について」등 일인학자들의 소도에 대한 연구 성과가 속속 발표되었다. 여기에 일일이 열거할 수 없지만 일본인 학자들의 소도 연구는 10여 편이 훨씬 넘는다. 田村專之助와 末松保和는 손진태와 친근한 관계를 갖고 있었다. 손진태는 이들의 소도 연구로부터 영향을 받았을 가능성이 크다.

식민사학자들은 한결같이 대마도 남쪽의 졸토산(卒土山)에 있는 신역(神域)을『삼국지』한전의 소도 내용에 보이는 별읍과 동일한 영적 처소로 인식하는 흐름에서 크게 벗어나지 못하고 있다. 마한의 '소도'와 대마도의 '졸토'를 음사로 보기도 하거니와 유럽 중세 사회의 아실럼(Asylum)과 같은 성소를 대입시켜 동일한 근원에서 출발한 신앙 형태로 본 것이다. 이러한 관점은 단지『삼국지』위지 동이전 한전의「諸亡逃至其中皆不還之好作賊」과『海東諸國記』의「罪人走入神堂則亦不敢追捕」이 문헌해석상 일치한다는 데 근거를 두고 있다. 두 사료는 출전도 다르고 시대적 · 역사적 배경이 다른 데도 문헌해석상 동일 문화로 꿰맞추려는 의도는 적절치 못하다.

소도는 마한 소국사회에서 관습화된 제천의식이었으나 대마도의 졸토(卒土)와 연결되면서 민간신앙으로 전락되어 버렸다. 마한사 속에 존재하는 소도와 역사적으로 입증되지 않은 대마도 졸토산의 성소(聖所)를 동일시하는 것은 역사를 심각하게 왜곡하는 결과를 가져올 수밖에 없다. 일본인 학자들은 역사적 검증도 없이 마한의 소도신앙을 현전하는 민간신앙으로 전락시켜 버렸는데, 그 이면에는 한민족의 독창적인 고대종교를 민간신앙으로 격을 낮추어 미신시하려는 의도가 있었던 것이다. 손진태는 대마도 졸토 대신에 조선의 민속 현장에 분포하는 솟대를 대상으로 하였을 뿐, 고대종교를 민간신앙으로 전락시킨 것은 일인 학자들과 다를 바가 없다. 이러한 식민사학자들의 연구 경향은 한국의 정신사를 왜곡시켜 일제의 강점을 합리화하고 당위성을 역설하려는 식민정책의 의도를 그대로 드러냈다고 볼 수밖에 없다.

국내 사학자인 신채호가 1931년 「조선일보」에 연재한 『조선상고사』에서 상고시대를 '수두시대' 라고 설정하면서 소도는 민족정신을 구현하는 사상적 기저로 등장한다. 당시의 민족주의 사학자들은 소도를 제장이나 신단수와 동일한 신간으로 인식하는 등 소도를 상고시대의 신앙체계로 설정하려는 경향을 갖고 있었다. 1920년대 민족주의 사학자들은 일본의 식민지배 논리인 일선동조론(日鮮同祖論)에 대응하는 방안으로 소도 신앙을 민족신앙의 원형으로 내세운 반면, 일본 식민지 사학자들은 소도 신앙을 민간 신앙으로 전락시켜 민족신앙을 미신시하려는 연구를 진행하였음을 일본 식민지사학자들의 소도 연구에서 확인할 수 있다.

민족주의 사학자들은 식민사관의 허구성을 입증하고 주체적 민족사관을 정립하여 강렬한 민족의식을 역사에 반영하고자 조선 민족의 시원을 단군시대 · 수두시대로 설정하고 소도를 그 중심에 두었다. 신채호는 소도를 수두의 음역으로 보고 역사적 관점에서 민족 생성의 정신적 원동력으로 인식한 반면, 신민족주의 사학자인 손진태는 민속학적 관점에서 민간신앙인 솟대의 원형적인 모습으로 인식한 바탕에는 분명한 차이가 있었다.

결국 신채호는 소도를 제천(祭天)하는 땅, 즉 성역으로 이해하였지만 손진태는 솟대를 원시적 경계표시이자 부족적 읍락간에 두었던 경계의 신간으로 이해한 것이다. 두 사람의 시각 차이는 역사인식의 차이에서 비롯하였다. 신채호가 문헌을 중시하여 소도를 민족신앙의 모태로 끌어올린 반면, 손진태는 민속자료를 문헌과 연결시키는 과정에서 고대의 민족신앙을 현존의 민간신앙으로 끌어내리는 우를 범하고 말았다. 민속상의 솟대를 통해서 마한의 소도를 재구성하거나 거꾸로 소도 내용에서 솟대신앙을 도출시키고 있는 손진태의 작업은 얼핏 과학적이고 합리적인 것처럼 보일 수 있지만, 일인 학자들과 대상을 달리 하였을 뿐, 결과적으로 소도를 민간신앙으로 전락시켜 버린 점에서는 일치한다. 손진태는 또 마한의 소도와 현존 민속상의 솟대를 연결시키면서도 역사적 간극을 어떻게 메꿀 것인가에 대한 해답을 제시하지 못하고 있다.

3. 마한의 소도와 제천의식

중국사서인 『삼국지』 위서 동이전 한전의 소도 사료가 『후한서(後漢書)』『진서(晉書)』『한원(翰苑)』『통전(通典)』에 재수록되어 있다. 따라서 『삼국지(三國志)』의 소도 사료(史料)를 분석 대상으로 삼고자 한다.

(가) 귀신을 믿으며, 나라의 도읍에서 한 사람이 천신에게 지내는 제사를 주관하였다. 그의 이름을 천군이라 하였다. 또 여러 소국에 각기 별읍이 있는데 이름을 소도라 하였다. 큰 나무를 세우고 방울과 북을 걸었다.(信鬼神國邑各一人主祭天神名之天君又諸國各有別邑 名之爲蘇塗 立大木懸鈴鼓)

(나) 귀신을 섬기는 관행이 있다. 여러 사람이 도망하여 그곳에 이르면 모두가 돌아오지 아니하였다. 도적질하는 걸 좋아하였다. 그 소도를 설치한 뜻은 부도와 흡사함이 있으나 선악을 행하는 바에 다름이 있다(事鬼神諸亡逃至其中皆不還之好作賊其立蘇塗之義有似浮屠 而所行善惡有異)

(가)는 마한에는 귀신숭배의 풍속이 있는데, 각 국읍에는 천신에게 제사를 주관하는 한 사람의 천군(天君)이 존재하고 있다. 각 소국 단위로 별읍이 존재하는데 그 별읍을 소도라고 불렀으며, 그곳에는 방울과 북이 걸린 큰 나무가 세워져 있었다. 마한에서 귀신을 섬기는 제사는 농경신에 대한 제사로서 하위신적 신격을 가진 귀신으로 표현되었다면, 소국의 지배자였던 천군은 소국 차원에서 천신에 대한 제사를 주관하는 제사장의 권능을 가졌음을 말해주는 것이라 하겠다. 천군이 거처하는 국읍의 실체는 명확하지 않으나, 소국사회에서 도읍의 기능을 가진 중심읍락 또는 대읍락을 지칭하는 것으로 보아야 한다.

소국은 국읍을 중심으로 하나의 독립적인 사회조직이 형성되어 있었다. 『삼국지』 위지 동이전 한전에 "국읍에는 비록 주수(主帥)가 있지만, 읍락이 잡거하여 능히 서로 잘 제어하지 못한다(國邑雖有主帥 邑落雜居 不能善相制御)"는 내용을 보면, 소국 내에는 여러 개의 독립적인 읍락집단이 있음을 알 수 있다. 아울러 소국 내 국읍과 잡거한 읍락과의 관계는 집단 간에 대등한 수평적 관계의 사회형태였을 것이다. 그러므로 마한 54개 소국은 독립적인 정치집단으로서 대 · 소국간에 연대하는 연합체 국가형태였다고 본다.

그리고 각 소국에는 별읍이 있으며 그 명칭을 소도라고 부르는데, 그 소도에는 신목이 세워져 있다는 것이다. 별읍은 독자적인 정치집단이 아니고 제천의식을 거행하는 성역 또는 제장으로 보아야 한다.

(가)에 나타난 마한 제천의식의 성격을 정리해 보면, 마한사회에서 농경신에 대한 풍농기원의 농경의례를 거행하였고, 국읍의 천군이 소국 통합 차원에서 제천의식을 주관하는 이원구조의 종교의례를 찾아볼 수 있다. 귀신 숭배가 하위적인 민간신앙의 의례라 한다면, 제천의식은 국가적인 규모의 국중대회였다. 자연신 계통의 애니미즘에서 천신 계통의 샤머니즘으로 발전해가는 과정을 마한의 소도신앙에서 찾아볼 수 있는 것이다. 읍락사회가 소국사회로 발전해가면서 사회통합력이 요구되었고, 정치적 결속력이 취약한 마한사회에서 종교적 통합력을 강화하는 방편으로 소도신앙이 성행하였다고 본다.

(나)는 귀신에 제사지낼 때, 모든 사람들이 그곳으로 도망하여 들어가

면 돌아오지 아니하였다는 내용이다. 여러 사람이 별읍으로 도망하였고 그곳에서 돌려보내지 아니하였다는 시각보다 그 소도를 세운 의의가 부도와 흡사하다는데 역점을 두고 이해했으면 한다. 고대 제천의식의 기능 중에 죄 지은 사람의 죄를 다스리고, 죄인들 가운데 개과천선하는 자의 죄를 면하여 사면석방하는 관행이 있었다. 고구려의 국중대회에서는 제가평의회를 통하여 죄를 심판하여 죄 지은 자는 죽이고 그 처자는 노비로 몰수하였으며, 부여에서도 살인자는 죽이고 그 가족은 노비로 몰수하였다는 기록이 있다. 또한 절도한 자는 일책십이법으로 다스렸고, 음란한 남녀는 모두 살인에 처할 정도로 형이 엄했다. 이러한 법속이 마한의 제천의식인 소도에서도 행해졌다고 본다. 즉 마한에서도 도적질(好作賊)을 일삼는 사람들은 별읍에서 제천의식을 거행할 때에 돌려보내지 않고 감옥에 가두었던 것으로 해석된다.

(나)의 '기입소도지의 유사부도'(其立蘇塗之義有似浮屠, 소도를 설치하는 뜻은 부도와 비슷하다)에서 '立蘇塗(소도를 세우다)'의 立(세운다)은 '입대목현령고'의 立과 차이가 있다. (가)를 소도에 세운 신간으로 받아들인다면 (나)는 소도를 설치한 것으로 해석된다. 소도를 설치한 뜻이 부도와 흡사하다는 것이다. 부도(浮屠)는 불교(佛敎)를 지칭한다. 부도와 흡사하다는 소도는 죄를 지은 자를 심판하여 형벌을 가하거나 죄를 면할 수 있도록 교화하고, 선행을 가르치는 일을 했다고 볼 수 있다. 소도와 부도의 종교적 본질은 "而所行善惡有異"이다. 소도의 제천의식 기간 중에 죄 지은 사람 가운데 선악의 행위를 심판하여 다스리는

일이 있었다고 본다. 불교의 목적이 교화에 있듯이 소도를 설치하는 목적도 교화에 있음을 이로써 알 수 있다.

A.D. 3세기경 중국에 유포된 부도는 죄 지은 자의 그릇됨을 깨닫게 하고, 속죄를 시켜 돌려보내는 교화의 본질을 갖고 있는데, 소도제천 또한 그와 흡사한 기능을 가졌던 것이다. 단군신화에서 환웅이 형을 다스리고(主刑) 선악의 옳고 그름을 다스리는(主善惡) 일을 맡았듯이, 소도제천에서도 천군이 형을 집행하기도 하고 선악을 판단하여 교화하는 일을 주관하였다고 본다. 고대 제천의식에서 교화의 이념은 단군신화에 등장하는 제세이화(制世理化)라는 말로 축약할 수 있다.

진수가 『삼국지』를 찬술하던 3세기 말경 중국의 부도는 악행을 제어하고 선행을 권장하는 수행불교적 성격이 강했다. 불교가 민중교화를 목적으로 민간신앙과 교섭하면서 민중계층에 급속히 확산되어 갔던 것인데, 진수가 마한의 소도가 부도와 흡사하다고 기록한 것은 소도가 종교적 본질에 충실하였음을 파악한 것으로 보인다. 마한의 소도는 고조선의 제천의식을 직접적으로 승계한 사회운영의 원리를 갖고 있었다고 볼 수 있다. 기자조선의 준왕이 위만에게 쫓기어 서해를 통하여 한지(韓地)로 내려왔으며 한의 땅에서 한(韓)을 일으킨 한왕이 되었다는 점에서 고조선의 통치 논리가 마한에 그대로 이식되었을 가능성이 크다. 따라서 마한의 제천의식에서도 소국 내 주민들의 반사회적 행위를 제재하고 교화하는 기능이 소도에서 유지된 것으로 본다.

(가)와 (나)를 종합해 보면 마한사회에는 자연신 숭배의 전통이 있었

으며 소국을 다스리는 국읍의 천군이 별읍에서 소도제천을 주관하면서 비윤리 · 비도덕적 범죄행위를 다스리기도 했음을 알 수 있다. 즉 소도는 별읍에서 행하는 제천의식으로, 그 제장을 소도라고 할 수 있으며 그 제장에서 행해지는 소도의식은 불교의식과 흡사한 종교의례였다고 본다. 마한의 소도는 읍락 단계의 사회가 소국 사회로 발전해가는 과정에서 공동체적 국가질서를 확립하기 위한 제도였으며, 선행과 악행의 행위규범을 다스리는 민중교화의 기능도 가졌다고 보면, 결국 소도는 마한의 제천의식인 부여의 영고, 예의 무천, 고구려의 동맹과 유사한 기능을 가진 것이었다고 할 것이다.

4. 소도와 부도

1) 부도를 통해서 본 소도

중국에서는 전한 말 이후 후한시대를 거쳐 위 · 촉 · 오 삼국시대에 들어오면서 독자적인 불교신앙을 정립시켜 간다. 인도불교가 서역을 넘어와 중국에 수용되면서 붓다(Buddha)가 부도(浮屠)라는 명칭으로 불렸다. 부도는 무덤 뿐만 아니라 모든 불교문화의 명칭이었다. 초기의 중국불교는 중국의 전통신앙과 불교가 교섭한 부도신앙을 확산시켜 갔으며, 이로 말미암아 수행 중심의 부도신앙이 발달하였다. 인도에서 남쪽 지방 루트를 통해 중국에 들어온 초전기의 부도는 위 · 촉 · 오 삼국에서 꽃을 피우기 시작했으며 그 부도문화가 마한에까지 파급된 것으로 보인다. 진수가 『삼국지』 위지 동이전 한전에 "其立蘇塗之義有似浮屠"라고 기술한 것도 이러한 역사적 배경에서 나온 것이다. 또한 인도에서 실크로드를 따라 중앙아시아를 경유하여 중국에 들어온 기원 전후의 부도신앙이 불상문화를 발달시켰다. 서역의 간다라지방에서 발달한 부도신앙, 즉 불상 조각은 중국에 들어와 북위 불교를 발달시켰으며 그 대표적인 예가 366년 시작된 돈황석굴의 불상 조각이다. 돈황석굴은 이후 운강석굴이나 용문석굴과 같은 석굴사원을 발달시켰다.

불교가 중앙아시아를 거치는 과정에서 중국의 부도신앙이 어떠한 모습이었는지를 흉노의 금인제천(金人祭天) 풍속에서 찾아볼 수 있다. 『위서』 석노지에 서역을 개척하고 장건을 대하의 사신으로 파견하였을 때, 부도지교(浮屠之敎)가 있다는 것을 처음 들었다고 밝히고 있다. 전한 무제는 원수 2년(B.C. 121)에 흉노를 토벌하고자 곽거병을 파견하였다. 곽거병은 흉노의 휴저왕(休屠王)이 제천의식을 주관할 때 모시던 금인지상(金人之像)을 얻어와 한 무제에게 바쳤더니 무제가 금인지상을 운양현 감천궁(甘泉宮)에 모셨다고 한다. 이 금인지상이 불교의 불상과 동일하다고 보고 있다. 그렇다면 불교가 중국에 들어오기 이전에 흉노족들은 간다라지방의 불상을 받아들여 제천의식의 대상으로 섬겼음을 알 수 있다. 따라서 흉노에서 제천의 신으로 섬긴 금인불상이 중국에 전래되었고, 삼국시대에 불교도들이 금인을 모시면서 불교에서 경배하는 대상으로 정착하였다고 본다. 금인지상은 달리 부도지상(浮屠之像)으로 표현될 수 있다.

흉노의 제천의식이 우리의 제천의식과 크게 다를 바 없겠지만, 제천의식의 종교적 성격이 부도와 동일시되었음을 흉노의 제천의식을 통해서 알 수 있다. 불교가 전래되면서 제천의식의 문화적 전통을 불교가 이어받는 것으로 이해할 수 있기 때문이다. 중국에서도 감천궁에 모셔진 금인지상 이전에 불상이 만들어지지 않았다는 점에서 흉노의 금인지상이 오늘날 중국 불상의 시원적인 형태일 수 있다. 후한 명제 때 초왕영의 봉불행위에서 중국인들이 금인지상을 부도지상으로 섬기고 있음을 알 수 있는데 『후한서』 권42 초 왕영전에 "초왕(楚王)은 황로(黃老)의 깊은 가르침을 외우고 부도(浮屠)의 인사(仁祠)를 받들고 있다."는 기록 때문이다. 이 시기에 한 무제가 금인지상을 감천궁에 모셨듯이 부도를 숭배하기 시작한 사람들도 왕실인이었다. 『후한서』 권30 양개전에 "궁중에서 황로부도지사(皇老浮屠之祠)를 세웠다고 들었다."는 내용을 통해 알 수 있다. 황로부도는 불교가 중국에 전래되어 유교 · 도교 및 전통신앙과 교섭하여 만들어진 중국식 불교를 말한다.

진수가 『삼국지』를 찬술하면서 황로부도 사상을 인식하고 있었으며, 이러한 진수의 부도관이 「其立蘇塗之義 有似浮屠」로 표현된 것으로 보인다. 중국에서 부도가 서역불교와 중국의 도교 · 유교와 민간신앙이 조합된 토착신앙이였듯이 마한사회에서도 귀신을 숭배하는 토착신앙의 기반 위에 천신숭배와 그 종교적 의례가 확산되어 가는 모습을 소도라고 표현하였다고 본다. 중국 왕실에서 부도지사를 세워 제천의식의 대상으로 삼았던 금인지상을 봉안하였듯이, 마한에서도 천군이 소도를 주관하였으며, 제의형태는 국중대회형식의 제천의식이었던 것을 진수의 관점에서 기록한 것이다. 그리고 부도가 중국의 고유신앙과 교섭하였듯이 소도 또한 민간신앙과 천신신앙이 융합된 종교의례였음을 진수가 파악하고 있었던 것으로 보인다.

진수가 소도와 부도의 유사성을 언급하던 기원후 3세기 말경은 공식적으로 중국 불교가 한반도에 전래되기 이전의 시점이지만 이 시기에 중국의 부도와 흡사한 소도가 마한에 존재한다고 한 것은 대단한 발견이다. 중국의 황노부도와 마한의 소도가 흡사하다는 해석을 그 이상으로 확대하는 것은 경계해야 하겠지만 "소도를 설치한 뜻은 부도와 유사하다(其立蘇塗之義 有似浮屠)"는 식의 소도제천에서 불상을 봉안하고 제천의식을 거행한 것은 아닌지 검토할 필요가 있다. 왜냐하면 진수가 마한 소도와 중국 부도가 흡사하다고 기술한 시점으로부터 100여 년이 지난 뒤에 고구려 · 백제 · 신라 삼국이 공식적으로 중국불교를 국가 종교로 공인하고 수용했기 때문이다. 중국의 위 · 촉 · 오 삼국시대에 불교가 들어와 정착하였고 백제가 오나라의 문화를 받아들이고, 마한이 동진과 문물교류를 한 사실이 있기에 중국의 부도신앙이 마한에 전래되었을 가능성을 배제할 수 없는 것이다.

A.D. 3세기 말경 마한에서 소도의 제천의식이 행해지고, 이러한 소도제천이 부도와 흡사했다는 사실은 마한사회에 불교 수용의 종교적 기반이 갖추어져 있었다고 보아야 한다.

2) 소도와 부도의 유사성

나말여초에 최치원이 찬술한 봉암사지증대사적조탑비(鳳岩寺智證大師寂照塔碑) 비문에 소도와 부도의 유사성을 거론한 글이 국내 처음으로 나타난다. 지증대사(824~882)는 신라 말 선승이며 구산선문의 하나인 희양산 봉암사의 개산조이다. 이 탑비의 비문은 고운 최치원이 교지를 받아 찬술한 것인데, 비문 가운데 '昔當東表鼎峙之秋 有百濟蘇塗之儀 若甘泉金人之祀' 라는 내용은 국내에서 소도와 부도의 유사성을 알려주는 유일한 사료이다. 비록 금석문 사료이지만 신라 말에 우리나라의 사상가가 기술한 소도와 부도의 유사성을 기록한 글이라는 점에서 역사적 가치가 크다. 내용인 즉 "옛날에 동국(東國)이 정립한 때에 백제에 소도의식(蘇塗儀式)이 있었는데 이는 한 무제(漢武帝)가 감천궁(甘泉宮)에서 금인(金人)에게 예배(禮拜)하도록 한 것과 같은 것"이란 내용이다. 이 비문의 내용은 최치원의 소도 · 부도관을 보여주는 것인데, 그는 여기에서 마한의 소도가 아닌 백제의 소도로 표기하고 있다. 진수는 마한의 소도로 표기하였고, 최치원은 백제의 소도로 표기하고 있는 것이다. 최치원의 이러한 역사인식은 해동 삼국을 삼한으로 동일시하는 당대 사관의 영향과 7세기 후반 삼한일통의식이 형성되어 있던 신라사회상를 반영한 결과라고 본다.

중국 불교의 시원형은 "甘泉金人之祀"라 할 수 있다. 전한 무제 이후에 감천궁에 금인지상을 모셔놓고 향불을 피워 예배를 지냈다고 한 것처럼, 중국 불교 초전기의 부도신앙은 감천금인지사로 압축해서 설명할 수 있다. 여기에서 진수의 부도와 최치원의 감천금인지사는 같은 의미를 가진 종교현상으로 보아야 한다. 부도가 불교 수용과정에서 중국화된 불교신앙의 상징적 표현이라면, 감천금인지사는 불교전래에 따른 중국인들의 의례행위를 보여주는 내용이다. 이것으로 미루어 본다면, 소도의 종교형태는 부도보다 감천금인지사(甘泉金人之祀)가 너무나 흡사하다고 짐작된다. 마한의 소도는 불교 수용의 재래신앙적 기반이었다면, 그 기반 위에 불교를 수용한 이후 백제의 소도는 불교의례와 흡사한 종교형태를 가지게 되었다. 더 나아가 진수가 마한의 소도가 부도와 흡사하다고 말한 점을 보면 280년경에 마한에 불교가 수용되어 있었을 가능성이 없는 것도 아니다. 백제 불교가 침류왕 원년(384)에 국가공인을 받기 때문에 그보다 100여 년 전에 마한에 불교가 전래되어 있었기에 중국 불교와 마한의 불교가 흡사하다는 것을 "소도지의유사부도"라고 표현하였을 가능성도 크다.

그런 점에서 소도는 솟대 또는 성역이라는 협의적인 개념을 넘어서서 의례적 개념으로 접근해야 옳다고 본다. 이능화의 『조선불교통사』에서 홍거사가 별주를 달아 소도를 불탑이라 한 것은 선사들의 불사리탑을 표현한 것이지만, 중국에서 불탑을 부도라고 호칭하였으며, 우리나라에서도 통일신라기에 불탑 · 불상 · 불교 · 승려 · 전각 · 의례 등 모든 불교문화를 '부도'라고 호칭하고 있었다. 백제에서 '소도'가 불상이었음은 홍거사가 '若離釋木蘇泥塗也 百濟時 以土木爲神像 率百官祭之'라고 언급한 데서 구체적으로 드러난다. 백제의 소도가 나무와 흙으로 만든 소조신상이라는 것과 중국의 부도가 금인지상을 가리키는 데에서 소도와 부도가 일치하고 있으며, 백제 왕실에서도 백관을 거느리고 향불을 피우고 예배를 보았다는 내용에서 이들은 서로 일치하는 것으로 볼 수 있다.

백제의 소도를 규명하기 위해서는 진수의「其立蘇塗之義 有似浮屠」와 최치원의 '有百濟蘇塗之儀 若甘泉金人之祀' 라고 한 내용을 비교 검토할 필요성이 있다.

첫째, 진수가 A.D. 3세기 말경 소도가 중국의 부도와 흡사하다고 했는데, 최치원은 A.D. 9세기 말경에 마한의 전통을 이어받은 백제에서도 소도가 있었음을 강조하고 있다. 비록 시대의 차이는 있을지언정 진수가 소도를 불교와 같은 종교로 본 것처럼 최치원도 백제 불교를 백제 소도라고 해석하고 있는 것이다.

둘째, 진수는 소도지의(蘇塗之義)라 하여 소도를 설치한 까닭을 추상적으로 표현하고 있는 반면, 최치원은 소도지의(蘇塗之儀)라 하여 소도가 종교의식이었음을 구체적으로 밝히고 있다. 부도가 중국의 불교의 례였던 것처럼 소도, 또한 마한의 제천의식이었다. 이러한 신앙의례가 금인지사와 같다고 하여 소도가 종교의식이었음을 사실적으로 입증시켜 주고 있다.

셋째, 소도가 마한의 제천의식이었는데, 삼국시대 불교 수용 이후에 제천의식이 불교의례로 전환되었음을 보여주는 내용이다. 중국 초전불교가 재래신앙과 교섭하였듯이, 백제 불교도 제천의식을 거부하지 않고 재래신앙의 토대 위에서 불교를 수용했음을 입증하고 있다.

넷째, 중국 한 무제가 흉노제천(匈奴祭天)의 전통을 이어받아 금인을 감천궁에 모셔놓고 최고신으로 예배하였다면, 마한 천군이 소도제천을 거행할 때 최고신인 천신에게 제사를 봉행한 점이 서로 일치한다. 흉노의 제천의식에서 불상을 받아들였듯이 마한의 제천의식에서도 불교를 수용했을 가능성이 크다.

다섯째, 단군을 불교의 천신인 제석천이라고 하였듯이 천군도 천신의 대리자 같은 존재로서 불교의 제석천과 동등한 위상을 가진 정치적인 군장이었을 가능성이 있다. 이는 마한사회에서 정치적 지배자와 유일신적 존재를 동일시하는 제천의식이 전승되었으며, 불교 수용 이후 제천의식이 불교의식으로 전환되었음을 의미한다.

근본적으로 진수와 최치원의 시각 차이는 없는 듯하다. 소도와 부도의 유사성에 대하여 진수는 불교와 흡사한 종교의례가 마한에서 행해졌다고 보았던 것이며, 최치원은 백제의 소도의식을 불교의례라고 규정하고 있다는 견해 차이만 있을 뿐이다. 최치원은 지증대사탑비문에서 우리나라의 불교 수용과정을 3단계로 정리해 놓았는데, 우리나라와 불법과의 인연, 불교 수용의 당위성과 종교적 토양을 기술하고 난 뒤 신라의 불교사를 불교 수용기부터 신라 말까지 3기로 나누어 설명하였다. 이 가운데에서 최치원은 소도를 불교 수용의 종교적 토양으로 인식하고 있었다. 즉, 최치원의 소도관은 소도가 불교전래 이전의 한국 고대종교의 신앙기반이라는 확고한 신념을 갖고 있었던 것으로 보인다.

불교 수용 이전의 고대종교의 제의체계는 제천의식에서 분화된 것으로 신앙의 형태와 구조가 본질적으로 제천의식에서 벗어나지는 않았을 것이다. 소도는 제천의식의 전형을 보여주면서 사회운영의 원리를 가진 국중대회였으며, 천군이 주관하는 종교의례였다고 볼 수 있다. 소도의 본질은 농경신을 숭배하는 마한의 농경의례 기반에서 천군이 주관하는 제천의식으로서 매년 5월과 10월에 개최되었다. 농경신과 천신은 하위적인 신격과 상위적인 신격으로 구분할 수 있는데, 농경신을 민간계층에서 농경의례의 대상으로 섬겼다면, 지배계층에서는 정치적 권능을 강화하려고 천신을 제천의식의 대상으로 삼은 것이다.

소도가 한국의 고대종교라는 최치원의 소도론은 한치연의 『해동역사』에서도 마한의 소도를 '東方釋教之兆' 라고 언급한 것으로도 뒷받침된다. 한치연도 최치원처럼 소도를 불교 수용의 징조로 이해하고 재래신앙의 대표적인 종교형태로 기술하고 있다. 한치연은 "此東方釋教之兆也 故崔致遠智證碑云當三國鼎峙之日 有百濟蘇塗之儀若甘泉金人之祀" 이라는 최치원의 소도관을 그대로 전재하면서 한반도에 불교 수용의 당위성을 역설하였는데, 이러한 역사인식이 조선시대까지 이어졌다는데 커다란 의미가 있다.

5. 백제불교와 소도

진수가 『삼국지』 위지 동이전 한전에 '소도지의 유사부도' 라고 기술

할 당시 중국에는 불교가 서역을 통하여 전래되어 있는 상황이었고, 당시 한반도는 부여의 영고 · 고구려의 동맹 · 예의 무천 · 마한의 소도 등 국가 단위로 제천의식이 행해지고 있었다. 따라서 고대 제천의식은 종교적 기능을 가진 국중대회 방식으로 거행되었으며, 통치자가 주관하는 종교의례였다고 할 수 있다. 백제에 불교가 전래된 뒤에 국가가 불교를 공인한 시점은 침류왕 원년(384)이다. 한국과 왜와 중국은 삼한시대부터 해상교역을 하고 있었고, 마한은 300년을 전후한 시기에도 중국의 진나라에 사신을 보내고 해상교역을 하고 있었기 때문에, 중국의 남조불교가 해상교역을 통하여 마한에 전래되었을 가능성이 크다. 또한 마한에서 진에 사신을 보내고 있었다. 이러한 마한의 대외교류를 통하여 동진의 마라난타가 백제에 불교를 공식적으로 전래하기 이전부터 마한사회에도 불교가 전래되었을 가능성이 큰 것이다.

진수가 『삼국지』 위서 동이전 한전에서 "기입소도지의 유사부도"라고 한 것도 진수가 마한에 와서 소도의 제천의식을 목격한 뒤에 중국의 부도와 흡사하다고 표현한 것으로 보아야 한다. 백제의 수도가 있었던 한강유역을 통해 중국 불교가 전래되기도 했고, 마한의 소국세력이 위치한 금강과 영산강 유역을 통해서도 불교가 전래되었다고 본다. 진수가 편찬한 『삼국지』에서 소도와 부도가 흡사하다는 내용이 위서에 편재되어 있는 만큼 위 · 촉 · 오 삼국시대에 중국 불교가 마한과 백제에 전파되었을 가능성이 있다. 당시 삼국에는 중국 불교의 초전기로서 불교가 인도 북부지방에서 서역제국을 경유하여 중국에 들어와 토착화 과정을 밟아가는 중이었다. 중국 초전기 불교는 불타(Budda)를 음역하여 부도로 불렀으며, 부도신앙은 유교 · 도교계 신선신앙 · 민간신앙 등과 결합한 황로부도의 신앙형태를 취하고 있었다. 『삼국지』가 찬술되던 3세기경에 중국에서는 모든 불교문화는 부도라는 용어로 불렸다. 승려를 부도승, 불탑을 부도탑, 불경을 부도경, 대웅전을 부도사, 불교를 부도도 등으로 부른 것이다. 이러한 중국의 부도신앙은 삼국시대에 그대로 우리나라에 전래되었다고 보는 게 옳을 듯하다. 마한과 백제 초기에 중국의 위 · 촉 · 오에서 불교가 전래되어 왔다면, 서역을 통해서 중국에 들어온 초전기 중국 불교가 그대로 전래해왔다고 본다.

이러한 사실은 『晋書』 四夷東夷傳 馬韓傳에 "其立蘇塗之義 類似西域浮屠也 而所行善惡有異"라는 내용으로 유추해볼 수 있다. 이처럼 마한의 소도가 서역의 부도와 유사하다는 내용은 위 · 촉 · 오시대에 중국의 초전기 불교가 마한에 전파되어 왔음을 말해주는 자료가 된다. 백제에 불교를 전해준 마라난타도 서역에서 중국 진나라를 경유하여 백제로 건너온 승려로 본다면, A.D. 300년 무렵에 인도불교가 서역에서 중국을 경유하여 마한과 백제에 전래된 것이며, 서역불교가 직수입된 것으로 볼 수도 있다. 고구려 소수림왕 2년(372)에 전진왕 부견이 사신과 승려 순도를 불상과 함께 고구려에 보냈다고 하였는데, 이러한 불교 수용은 국가에서 공식적으로 문서화하여 공인한 것으로 볼 때, 민간계층에서는 그 이전부터 불교 수용이 이뤄진 것으로 볼 수 있다.

마한 · 백제시대 민간계층이 불교를 수용한 시점은 『삼국지』 위서 동이전 한전의 찬술시기인 기원후 3세기 말경으로 추정해볼 수 있다. 3세기 말경은 삼한시대 후기에 속하지만 고구려·신라·백제가 영토 팽창과 국력신장을 통해 정복국가를 지향하는 시점이기도 하다. 삼국은 삼한의 소국을 통합하면서 중앙집권적인 고대국가로 발돋움하는데 모든 역량을 쏟고 있었다. 이러한 시점에서 각국의 통치집단은 복속된 영토와 주민들의 사회적 통합력을 성취시키고자 불교 수용에 적극 관심을 갖기 시작하였을 것이며, 삼국의 불교 수용이 거의 같은 시기인 4세기 말에 이뤄진 것도 삼국이 삼한을 통합하면서 영토국가를 지향하는 것과 깊은 관계가 있다. 삼국의 불교 수용은 고대국가의 기틀을 구축하고 왕권강화에 이념적 수단을 제공하는 결과를 가져왔다.

이러한 국가적 이념 차원의 불교 수용과 달리 삼한시대부터 왜와 마한과 중국 사이에 환황해권에서 해상교역이 이뤄졌고, 문물교류가 이뤄지는 과정에서 불교 수용은 불가피하였다. 중국에서 불교 수용이 서역으로부터 육로를 통해서만 이뤄진게 아니었다. 동진과 남북조시대에는 구법승들이 남해로를 이용하여 인도에 들어갔으며, 인도승들도 남해 항로를 따라 광주·항주·청주로 드나들었다. 이들 세 곳은 해양으로 나아가는 중국의 관문이며, 우리나라와 해상교통이 열려 있던 곳이기도 하다. 광주는 남해 항로로서 남해안과 연결된 항로이며, 항주는 사단항로로서 서남해안과 연결된 항로이다. 청주는 산동성에 위치하여 우리나라와는 북해항로가 개설되어 있는 곳이었다. 동진의 마라난타가 처음 백제에 불교를 전래한 초전지를 영광 법성포로 추정한다면 사단항로를 이용하였을 것이며, 북해항로를 이용하였다면 산동성에서 경기만을 통하여 한성으로 들어왔을 가능성도 있다.

백제 불교가 수용되기 이전에 진수가 마한의 소도가 중국의 부도와 흡사하다고 한 것은 양국간의 문물교류가 이뤄졌음을 시사하는 내용이다. 3세기 말경에 진수는 중국의 부도가 마한에 전래될 수 있는 토양을 소도라고 본 것이다. 소도와 부도가 흡사하다는 근거는 이소행선악유이(而所行善惡有異)하는 역할이 같기 때문이다. 또한 "蘇塗之義 有似浮屠"는 백제가 불교 수용을 공인하기 이전에 불교가 마한으로 전래되었음을 유추하는데 매우 중요한 단서가 된다. 최치원도 진수와 동일한 관점의 소도관을 갖고 있다. 그는 백제 불교 수용과정에서 토착종교를 '소도'라고 기술하였으며, 그 소도는 감천금인지사와 같다고 하였다. 최치원이 찬한 「봉암사지증대사적조탑비」의 "석당동표정치지추 유백제소도지의 약감천금인지사(昔當東表鼎峙之秋有百濟蘇塗之儀若甘泉金人之祀)"에는 백제의 소도의식이 감천금인지사와 같은 신앙의례라고 기술하고 있다. 감천금인지사는 전한 무제 때에 곽거병이 흉노를 공격하여 휴도왕(休屠王)이 하늘에 제사지낼 때 모시던 금인을 전리품으로 챙겨서 한 무제에게 바쳤더니 이 금인을 감천궁에 모셨다는 것이다. 흉노 풍속에서는 매년 정월과 5월 및 9월에 길일을 택하여 천신에게 제사를 지내는데, 금인상(불상)을 모셔놓고 제천의식을 거행하였다는 것이다. 백제의 소도의식이 이 감천금인지사와 같다는 것은 마한시대 소도의식을 거행할 때에 불상을 모셔놓고 천군이 제천의식을 거행하였을 가능성을 시사하는 것이어서 주목된다.

진수가 "소도지의유사부도"라 한 것과 최치원이 "백제소도지의약감천금인지사"라고 기술한 것에는 아무런 차이가 없다. 진수는 마한의 소도가 부도와 흡사하다고 한 것이며, 최치원은 백제의 소도가 감천금인지사와 같다고 했을 뿐이다. 이러한 시각은 마한의 소도는 후에 백제에서 사찰의 불교의례로 계승되었다는 관점에서 이해해야 한다. 최치원은 진수가 언급한 소도와 부도의 유사성을 불교전래와 토착종교의 관계로 받아들인 것 같다. 최치원은 신라가 삼국이 정립하면서부터 불교와 인연을 갖게 되었음을 강조하면서 신라 불교 수용의 신앙기반이 '소도'란 사실을 분명히 하였다.

소도가 불교 수용의 재래 신앙적 기반이었음은 마한정통론이 강력하게 개진되던 조선 후기에 한치연이 『해동역사』 석교조에서 『삼국지』의 소도 내용을 인용하여 "차동방석교지조야"를 강조하고 최치원의 「지증대사비문」의 소도 내용을 재차 강조하는 데서 더욱 명료해진다. 소도는 불교 수용 이전까지 동이 삼한의 종교를 대표하였으나, 삼국의 건국 주체들이 수용한 중국의 종묘제도가 제사체계로 정착되면서 민간신앙으로 전락해간 것으로 본다. 그런 점에서 마한시대 소도는 농경의례형 제천의식이었으며 동이제족들에게 널리 확산된 고대종교 가운데 하나라고 하겠다. 제천의식과 천신숭배가 민족종교의 뿌리였음은 건국신화가 입증해주고 있으며 신채호가 주장하는 '수두론'의 근원이 되기도 하였다. 지금까지 불교 수용 이전의 재래종교는 대체로 토착신앙이나 민속신앙이란 관점에서 해석하였으나 민간신앙이 아닌 '고대종교' 라는 관점에서 보는 인식이 새롭게 요청된다.

벽골제의 수리시설과 농경민속

1. 벽골제는 최대 규모의 간척사업

백제는 초기부터 국가적으로 도작(稻作)농업을 장려하였다. 낙랑·말갈과 고구려의 끊임없는 침략에 시달려 북쪽 변경이 항상 정세가 불안한 가운데서도 백제는 남쪽으로 마한의 영역을 계속 복속하면서 남진정책을 꾸준히 추구하였다. 그 과정에서 백제가 얻은 전리품은 마한 지역의 드넓은 구릉지와 경작지였다. 백제의 영토 확장은 인구 증가에 따른 식량 확보 차원에서도 필요한 것이었으며, 또한 농업생산력의 증대는 국가적 당면과제였을 것이다. 한강유역에 도읍을 정한 백제는 하천유역과 그 주변의 구릉지대 및 저습지대를 개간할 필요성을 절감하였을 것이다. 마한이 위치한 한반도 서남부지역에는 드넓은 하천유역과 낮은 구릉지대가 넓게 발달되어 개간에 한결 유리했다.

백제의 영역은 온조왕 13년에는 웅천까지 남쪽 변경을 확대해 가고 있었다. 백제는 이처럼 도작농경에 여건이 좋은 남쪽지역으로 영역을 넓혀가면서 사람들에게 개간을 권장하는 동시에 제방을 수축하기 위해 노동력을 동원하였다. 백제 초기의 도작농경을 위한 개간 및 수리 기록이 『삼국사기』 백제본기에 등장한다.

· 다루왕 6년 2월에 나라 남쪽의 주군(州郡)에 명령을 내려 처음으로 논을 만들게 하였다.

· 기루왕 40년 가을 7월에 유사에게 명령을 내려 수해로 입은 논을 보수하도록 했다.

· 구수왕 9년 봄 2월 유사에게 명령을 내려 제방을 수축하고, 3월에는 농사를 권장하였다.

· 고이왕 9년 봄 2월에 나라사람들에게 명령을 내려 남쪽의 저습지대를 벼농사의 땅으로 개간하였다.

백제가 제방을 쌓아 수리시설을 하고, 늪 지역을 개간하여 풍요로운 땅으로 가꾸어 벼농사를 장려하는 기록은 고이왕 이후에는 등장하지 않는다. 이로 보면 고이왕대 이후에 고대국가로 발돋움하기 위한 경제적 기반은 이미 백제 초기에 마련한 듯하다.

백제는 초기 다루왕대에 한성 남쪽지역 주군(州郡)에 강력한 권농정책을 펼치고 있다. 그와 더불어 수해로 소실된 논을 보수하고 제방을 수축하며, 논을 개간하는 사업도 적극적으로 추진하였다. 이때의 벼농사 경작 방식은 도전(稻田)이었던 것으로 보인다. 도전은 밭벼를 구릉이나 계단식 논에 소규모로 직파해 경작하는 방식이었으나, 점차 제방을 쌓고 저수지를 만들어 수전도작(水田稻作)으로 전환하였다. 뿐만 아니라 구수왕대에도 제방을 쌓은 기록이 있는데, 제방은 수리시설이다. 제방은 보(洑)와 달리, 넓은 평야지역에 물을 대기 위해 마련된 담수시설이다. 낮은 구릉지대에 제방을 쌓는 일은 쉬운 일이 아니어서 국가가 주도하여 제방을 쌓아야 했다. 제방의 축조는 백제가 넓은 경작지를 개간하고 대규모 벼농사를 경작할 준비를 갖추었음을 의미한다. 백제는 주로 2월에 제방 수축과 경작지 개간을 추진하였는데, 동절기에 개간사업을 마치고 새롭게 마련된 땅에 벼농사를 짓기 위함이었을 것이다.

하지만 고이왕 9년(242) 이후에는 개간 기록이 나타나지 않는다. 고이왕 27년에는 국가의 관제를 정비해 국가 운영의 제도를 마련하였다. 비단 관직과 관복을 정하는 것만이 제도정비가 아니라 정치 · 군사 · 경제 모든 부문에서 제도정비가 이루어진다. 고이왕 29년에는 관인(官人)으로서 재물을 받거나 도적질을 한 자는 장물의 3배를 징수하고 종신금고형에 처하였다. 이와 같이 국가 기강을 확립으로써 경제적 안정의 토대 위에 백제는 강력한 국가 안정화 정책을 추진할 수 있었던 것이다. 관제 정비에 이어 고이왕 9년에 왕은 국가 차원의 경작지 개간 정책을 추진하면서 백성들에게 노동력 동원령을 내리고 있다. 고이왕은 벼농사용 경작지 개간을 바탕으로 한 경제력 향상에 역점을 두면서 국가발전 전략 모델을 정립했다고 볼 수 있다.

백제시대 저습지에 제방을 쌓고 농경지를 개간한 대표적인 곳을 꼽으라면 김제 벽골제이다. 그동안 벽골제의 축조사업이 『삼국사기』 백제 본기에 등장하지 않고 신라본기에 등장하는 것을 의아하게 생각해왔다. 『삼국사기』 신라본기 흘해왕 21년(330)에 "처음으로 벽골제를 쌓았다"고 하였다. 신라 흘해왕 21년은 백제 비류왕 27년과 같은 해이다. 그런데 어찌하여 이 기록이 신라본기에 들어있는 것일까? 신라본기에 들어 있을 정도의 역사적 사건이라면 마땅히 백제본기에 들어 있어야 하는데 백제 비류왕대의 기록에 벽골제 축조 사실이 등장하지 않는 것은 무슨 까닭인가. 이는 벽골제가 백제의 영역 바깥에 있는 마한의 땅이었고, 마한의 역사이기에 백제사에 등장하지 않는 결과로 추정된다. 백제가 금강을 넘어 김제 만경지역에 진출한 시기는 근초고왕 24년(369)으로 잡고 있다. 330년에 벽골제는 마한의 노동력이 동원되어 축조되었으나, 360여 년경 근초고왕이 왜와 연합하여 김제지역을 장악하면서 백제의 수중에 들어온 것으로 보아야 한다. 그렇다면 벽골제의 초축은 백제가 김제를 장악하기 30여 년 전의 일이 된다. 벽골제의 초축 기록이 백제가 아닌 신라본기에 등장한 것도 이러한 연유에서 비롯된 것 같다.

그런데 벽골제의 축조에는 백제의 토목기술자들이 참여한 것으로 보인다. 1975년 펴낸 벽골제발굴보고서에 따르면, 벽골저수지를 축조한 시기는 4세기 중반 무렵이라는 연대 추정과 함께 축조공법이 백제토성 축성방식과 흡사하다는 주장이 제기되었다. 또 벽골지 제방 맨 밑에는 식물탄화층이 깔려 있는데, 이 탄화층은 제방을 축조하는 과정에서 저

벽골제 근처 신털미산과 원평천

습성 식물을 깐 것이 탄화되었다고 보고하였다. 그러나 이 식물탄화층은 저습성 식물이 압축된 게 아니라 부엽공법의 판축기술에서 비롯된 것으로 본다. 부엽공법(敷葉工法)은 흙에 풀이나 갈대·나뭇잎과 나뭇가지 등을 섞어서 제방을 튼튼하게 쌓는 판축기술을 말한다. 이러한 부엽공법은 중국에서 백제로 들어와 일본으로 건너간 것으로 보는데, 주로 기반이 약한 저지대에 제방이나 성벽을 쌓을 때에 활용된 공법이다.

지반이 연약한 저습지에 제방을 쌓는 일은 고난도의 토목기술을 요하는 것인데, 백제는 고이왕 9년(242)경부터 저습지를 개간하여 농지를 만드는 능력을 갖고 있었다. 벽골제 또한 농지를 확보할 목적으로 대규모의 저습지를 개간한 것이다. 지금은 평야로 바뀌어 저습지의 모습을 찾아보기 어렵지만, 조선시대까지도 벽골제는 동진강 하구 바다에 인접한 저습지대였다. 하류로는 동진강을 통하여 서해와 연결되었고, 상류쪽으로는 원평천을 통해 하천이 연결되어 있는 현재 모습에서도 그와 같은 지형구도를 어림잡아 볼 수 있다. 바다에서 배가 벽골제 아래까지 들어왔음은 현재 포교리(浦橋里)라는 포구명으로도 유추할 수 있다. 포교리는 벽골제의제방이 시작되는 마을이다. 이러한 지리적 여건을 고려한다면, 벽골제는 바닷물의 침투를 막는 방조제와 흘러내려오는 하천의 물을 담수하는 저수제의 기능을 동시에 했다고 본다. 한 마디로 330년 마한이 주도하고 백제가 지원한 대규모 간척사업이 벽골제였던 것이다.

벽골제 제방 축조공법은 백제의 풍납토성 판축방식과 흡사하다. 풍납토성의 축성 시기를 2~3세기경으로 추정하고 있는데, 이 토성은 흙으로 성벽을 쌓을 때 10㎝ 두께마다 나뭇잎이나 나무껍질 · 볏짚 등 식물유기체를 얇게 깔고 뻘흙을 교대로 덮으면서 부엽공법의 방식으로 쌓은 사실이 확인되었다. 하천유역에 토성을 쌓아 만든 풍납토성과 저습지에 제방을 쌓아 만든 벽골제가 동일한 판축방식이었다는 것이다. 그렇다면 백제는 일찍부터 저지대에 축성하는 부엽공법 토목기술을 보유하고 있었으며, 벽골제를 축조할 때에도 그와 같은 판축기술을 활용하였다고 본다. 벽골제의 축조는 백제가 지원한 우수한 토목기술진과 마한의 노동력이 합쳐서 쌓은 마한 · 백제 합동의 국가적 토목사업이었다. 이밖에도 백제는 개로왕 21년(475)에 흙을 쪄서 축성(烝土築城)하는 단계까지 이르렀으니, 한 마디로 당시로서는 매우 우수한 토목기술을 가진 국가였음을 알 수 있다.

18세기 김제지도의 벽골제와 용추 및 용연(영남대학교 박물관)

벽골제가 축조된 곳은 저습지대였다. 벽골제는 현재 김제 부량 포교리에서 명금산까지 이어진 길이 3.3㎞의 제방인데, 바닷물의 침투를 막고 경작지에 농업용수를 공급할 목적으로 쌓은 다목적 댐이라 할 수 있다. 포교리는 예전에 포구가 있었던 마을이고, 명금산은 낮은 구릉에 지나지 않는다. 동진강의 지류인 원평천과 두월천이 포교리에서 만나 동진강으로 흘러가고, 동진강은 서해로 흘러든다. 그와 반대 방향으로, 서해에서 배를 타고 동진강을 통하여 원평천으로 올라오면 쉽게 포교리에 다다를 수 있다. 벽골제가 들어선 곳은 이처럼 수리시설을 마련하기에 좋은 조건을 가졌으며, 김제·만경 평야의 중심에 해당하는 곳이다. 바닷물과 민물이 만나는 저습지에 벽골제를 쌓아 대규모의 간척공사를 한 것이다. 벽골제는 수로가 아니기에 배수갑문의 기능을 가졌다고 볼 수 없지만, 갯벌의 저습지에 제방을 쌓아 농지를 확보할 목적으로 쌓은 제방임이 분명하다. 당시 백제는 국가경제력 강화를 위하여 경작지 확보가 필요하였고, 금강 너머 드넓은 저습지대를 개발하는게 국가적인 과제였을 것이다. 따라서 백제는 치밀한 측량기술과 부엽공법과 같은 판축기술을 지원하고 마한의 벽비리국은 대규모 노동력을 동원하여 벽골제를 쌓은 것이다. A.D. 330년에 수평 측량하여 높이 4.3미터, 길이 3,300미터의 제방을 쌓은 것만으로도 백제인의 토목기술 수준이 매우 높았음을 알 수 있다. 저습지에 땅을 다지고 낮은 구릉에 연결하여 제방을 쌓는 토목공사는 쉽지 않은 일이다. 더구나 단순히 평야를 개간하는 차원이 아니라 바닷물과 내륙의 하천이 교차하는 저습지에 제방을 쌓은 것 자체가 대단히 놀라운 토목기술이라 하지 않을 수 없다.

현재 동진강 하구 새만금 간척사업이 국책사업으로 진행되고 있듯이, 1700여 년 전에 이미 마한과 백제가 동진강 상류에 벼농사 경작지를 확보할 목적으로 대규모 간척사업을 국책사업으로 추진한 것이다. 현재 추진 중인 새만금 간척사업의 원래 목적이 벼농사의 경작지 확보라는 사실도 벽골지 축조 배경과 일치한다.

백제는 고대국가 정비 이후 경제력 기반을 확충하고 농업생산력을 높이기 위해 벽골제 축조에 총력을 기울였던 것으로 보인다. 고이왕대 이후 개간사업을 추진하면서 금강 남쪽에 관심을 갖지 않을 수 없었을 것이다. 엄청나게 넓고 비옥한 땅 때문이었다. 그러나 백제는 김제 · 만경지역의 벽비리국, 부안지역의 지반국, 익산지역의 건마국 등 마한세력이 버티고 있어 금강을 쉽게 넘어올 수 없었다. 그러나 비류왕대에 이르러 백제가 우수한 토목기술력을 마한에 지원하면서 김제지역으로 진출할 수 있는 기회를 만들었고, 그 결과 벽골제를 수축하였던 것이다. 결국 마한과 백제는 벽골제의 수리권 문제로 다투었고 근초고왕대에 벽비리국을 공략하여 벽골제를 차지한 것으로 보인다.

2. 마한 벽비리국과 벽골제

백제 비류왕 27년(330)에 벽골제라는 지명이 처음 등장한다. 진표율사가 733년에 태어난 곳도 바로 이 벽골지가 있는 벽골군 만경현 나산촌 대정리였다. 그렇다면 벽골제가 축조되던 당시에도 벽골군이 있었을 가능성이 크다. 벽골군은 벽골(碧骨)과 관련된 지역 정치집단의 존재를 시사한다. 벽골제를 축조한 주체는 백제가 아니라 마한이었고, 당시 김제지역에 세력을 형성한 소국은 벽비리국이었으며, 그 집단이 벽골제의 축조를 주도하였을 가능성이 있다는 것이다. 벽골제와 관련된 기록이 『삼국사기』 백제본기에 등장하지 않는 것도 이러한 이유였을 것이다.

벽골제 축조공사는 비류왕대 김제 만경지역에 존재하던 마한 세력이 주도하였고 백제 정부는 우수한 토목기술자들을 보내어 토성 판축방식으로 견고한 제방을 쌓았을 것이라는 점은 앞에서 거론했다. 비류왕대에 김제지역의 마한세력에게 토목기술을 지원한 후에 벽골제의 수리권에 관여하였을 것이며, 결국 벽골제를 장악하게 됨으로써 백제는 한 단계 진전할 수 있었다. 3세기 말 4세기 초부터 마한은 국가적 구심력이 크게 떨어지고 백제의 남진정책에 적극 대응하지 못해 무력해져 갔다. 이러한 기회에 백제는 자연스럽게 금강을 넘어 마한지역에 진출할 수 있었고, 왜와의 협공작전으로 금강 이남의 마한 세력을 쉽게 수중에 넣을 수 있었다. 벽골제가 위치한 김제 만경지역은 백제가 농업생산력을 향상시키는데 크게 기여한 것으로 보인다.

『삼국사기』 지리지에 따르면, 백제시대에 김제군은 벽골현(碧骨縣)이었다. 마한 54소국 가운데 김제지역의 소국세력은 벽비리국(辟卑離國)이었다. 벽비리국은 현재 김제시의 주산인 성산(城山)에 토성을 쌓고 웅거하고 있었다고 본다. 성산에 오르면 드넓은 김제·만경 평야가 한눈에 들어온다. 비록 낮은 산이지만 전망이 탁 트여 군사 전략상 입지여건이 좋다. 백제부흥운동 당시 주류성에 도읍을 정한 풍왕은 경제적인 실리를 찾고자 일시적으로 김제의 성산으로 천도한 적이 있다. 이처럼 김제 성산은 비옥한 토지가 주변을 두르고 있고, 군사 전략지로서의 구실을 할 수 있는 곳이었다. 주류성은 산이 험준하고 땅이 척박하여 식량 조달이 어려웠기에 비옥한 평야로 둘러싸인 성산으로 천도하였던 것으로 추정된다. 또한 전략적 입지의 측면도 고려했을 것이다. 즉 벽골제와 동진강 수로 및 토착세력의 근거가 천도의 주요인이었을 것이다.

김제 성산지역은 벽골제를 중심으로 드넓은 평야지대가 조성되어 있어 다른 곳보다 식량과 물자가 풍요로운 곳이었다. 김제는 마한 벽비리국의 중심이었고, 성산은 벽비리국의 주산에 쌓은 토성이었다. 이 성산의 토성이 벽성(辟城)이며, 벽골은 벽비리국의 제방이란 뜻이다. 일부에서 벽성을 피성으로 읽는 것은 잘못된 것이다. 벽비리국의 '비리' 라는 명칭은 '벌' 이라는 의미의 고어 표기이다. 벌은 벌판이라는 뜻으로 넓은 평야를 갖춘 곳에 붙여진다. 이곳 김제 · 만경지역 넓은 평야에 농업용수를 공급할 목적으로 벽골제를 쌓은 것이다. 마한의 벽비리국은 벽골제를 쌓고 벽지산(辟支山) 아래에 벽중(辟中)이라는 도읍을 정한 소국이었다. 벽중이 벽비리국의 국읍이었다. 지금도 김제사람들은 성산을 벽지산으로 부르고 있다. 백제시대까지도 마한 벽비리국의 옛 지명인 벽지산과 벽중이라는 이름으로 불린 기록이 『일본서기』에 남아있다. 『일본서기』 신공기 49년 3월에 다음과 같은 벽비리국의 역사가 나온다.

"군사를 서쪽으로 돌려서 고해진(古奚津)에 이르러 남쪽 오랑캐인 침미다례(忱彌多禮)를 무찔러 백제에 주었다. 이에 그 왕인 초고(肖古)와 왕자 귀수(貴須)가 또한 군사를 이끌고 와서 만났다. 이때 비리(比利) · 벽중(辟中) · 포미지(布彌支) · 반고(半古) 4읍이 스스로 항복하였다. 이리하여 백제왕 부자와 아라타와케 목라근자 등이 함께 의류촌(意流村)에 모였는데 서로 보고 기뻐하며 예를 두텁게 하여 보냈다. 다만, 치쿠마나가히코(千熊長彦)와 백제왕은 백제국에 이르러 벽지산(辟支山)에 올라 맹서하고 다시 고사산(古沙山)에 올라 함께 반석 위에 앉았다."

위의 내용은 왜가 마한을 공략하여 근초고왕(346~375)에게 마한의 4

읍을 넘겨주는 역사기록이다. 일본의 장수가 마한의 남쪽지방을 공략해 올라오면서 마한 소국들을 접수하였는데 그 가운데 벽중이라는 도읍의 명칭이 등장한다. 일본 장수 천웅장언(千熊長彦)과 백제 근초고왕은 벽중의 벽지산(현 김제 성산)에 올라 형제의 나라와 혈맹관계를 맹서하는 의식을 갖고, 마한의 모든 나라를 정복한 희열과 기쁨을 누렸다는 내용이다. 천웅장언(千熊長彦)은 근초고왕(近肖古王)에게 마한의 4개 소국을 넘겨주는 인계인수식을 벽지산에서 갖고 그 기쁨을 주체하지 못하고 고사산(현 정읍 두승산으로 추정)에 올라 반석 위에서 감회에 젖은 축배의 잔을 올리고 있다. 따라서 백제 근초고왕 때인 369년경까지도 김제·만경지역에는 벽비리국(辟卑離國)이 존재하였음을 알 수 있다. 벽비리국의 진산이 벽지산(辟支山)이었고, 그 도읍이 벽중(辟中)이었음이 보다 분명한 것이다.

『일본서기』에는 벽지산과 벽중이 등장하지만, 『삼국지』 위지 동이전에는 벽비리국(辟卑離國)이라는 이름이 등장한다. 마한 소국 가운데 '辟' 자를 사용한 소국명은 벽비리국이 유일하다. 이 벽비리국을 김제 외에 다른 곳으로 추정할 만한 곳이 없다. 비리(卑離)는 넓은 평야의 '벌'을 지칭한다. 벌판의 벌은 '비리'와 같은 뜻이다. 계백장군이 싸웠던 황산벌도 황산 아래 넓은 벌판을 가리키는 지명이다. 드넓은 벌판을 가진 벽비리국(辟卑離國)이 벽골제 축조를 주도하였으며, 벽골제 완공 이후 백제와 왜가 벽비리국을 공략한 뒤로 벽골군이라는 행정구역으로 바꾸어 편입시켰다고 본다. 근초고왕과 천웅장언(千熊長彦)이 벽지산에 올라서 맺은 맹서의식은 근초고왕이 실질적으로 마한 정복의 남진정책을 완료하는 상징적 의미를 갖기도 한다. 천웅장언이 침미다례를 접수하고 서쪽으로 거슬러 올라오면서 마한의 4개 소국을 정복하여 근초고왕에게 인계하였으니 근초고왕으로서는 더 이상 마한 정복을 목적으로 남진정책을 추진할 필요성이 없어진 것이다. 왜가 공략한 마한 4곳의 도읍 가운데 벽중 외에 지반이 더 들어 있는데, 지반은 부안에 있던 지반국(支半國)의 도읍으로 추정된다.

부안과 김제에 있던 마한세력의 정복은 백제사에서 중요한 의미를 갖는 사건이다. 김제는 벽골제를 중심으로 농업생산력이라는 경제적 기반을 갖춘 곳이었고, 부안의 격포와 죽막동 일대는 해양활동의 전진기지였던 만큼, 백제는 육지와 해상의 중요한 요충지를 확보한 것이다. 근초고왕은 지반국과 벽비리국을 수중에 넣음으로써 서해안의 해상교통망에 대한 제해권과 최대 규모의 벼농사 경작지대 및 벽골제 수리권을 장악하는 실리를 얻게 되었다. 김제는 동진강을 통해 서해와 연결되는 해상교통이 발달되었으며, 벼농사의 집산지인 금만평야와 벽골제가 위치하여 경제 · 교통 · 지리 등 고대국가로 발전하는데 중요한 원동력을 제공한 곳으로 보아야 한다. 따라서 백제의 수중에 들어오기 전 이곳에 있었던 벽비리국은 마한에서 강력한 정치집단이었음을 알 수 있다.

백제와 왜가 북쪽과 남쪽에서 마한 협공작전을 편 결과, 마지막으로 공략한 소국과 국읍이 벽중의 벽비리국이었다면, 벽비리국은 마한 최후의 소국이었을 가능성이 있다. 벽비리국의 '벽(辟)' 은 임금이라는 뜻이 있다. 김제 벽비리국은 그만큼 강력한 정치세력이 존재하였음을 시사한다. 백제의 근초고왕은 369년 마한의 소국들을 정복하여 천하통일을 이룩한 국왕으로 역사적인 평가를 받고 있지만, 실상은 백제는 김제, 부안을 정복하고 천웅장언(千熊長彦)에게 인계받은 마한 소국들에게 자치권을 부여하면서 조공을 받는 것으로 정복사업을 일단락 지었을 가능성이 크다.

3. 김제 벽골제와 수리민속

벽골제를 처음 축조할 당시의 수리 민속에 관한 내용은 알 길이 없다. 다만 제방 규모로 벽골제의 면적을 추론할 수 있고, 단야설화와 되뱀이논과 신털미산에 대한 이야기가 구전으로 내려올 뿐이다.

북쪽의 포교마을에서 남쪽의 부량면 명금산까지 약 3.3km에 걸쳐 쌓은 벽골제 제방의 길이는 330년대 처음 시축되었을 당시의 제방 길이 그대로이며, 제방의 높이는 약 4.3m, 하변의 폭은 17.5m, 상변의 폭은 7.5m로 추산하고 있다. 벽골제의 높이를 낮게 쌓을 수밖에 없었던 것은 주변 산이 낮았기 때문이다. 벽골제 자리가 저습지이고, 주변에 높은 산이 없어서 낮은 명금산과 수월리 야산을 연결하여 쌓을 수밖에 없었다. 높지 않은 야산 사이의 저습지에 3.3km의 제방을 수평으로 축조한 것은 세계 수리사에서도 흔치 않은 일이다.

이러한 악조건의 지형에 벽골제를 쌓는데 동원된 노동력은 연인원

김제 벽골제의 수문

330,000명으로 어림된다. 이는 하루에 10,000여 명의 노동력이 동원된 꼴이며, 공사기간은 약 2년 7개월이 걸린 것으로 추정하고 있다. 벽골제의 길이는 1,800보로 되어 있는데, 이를 척 단위로 환산하면 10,800척이 되고, 이를 다시 당척(30.1㎝)을 기준으로 환산하면 약 3,245m이다. 현재 벽골제 제방의 길이는 약 3.3㎞로서 이 길이는 마한시대인 330년에 처음 축조하던 당시의 길이와 큰 차이가 없다. 제방 세 곳에는 석주를 세워서 수량을 조절하는 수문 장치와 남북 양쪽에는 수량을 자연적으로 조절하는 무넘이 수문이 있었던 것으로 보인다. 330년 당시에도 벽골제에는 수여거(水餘渠)·장생거(長生渠)·중심거(中心渠)·경장거

(經藏渠) · 유통거(流通渠)가 설치되었던 기록이 보인다. 수여거는 만경현 남쪽으로 향하는 물줄기 수문이고, 장생거는 만경현 서쪽으로 향하는 물줄기와 통하는 수문이다. 중심거는 부안 동쪽으로 향하는 물줄기의 수문이며, 경장거와 유통거는 태인 서쪽으로 향하는 수문이다. 수여거와 유통거는 무넘이 수문이었던 것으로 추정된다. 현재 무넘이 수문의 흔적을 발견할 수 있는 곳은 수월리의 수리유구이다. 무넘이(水越)는 벽골지가 만수 때 범람하면 물이 흘러넘쳐 자연스럽게 수위가 조절되도록 하는 자동 수문 장치를 말한다. 제방 위로 물이 넘치며 흘러내리는 방식의 수문이어서 수문의 명칭도 수여거라 하였다. 벽골제의 높이가 4.3m로 수평 측량되었지만, 수문이 닫혀 있는 상황에서 벽골제 제방 북단의 수여거와 유통거에는 물이 자연스럽게 넘실거리며 수량을 조절하는 자연 수문 방식으로 축조된 것이다. 이처럼 물이 넘쳐 무넘이로 흘렀던 유구가 실제 수여거 아래에 수월리(水越里)라는 지명을 만들었다. 실제 수여거 아래 약 10여 미터 넓이의 도랑이 500m 가량 수월리 앞으로 굽이치는 곡선으로 조성되어 있다. 이 수여거와 유통거는 자연 능선을 제방으로 연결시켜 활용한 무넘이 수문으로서 놀라운 축조 공법을 보여주는 제방시설이라 할 수 있다.

또한 벽골제가 담수할 수 있는 만수 면적은 3.7㎢로서 약 1,12만 평으로 추정된다. 김제 정읍의 높은 지대에서 흘러내려오는 물이 원평천 · 두월천 · 금구천을 이루어 드넓은 저습지로 흘러가고 그 물이 바닷물과 교차하는 저습지대를 막아서 만든 수리시설이 벽골제이다. 벽골제의 축조목적은 농업용수의 공급이다. 벽골제의 5개 수로를 통한 수리농경의 범위는 김제 · 만경 · 태인 · 부안 · 고부 등의 평야지대이다. 바로 정읍 만석보 아래에 넓게 펼쳐진 백산 · 하호평야, 금만 평야 등 호남평야의 중심에 벽골제가 있다. 벽골제가 금만평야를 만들었으며, 호남평야의 중심을 이루고 있는 것이다. 이러한 수리농경의 역사는 마한시대까지 올라간다.

가을 벼가 누렇게 익어가는 김제 만경 평야의 황금의 제방(김제)은 바로 벽골제라 하지 않을 수 없다.

벽골제와 관련된 신털미산과 되배미에 대한 전설이 있다. 신털미산은 말 그대로 신에 묻은 흙을 털어서 만든 산이라 하여 초혜산(草鞋山)이라고 부르기도 한다. 하루에 만여 명씩 3년 여에 걸쳐서 벽골제를 만들었으며, 그때 동원된 인력이 하루 일과가 끝나면 짚신에 묻은 흙을 털어서 만든 산이라 하여 신털미산이라고 부르게 되었다고 전해오고 있다. 백제시대의 짚신유적이 출토된 바 있어 신털미산의 역사를 벽골제 축조 당시까지 올려 잡을 수 있으나 신털미산이 초혜더미라는 고고학적인 근거는 아직까지 발견된 바 없다. 그러나 공교롭게도 신털미산은 포교리 뒷산이며 이곳이 주산에 해당된다. 이 앞에서 원평천과 두월천이 합수하여 동진강으로 흘러 내려간다. 포교리는 지형상 예로부터 포구였음을 알 수 있는데, 동진강을 따라 서해로 나아가는 출항지 역할을 한 포구였다.

이 신털미산 근처에는 '되배미' 라는 조그마한 논이 있었다. 곡식의

고대 농경유적에서 출토된 짚신

부여 능산리 사지에서 출토된 지게발채

양을 되로 재듯이, 벽골제 축조에 동원된 인원의 숫자를 셀 때, 조그마한 논을 이용하였다. 노동 인력이 되배미논에 들어가게 하여 다 채워지면 숫자를 세어 확인하고, 다시 반복하여 채워 사

부여 능산리 사지에서 출토된 들것

람의 숫자를 점검하는 방식이다. 되배미논의 존재는 사람 수를 일일이 세기 어려울 만큼 많은 노동력이 동원되었다는 이야기가 된다. 벽골제 축조에 동원된 노동력들은 이루셀 수 없으나, 이들이 사용했던 것으로 추정되는 짚신이 부여 관북리와 궁남지에서 출토되었고, 지게 발채가 부여 능산리사지에서 발굴되었다. 또한 부여 동라성에서 들것이 출토되었다. 특히 부여 궁남지에서 출토된 짚신으로 미루어 김제 벽골제 공

사를 하는데 동원된 인력도 짚신을 신었던 것으로 추정되고, 그들이 흙을 퍼서 운반한 도구도 지게와 발채 및 들것(擔架)이었을 것임은 틀림없다. 신털미산과 되배미논은 벽골제 축조 당시 막대한 노동력이 동원되었음을 보여주는 자료지만, 구전으로 내려오는 이야기일 뿐 짚신 또는 들것 · 지게 · 발채 등 고고학적 유물이나 유적이 뒷받침되지 않고 있어 아쉽다.

4. 벽골제 단야설화와 쌍룡숭배

18세기에 제작된 김제의 고지도를 보면, 벽골제 제방 아래에 용추(龍湫)와 용연(龍淵)이라는 명칭을 가진 두 개의 연못이 있다. 벽골제 제방 아래 북쪽 끝 지점의 포교리에서 100여 미터 지점에 용추가 있었고, 남쪽 끝 용골마을 어름에 용연이라는 못이 있었다. 용추와 용연은 용이 사는 곳을 말한다. 이밖에 용은 용지 · 용담 · 용소 · 용진 등의 이름이 붙은 물과 하천 및 바다에 산다고 믿어왔다. 이러한 용들은 바다에 사는 해룡, 육지의 연못에 사는 지룡, 하늘에 사는 천룡으로 크게 나누어지는데, 이와 같은 용들은 용 신앙의 대상이다. 하늘의 용이 영험력을 발휘하여 비를 내려주고, 내린 비는 못을 만들거나 제방을 쌓아 담수호에 가두었다가 농업용수로 사용해왔다.

김제 벽골제도 제방을 쌓아서 만든 저수지이고, 그곳에는 용이 산다고 믿어 왔다. 벽골제의 용은 지룡(池龍) 계통의 농업신이라고 할 수 있

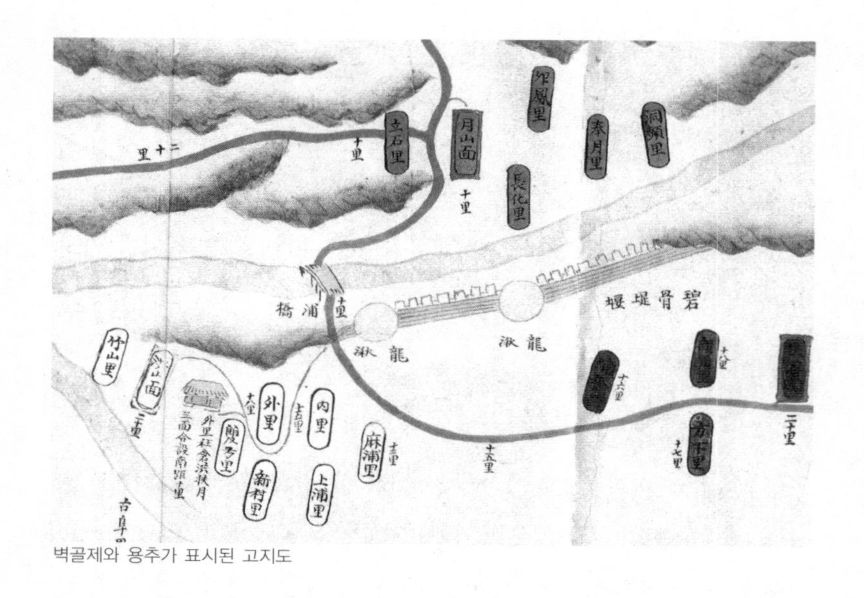

벽골제와 용추가 표시된 고지도

다. 지룡의 근원은 천룡이다. 천룡은 하늘에 거처하는 용인데, 구름 속에서 조화를 부려 비를 내려주는 역할을 맡고 있다. 지룡은 천룡의 하위적 존재이다. 천룡이 비를 내려 못을 만들고 그곳에 하강하여 지룡이 되었다가 다시 승천하여 천룡으로 돌아간다는 용신 관념이 일찍부터 형성되어 왔다.

이러한 천룡 숭배는 세시풍속에도 나타난다. 사람들은 매년 음력 2월 1일 날 하늘의 용이 내려왔다가 2월 20일경 다시 하늘로 올라간다고 믿었다. 그것이 바로 영등제라는 것으로, 영등제는 천룡의 강신과 승천을 기념하는 세시풍속이다. 즉 영등제는 1년 동안 농사를 잘 짓게 해달라고 천룡을 강신시켜 제향을 베풀고 다시 하늘로 올려보내는 연중행사이다. 결국 비를 내려주는 강우신이 용이요, 내린 비로 물이 고여 만들어진 못에 사는 수신(水神)도 용이다. 이러한 용신앙의 역사는 백제시대로 거슬러 올라간다. 익산 미륵사 창건설화에 지룡이 등장하는 것과 비유될 수 있다. 벽골제의 용추와 용연은 김제지역에 오래 전부터 용신앙의 전통이 있었음을 말해준다. 벽골제의 용은 용연 · 용추가 말해주듯이 쌍룡이었다. 쌍룡숭배는 평야지대에서 쌍룡에 대한 용신 관념이 형성되어 있음을 알려주는데, 벽골제의 제방 축조와 관련된 쌍룡설화에서 이를 확인할 수 있다. 이 쌍룡설화는 신라 38대 원성왕대를 시대적 배경으로 하고 있다.

신라 제 38대 원성왕(元聖王) 때의 일이다. 벽골제를 쌓은 지가 오래 되어 붕괴 직전에 놓이자 김제를 비롯한 주변 7개주 백성들의 생사(生死)가 걸렸다는 지방 관리들의 진정에 따라 나라에서는 예작부(禮作部)에 있는 국내 으뜸가는 기술자인 원덕랑(元德郞)을 현지에 급파해 보수하도록 했다.

원덕랑은 왕명을 받고 머나먼 김제 땅에 도착하여 공사를 서둘렀다. 당시 김제태수 유품에게는 단야라는 아름다운 외동딸이 있었다. 원덕랑은 밤낮 없이 태수와 함께 둑 쌓는 일을 같이 하다 보니 태수의 딸인 단야 낭자하고도 점차 친숙하게 되었으며 단야 또한 원덕랑을 알게 되면서 연정을 품게 되었다. 그러나 원덕랑은 둑 쌓는 일 외에는 한눈을 팔지 않았으며, 특히 고향엔 월내(月乃)라는 약혼녀가 기다리고 있으니 더욱 단야의 뜻을 받아들일 수 없었다.

이 무렵, 주민들의 원망이 높아지고 있었다. 옛날부터 이러한 큰 공사에는 반드시 처녀를 용추(龍湫)에 제물(祭物)로 바쳐 용의 노여움을 달래야 공사가 순조로운데 원덕랑은 미신이라 하여 이를 실행하지 않고 공사를 했기 때문에 완공에 가까워지면 둑이 무너지게 될 것이라는 백성들의 원망이 불길처럼 일어나고 있었던 것이다.

한편, 이때 고향에서 월내낭자가 남장을 하고 김제까지 약혼자 원덕랑을 찾아왔다. 이 사실을 안 단야의 아버지 태수는 월내낭자를 보쌈하여 용에게 제물로 바쳐 딸의 사랑도 이루어주고, 백성들의 원성도 진정시키며 둑도 완성시키려는 일거다득의 계략을 세웠다. 이러한 아버지의 계략을 알게 된 단야는 양심의 가책을 느낀다. 그리고 월내낭자를 죽인다 해서 원덕랑의 결심이 돌아설 리도 없다고 생각하였으며, 그렇다고 원덕랑을 잊고 다른 사람과 결혼할 마음은 더더욱 없었다.

단야는 오랜 고민 끝에 자신을 희생하여 백성의 생명줄인 제방을 완공하고, 또한 연모했던 원덕랑이 월내낭자와 결혼하여 부귀영화를 누리면 더없이 좋은 일이며, 더욱이 아버지의 살인까지 막게 되어 효도가 되리란 생각에 미치자 죽음을 결심한다. 이렇게 되어 단야는 월내낭자 대신 자기를 희생하게 되었으며, 그 후 보수공사는 완전하게 준공을 보게 되었고, 원덕랑은 월내낭자와 결혼하여 행복하게 살았다.

『삼국사기』 신라본기에는 신라 원성왕 6년(790)에 "벽골제를 증축하는데 전주 등 7주의 사람들을 징발하여 공사를 일으켰다"고 기록되어 있다. 위의 설화는 원성왕 6년 벽골제의 증축을 배경으로 한다. 김제 태수의 딸 단야를 벽골제의 용추에 사는 용에게 제물로 바친다는 내용이 핵심이다. 벽골제의 쌍룡은 백룡과 청룡이다. 백룡은 주민들을 돕고 보호하는 이로운 영물이라면, 청룡은 사납고 심술궂으며 주민들에게 해를 끼치는 영물이다. 이 청룡에게 단야가 희생물로 바쳐지게 된 것이다. 위의 설화는 벽골제의 쌍룡숭배가 통일신라까지 계승되었음을 말해준다. 벽골제의 쌍룡숭배는 『삼국사기』 백제본기의 쌍룡의 출현 기사를 고려한다면, 벽골제를 시축하는 백제시대까지 거슬러 올라갈 수 있다고 본다.

· 기루왕 21년 여름 4월에 쌍룡이 한강에 나타났다.
· 의자왕 20년 5월 백석사 강당에 벼락이 치고 검은 구름이 용과 같이 동쪽과 서쪽에서 나누어서 공중에서 서로 다투었다.

백제에서 쌍룡(雙龍)이 기루왕 21년(97)에 출현하고 있다. 이로써 벽골제 시축 훨씬 이전부터 백제사회에서 쌍룡숭배의 관행이 있었음을 알 수 있다. 이러한 쌍룡숭배는 의자왕 20년(660) 검은 구름이 서로 다투는 대립적 관계로 묘사되기도 하였다. 그렇다면 백제 전시기에 걸쳐서 쌍룡에 대한 관념이 형성되어 있었다고 보아야 한다. 의자왕대에 검은 구름을 다투는 모습이었다고 비유한 것은 용이 구름 속에서 조화를 부려 비를 내린다는 기우관이 형성되어 있음을 보여주며 이러한 용 신앙이 벽골제의 쌍룡숭배로 구현되었다고 본다. 문헌상으로 전해지던 쌍룡 출현이 벽골제 축조설화에도 등장하고 그 전통이 벽골제 제방 아래에 용연과 용추로 구현된 것이다. 벽골제 축조설화의 쌍룡은 청룡과 백룡이다. 청룡과 백룡은 늘 서로 다투는 모습으로 나타나는데, 이러한 대립적 입장이 바로 숭배의 대상이었다. 백제 기루왕대의 쌍룡은 벽골제가 처음 축조되던 비류왕대에도 있었고, 쌍룡으로서 청룡·백룡에 대한 숭배관념이 형성되어 있었음을 엿보게 한다.

벽골제의 단야설화에서 백룡은 제방을 견고하게 빨리 축조하여 농민들이 풍요롭게 살 수 있도록 도와주는 착한 용으로 등장하고, 청룡은 제방이 쌓아지면 비를 내리게 하여 제방을 무너트리고 농사를 방해하는 나쁜 용으로 등장한다. 단야가 희생의 제물로 바쳐지는 용은 백룡이 아니라 청룡이다. 그래서 농민들이 백룡보다 청룡을 숭배하는 관행이 생겨났다고 볼 수 있다. 실제 농경민속 가운데 농신기(農神旗)에 그려진 용신은 대체로 청룡이 묘사되어 있다. 백룡보다 청룡이 농신으로 숭배되었으며, 용신기·용당기의 기폭에도 청룡이 등장하고 있다. 비를 내리게 하는 청룡이 민속신앙에서 제의의대상으로 등장하고 수신으로 등장한 것도 그 때문이다.

용의 처소인 용추·용연은 단야설화의 쌍룡에 대한 거처를 표시한 것으로 해석할 수 있고, 또 다른 관점에서는 제방의 주체가 용이라고 인식하고, 제방 아래에 용의 처소를 만든 것으로 보인다. 또한 벽골제의 제방이 마치 길다란 용의 형상으로 보인다. 벽골제를 처음 축조할 때, 청룡단과 백룡단으로 나누어 편 가르기 방식으로 양쪽에 인력을 배분하여 한 편은 명금산 쪽에서 쌓기 시작하고, 다른 한 편은 수월리 쪽에서 쌓기 시작하는 판축 방식을 도입하였을 가능성이 크다. 이러한 제방 축조는 노동력을 양편으로 나누어 경쟁하는 겨루기 방식으로 추진하는 방식이었다. 오늘날 초등학교 운동회에서 학생들이 백군과 청군으로 나누어 겨루기를 하듯이, 벽골제의 제방도 백룡과 청룡 양편으로 나누어 쌓도록 겨루기를 시켜 작업의 효율성을 높였을 것으로 보인다.

편 가르기는 노동력 집단 간에 경쟁력을 유발하고 내부의 화합을 가져와 견고한 제방 판축과 공기 단축의 효율성을 가져오는 이점이 있었을 것이다. 벽골제 쌓기와 마찬가지로 겨루기 방식을 성곽 축조에도 적용했다. 이러한 방식으로 성을 쌓은 성곽설화와 함께 성곽 축조연대가 백제시대까지 올라가는 성도 있다. 신라 유리왕대에 6부 궁녀들이 길쌈노동을 겨루기 방식으로 진행하여 놀이화한 것을 보더라도 이와 같은 겨루기 방식의 노동행위가 백제에도 행해졌다고 볼 수 있다.

백제시대 성곽으로서 성쌓기 설화가 전승되고 있는 곳이 있는데, 이것은 고대사회에서 대규모 노동력을 동원했을 때 양편으로 나누어 겨루는 방식이 있었음을 말해준다. 한쪽에서 쌓기 시작하여 끝까지 쌓는 방식보다 양쪽에서 쌓기 시작하는 방식이 훨씬 효율적이었을 것이다. 벽골제 축조 당시 양편에서 제방을 쌓아가는 판축 방식이 마치 백룡과 청룡이 양쪽에서 대결하는 모습처럼 보였을 것이다. 현재 서해안의 새만금 간척지 제방 축조공법도 양쪽에서 쌓는 방식을 채택하고 있는데, 이러한 공법은 1700여 년 전 김제 벽골제 시축에도 활용된 토목기술이었을 것이다. 양끝에서 중앙으로 제방을 쌓아갈수록 제방 쌓기와 관리가 힘들어졌을 것이며, 제방의 마무리 공사에서 난관에 봉착하는 일이

김제 벽골제 쌍룡놀이의 백룡과 청룡

용신기와 농기

발생하자 단야를 제방완공의 희생제물로 바치게 된다. 단야설화에서 백룡과 청룡이 다투는 모습으로 묘사되었던 것도 그러한 배경이 요인이었을 것이다. 단야를 청룡의 희생물로 바치는 것도 벽골제를 쌓는 일이 그만큼 힘들고 어려운 토목공사였음을 반영하는 것이라 하겠다.

이와 같은 벽골제의 쌍룡설화를 극놀이로 꾸민 것이 김제 쌍룡놀이이다. 이것은 단야설화를 소재로 새롭게 만든 창작놀이인데, 벽골제의 축조 과정에서 쌍룡에게 완공을 기원하는 내용을 담고 있다. 그런데 실제로 전승되는 김제 월촌 입석줄다리기에서 쌍룡놀이의 원형적인 모습을 찾아볼 수 있다.

5. 줄다리기와 농경의례

입석줄다리기는 김제시 월촌면 입석리에서 행해지는 정월의 세시 민속놀이이다. 현재 지방민속자료 제7호로 지정되어 있는데, 입석줄다리기의 전개과정은 이러하다.

매년 정월 초에 걸립굿으로 시작하여 집집마다 돌며 지신밟기를 하면서 당산제의 비용을 마련한다. 정월 열 나흗날에는 마을 주민들이 볏집단 두세 다발씩을 들고 마을 공터에 모여서 줄을 만들기 시작한다. 줄은 쌍줄을 만드는데, 주민들은 그것을 암줄과 숫줄이라 부른다. 줄의 두께는 1자 정도이고, 길이는 100미터이다. 암줄의 고는 숫줄 고보다 약간 크게 만들어 숫줄을 암줄고에 삽입하여 비녀목을 꽂을 수 있는 크기로 만든다. 줄은 열 나흗날부터 정월보름날 아침까지 드린다. 이 줄드리기 작업에는 마을 주민가운데 산고나 상고를 겪은 사람은 부정을 타기 때문에 참여를 못하게 할 정도로 금기가 엄격하다. 정월 보름날 아침에 줄을 감는 입석에서 묵은 줄을 걷어내고 깨끗하게 청소를 한다. 마을 주민들은 이 묵은 줄이 피부병에 약효가 있다 하여 집으로 가져가기도 한다. 정월 대보름날 오후가 되면 입석리 주민들은 쌍줄이 놓인 마을 공터로 모인다. 줄을 당기는 시간은 저녁식사 후 초저녁이다. 입석 줄다리기는 고싸움놀이 방식이다. 남자는 숫줄을 잡고 여자들은 암줄을 잡는다. 줄을 당기기에 앞서 고놀이를 즐긴다. 줄의 고를 서로 부벼대며 애정관계를 연출한다. 고놀이 이후 암줄고를 숫줄고에 끼워 넣은 후 비녀목을 끼워넣으며 줄 당기기가 시작된다. 나이 든 부녀자들은 숫줄편에 서서 회초리로 남자들을 후려치며 힘빼기 작전을 편다. 고싸움은 여자편이 승리를 하게 된다. 여자편의 승리는 여자가 이기면 풍년이 들고 남자가 이기면 흉년이 든다는 속신 때문이다. 삼판양승제로 여성이 이기고 나면, 입석에 줄감기를 한다. 입석의 크기는 높이가 약 210㎝ 폭은 29㎝ 크기의 사각석주이다. 줄감기는 여자편이 암줄을 먼저 감고 이어서 남자편이 숫줄을 그 위에 감는 방식이다. 입석에 줄감기를 마치고 나면 당산제를 지낸다.

줄다리기는 보편적으로 평야지역에서 행해지는 용신에 대한 제의행위이다. 특히 볏짚으로 용의 형상을 만들어 줄다리기를 하는 평야지대의 민속놀이라고 할 수 있다. 볏짚으로 만든 줄을 용줄이라 하고, 용줄은 용의 형상처럼 만든다. 용줄은 외줄과 쌍줄이 있다. 쌍줄에는 줄머리에 서로 끼울 수 있는 고를 만든다. 쌍줄다리기는 고끼리 부딪히거나 숫줄고를 암줄고에 끼워 넣고 잡아당기는 방식이다. 쌍줄다리기는 기본적으로 양편을 나누어서 겨루는 방식이다. 남자가 잡는 줄을 숫줄, 여자가 잡는 줄을 암줄이라 한다. 쌍줄은 쌍룡을 상징하는 형태로 만들어지는데, 청룡과 백룡을 상징하는 의미도 갖고 있다.

벽골제의 쌍룡설화가 말해주듯이, 쌍룡의 관계는 대립적인 갈등관계이다. 줄다리기도 암줄과 숫줄이 겨루는 방식이지만, 본질은 줄싸움 방식이다. 외줄다리기에서도 남녀의 성적 대결은 같다. 쌍줄다리기는 풍요다산을 상징하는 휴머니티한 민속놀이로 바뀐 채 전승되고 있지만, 본질적으로는 대립 관계의 줄싸움 놀이이다. 줄다리기는 용신을 인격화하여 남녀의 성적 관계로 바꿔서 묘사하는 것처럼 보이지만 실제는 백룡과 청룡의 힘겨루기를 놀이화한 것으로 해석된다. 줄다리기는 용신앙을 전제로 하는 농경의례이지 성적 교합을 상징하는 민속놀이는 아니다. 여자편이 이겨야 풍년이 든다는 속신은 백룡이 아닌 청룡이 이겨야 풍년이 든다는 것으로 이해해야 한다.

우리나라 민속신앙에서는 신을 인격화하여 마을의 수호신으로 섬기는 사례가 많은데, 하늘의 구름 속에 숨어서 비를 내리게 해주는 용신도 그러하다. 용신을 인격화하여 세시풍속의 연중행사로 마을제사를 올리는 게 줄다리기이다. 줄다리기는 그 자체가 용신에 대한 제의행위인데, 평야지역에서는 이러한 용신제의를 당산제라고 부른다. 김제 벽골제의 입석줄다리기도 그러한 사례이다.

그런 점에서 줄다리기는 평야지방의 대표적인 민속놀이로서, 볏짚으

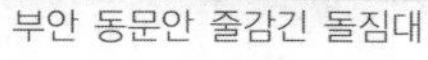

부안 동문안 줄감긴 돌짐대

김제 월촌 입석리의 줄감긴 입석

로 용의 형상을 만들어 용신에게 향응을 베푸는 농경의례라 할 수 있다. 당산제에서는 줄을 용의 형상으로 만들어 놓고 풍년을 기원하는 주술의례를 행한다. 평야지대에서 용은 비를 내려주고 바람을 일으켜 농사를 이롭게 해주는 영물로 숭배되었기에 용줄을 만들고 줄다리기를 하는 것으로 농경의례를 갖는다. 농촌에서 농민들이 용(龍)을 마을의 수호신, 풍요신으로 적극 섬기는 것도 용이 우순풍조(雨順風調)를 관장하는 농경신이요, 물을 관장하는 수신이기 때문이다. 그래서 줄다리기는 농사일을 시작하기에 앞서 매년 정월 보름날(음력 1월 15일)에 용신에게 마을의 안녕과 풍농을 기원하는 마을제사이다.

벼농사 지대에서는 농사에 필요한 농업용수를 공급받아야 농사를 지을 수 있으므로 비를 내리게 하고 고인 물을 관장하는 용신에게 마을제사를 올리는 관행이 줄다리기로 정착한 것이다. 드넓은 평야지역에서 용신은 절대적일 수밖에 없다. 삼국시대에는 비가 오지 않으면 그림으로 용을 그리거나 흙으로 용의 형상을 만들어 놓고 기우제를 지내는 전통까지 있었다. 볏짚으로 용의 형상을 만들어 제사를 지내는 줄다리기도 기우제에 속한다. 벽골제 쌍룡설화에서 청룡은 비를 내리게 하여 제방을 무너트리는 심술 사나운 용으로 등장한다. 즉 비를 가진 청룡이

정읍 원정 줄다리기에서 진쌍기놀이

정읍 원정 줄다리기의 진쌀기놀이

심술을 부려 비를 내리지 못하게 하면 가뭄이 들고, 너무 많이 내리게 하면 수해가 드는 것이니, 청룡이 강우신으로 숭배되어 왔던 것이다.

줄다리기의 전개 과정은 전국적으로 대동소이하다. 평야지대의 마을에서 행해지는 줄다리기는 오방돌기→줄다리기→진놀이→줄감기 순으로 전개된다. 먼저 남자들은 숫줄을, 여자들은 암줄을 어깨에 둘러메고 농악대를 따라가며 오방(五方)돌기를 행한다. 오방돌기는 줄을 들고 마을 주변을 한 바퀴 빙 돌면서 부정거리(부정을 쫓는 행위)를 하는 의식을 말한다. 줄다리기에 앞서 마을공간을 성역화하는 정화의례(淨化儀禮)이다. 오방돌기를 당산돌기라고도 부르는데, 용줄을 들고 앞당산 뒷

당산을 찾아가 당산굿을 친다. 당산돌기는 줄다리기에 앞서 마을의 당산신에게 고사를 지내는 의미가 있다. 오방돌기를 하는 사람들은 줄을 어깨에 메고 그냥 도는 게 아니라 좌우로 줄을 흔들어대 마치 용이 꿈틀대는 것 같은 용트림을 연출한다. 용트림은 용이 위용을 부리는 모습이다. 용줄의 두께가 두꺼울수록 용트림하는 위용이 장관이다.

오방돌기가 끝나면 저녁 무렵에 암줄(여성)과 숫줄(남성)의 성적 결합이 이루어진다. 성적 결합은 먼저 줄 맞절을 시킨 후에 서로의 성유희 과정을 거쳐 숫줄의 고가 암줄의 고에 끼워지고 장대목이 맺음장치로 끼워지면서 양쪽 편은 힘껏 줄을 당긴다. 줄을 당길 때 15세 이하 어린이는 여성편에 참여한다. 줄다리기에서 만큼은 남녀가 평등하다. 신 앞에서 남녀의 구분은 의미가 없다. 암줄 든 여성편과 숫줄을 든 남성편으로 나누어 대등하게 줄다리기를 한다.

남성과 여성으로 나눈 쌍줄다리기는 음양의 조화를 통해서 마을 화합과 상생을 연출해 낸다. 고의 결합은 쌍용의 교합이지만 실제로는 마을 주민인 남성과 여성의 수평적인 집단적 결합(음양의 결합)을 연출시켜 대동세계(大同世界)를 보여준다. 줄다리기가 남녀가 대등한 관계에서 집단적 편싸움 형식으로 진행되는 것은 평등세계(平等世界)를 지향하려는 의지의 실천이다. 유교적 관념으로 본다면, 마을 공간에서 남녀가 대등하게 맞서서 고싸움놀이를 즐기는 것은 상상할 수 없는 놀이이지만, 여자편이 이겨야 농사가 풍년든다는 속신 때문에 줄다리기에서는 맞서 싸움을 즐기는 것이다.

진놀이는 진쌓기라고 부르는 용신유희의 과정이다. 진놀이는 외줄인 경우에 행해지는 경우가 많다. 용이 위용을 갖고 용트림을 하면서 즐기는 방식으로 용에게 향응을 베푸는 과정이 진(陣)놀이이다. 진놀이는 풍물패를 따라 나선형으로 돌다가 풀어나오는 의례는 마치 용이 용트림하는 모습을 연출한다. 진놀이 과정에서 농민들은 용과 신인(神人) 일체의 엑스타시에 빠지고 신명체험을 하게 된다. 진놀이가 끝나면 마을 주민들은 줄을 당산나무 또는 당산입석에 줄감기를 한다.

줄다리기에서 여성과 남성이 암줄과 숫줄을 잡아당기는 주체가 되듯이 쌍룡도 암수의 양성으로 구분되어 있음을 상징시켜주고 있다. 이 쌍룡을 마을 안으로 내려오게 하여 음양의 성적 결합을 줄다리기로 연출함으로써 용에게 축원하는 방식을 취한다. 마을 주민들이 용을 마을수호신과 농경의 풍요신으로 상정하고 음양신관(陰陽神觀)에 따라 청룡과 백룡을 등장시킨 것으로 보아야 한다. 그런 점에서 김제 벽골제의 쌍룡설화는 줄다리기의 근원적인 배경설화라 할 수 있겠다. 쌍줄다리기와 고싸움놀이는 청룡과 백룡을 상징하는 줄을 만들어 사용하지만, 외줄다리기도 청룡을 형상화한 것이다. 청룡과 백룡은 사는 곳이 하늘인데 일 년에 한 번 하늘에서 마을로 내려와 마을을 풍요롭게 해주는 마을수호신이 된다. 매년 정월 초하루에 가족들이 조상신을 강신시켜 집안 제사를 지내듯, 마을 주민들이 정월 대보름에 천룡(天龍)을 마을에 강신시켜 마을 제사를 지내는 게 줄다리기이다.

평야지역에서 줄다리기의 절차는 영신(迎神)-오신(娛神)-송신(送神)

부안 구진마을 당산나무에 용줄을 감는 모습

의 과정으로 진행된다. 정월 14일 밤 자정 무렵에 마을의 천룡당에서 천룡신을 맞이하는 영신제(迎神祭)를 지낸다. 15일에는 마을 주민들이 남녀 편가르기를 하여 용줄을 어깨에 메고 마을 주위를 한 바퀴 도는 오방돌기를 한다. 저녁 무렵에 남녀간에 편을 나누어 암줄과 숫줄의 고를 성적으로 결합시켜 축원하는 줄다리기를 한다. 줄다리기를 한 후 진 놀이로서 풍농을 기원하는 오신제(娛神祭)를 펼친다. 오신제는 마을 주민이 모두 참여하여 천룡신에게 향응을 베푸는 의례이다. 줄다리기를 마친 뒤에는 저녁 늦게 암줄과 숫줄을 마을의 수호신체인 당산입석에 감는다. 줄을 감을 때에는 줄의 꼬리에서부터 감기 시작하여 줄머리

(고)를 위쪽으로 가게 하여 용이 승천하는 모습을 나타내는 형식을 취한다. 이 과정은 천룡을 용의 처소인 하늘로 돌려보내는 송신제(送神祭)라 할 수 있다.

벼농사를 생업의 중심으로 하는 한반도 서남해지역의 평야지대는 줄다리기문화권이라 해도 과언이 아니다. 각 지역별로는 경남 남해지방의 줄긋기, 진주지방의 줄들기, 영남지방의 줄당기기, 전남지역의 고싸움놀이, 전북지역의 줄다리기 등 각기 다른 명칭이 쓰이고 있다. 이러한 줄다리기는 일본 규슈(九州)와 오키나와(沖繩) 등지와 중국의 강남지방에서도 행해지고 있다. 일본과 중국의 벼농사 지역에도 줄다리기의 관행이 전승해오는 곳이 있다. 일본의 줄다리기는 음력 8월 15일에 행해지는 강인(綱引)이라는 민속놀이이며, 중국의 줄다리기는 양나라 종름이 쓴 『형초세시기』에 시구(施鉤)라고 기록되어 있다. 입춘에 행하는 시구(施鉤)는 『封氏聞見記』에 정월대보름에 행하는 발하(拔河)라고 표기하고 있다. 우리나라 『동국세시기』에는 정월 대보름날에 행해지는 줄다리기를 삭전(索戰)이라는 민속놀이로 기록하고 있다. 일본의 강인은 8월 보름에 농사 신에게 드리는 감사의례라 한다면, 중국의 시구는 정월 보름에 농경의 풍흉을 점치는 세시농경민속이다.

우리나라의 줄다리기는 중국과 대동소이하다. 여성편이 이기면 풍년이요, 남성이 이기면 흉년이라는 우리나라의 풍흉관은 중국과 일치한다. 중국과 한국은 줄다리기가 농사의 풍년을 기원하는 주술적 농경의례라는 공통점을 갖고 있다.

백제는 양(梁)과 활발하게 대외교류를 추진하면서 남조문화를 받아들였다. 그 과정에서 양나라의 줄다리기 풍속이 전래되어 민속놀이로 정착하였을 가능성이 있다. 그러나 우리나라 세시기에는 조선시대에 줄다리기를 처음 소개하고 있다. 조선시대 이전의 삭전 기록은 확인할 수 없다. 줄다리기의 근원적인 배경이 김제 벽골제의 쌍룡설화라고 단정적으로 말할 수는 없지만, 쌍룡설화의 역사적 배경이 백제시대이며, 청룡과 백룡이 다투는 겨루기 방식의 줄다리기가 전승돼오고 있다는 점에서 자생적으로 태동한 민속놀이로 볼 수도 있겠다. 그러나 백제시대부터 쌍룡숭배가 역사기록에 등장하고, 쌍룡숭배를 민간연희로 구현한 것이 고싸움놀이 또는 쌍줄다리기라는 점을 고려한다면, 줄다리기의 역사를 백제시대까지 끌어올릴 수도 있다. 김제 벽골제를 쌓을 당시에 줄다리기를 했다는 기록이 없고, 월촌면 입석리의 마을 역사를 백제시대까지 올려 잡을 수 없다는 점에서 입석줄다리기를 벽골제의 쌍룡설화와 연결짓는 것은 쉽지않다. 그렇지만 벽골제의 쌍룡설화와 평야지대에서 쌍줄다리기의 성행은 서로 무관하지는 않다고 본다. 그리고 쌍룡설화의 배경지인 벽골제가 백제시대 수리농경의 중심지였다는 점과 용이 못의 신이며 수신(水神)이라는 백제시대의 신앙관을 연결시키면 줄다리기의 역사가 백제시대까지 올라간다는 추론이 가능하다.

다만 백제시대에 쌍룡이 출현하는 용신앙이 존재하였고, 마치 쌍룡이 겨루는 모양으로 사람들을 청룡과 백룡의 두 편으로 나누어 벽골제 제방을 쌓았다면 백제시대부터 볏짚으로 만든 쌍줄다리기가 연행되었을 가능성이 크다. 또한 백제가 중국의 남조문화를 직수입하였으므로 중국 양나라의 영향을 받아 줄다리기가 백제시대의 민속놀이로 정착되었을 가능성을 부인할 수도 없다. 중국의 시구가 양(502~556)나라에서 전승된 풍농기원의 민속놀이였다면, 줄다리기는 백제의 민속놀이였을 가능성이 크다. 다만 중국에서는 시구의 전통이 거의 사라진 상태이지만, 우리나라에서는 아직도 농촌에서 풍농기원의 대표적인 민속놀이로 연행되어 오고 있다.

결론적으로, 줄다리기가 백제권을 중심으로 한반도 서남부지역의 평야지대와 해안지역에서 전승돼오는 세시풍속이요 민속놀이라는 점에서 백제시대 기원설을 검토할 필요성이 있다.

백제의 점복신앙

1. 점복의 의미

인생사는 과거의 모든 행위에서 자유롭지 못하고, 미래의 모든 예측을 확신할 수 없기에 사람들은 늘 점복자와 관계를 맺어왔다. 점복자들은 과거의 불행한 일로 앞으로 닥쳐올 불행을 처방해주기도 하고, 미래에 일어날 예측 가능한 일을 예지해 주기도 한다. 점복자들이 추구하는 목표는 인간의 심리 불안 해소와 미래의 불확실한 공포에서 벗어나 안정적 삶을 누릴 수 있도록 해주는 것이다. 이들은 개인의 능력과 관계없이 신의 뜻에 따라 문제를 해결하려는 종교전문가이다. 이런 종교전문가에는 주술사와 점술가를 중심으로 신과 소통할 수 있는 모든 종교적 직능자가 포함된다. 그러나 일반적으로 신과 소통할 수 있는 신통력을 가진 종교적 전문가를 무(巫)라고 통칭한다. 무는 끊임없이 신령과 소통하면서 신통한 능력을 발휘하여 신과 인간의 매개적인 역할을 한다. 이러한 종교전문가를 무격(巫覡) 또는 샤먼(shaman)이라 부른다.

종교전문가는 프리스트(priest)와 샤먼(shaman)으로 크게 나눌 수 있다. 둘 다 제사장의 역할을 수행하지만, 프리스트가 사제의 능력을 가진 종교전문가라 한다면, 샤먼은 신통한 영력을 가진 종교전문가이다. 사제는 신비적인 체험이 없지만, 자신의 노력으로 인간의 의지와 뜻을 신에게 전달하는 사신의 역할을 수행한다. 반면에 샤먼은 신과 소통하면서 자신의 의지와 관계없이 신의 뜻에 따라 점괘를 내놓는다. 신의 뜻이 곧 점괘이다. 점괘는 신이 내려주는 것으로 샤먼이 번복할 수 없는 일이다. 하지만 신의 뜻에 따른 절대치의 점괘라 할지라도 점을 치는 사람의 입장에서는 절대적 가치를 지니지 않을 수도 있다. 점괘는 인간의 운명을 결정짓기도 하고, 샤먼의 운명을 결정짓기도 한다. 고대사회 왕의 측근에서 자문을 돕던 무당들이 점괘에 따라 죽임을 당하는 경우가 그러한 사례이다.

점복은 주술종교라 할지라도 신앙행위는 아니다. 점복은 신과 인간 사이에서 중간자(巫)를 통하여 점괘를 파악할 뿐이지, 신을 절대자로 받드는 신앙행위는 아니다. 샤먼이 받들며 교유하는 신은 샤먼의 신이지 점을 치는 사람의 신(神)은 아니다. 점복과 신앙심은 관계가 없다. 신앙은 사람과 신이 직접 교유하는 절대자에 대한 믿음이요 구원행위이지만, 점복은 불안 해소의 수단과 미래 예측을 기대하는 행위에 지나지 않는다. 그러나 신앙과 점복은 양자 모두 중간에 종교전문가를 두고 직능을 수행토록 하는 공통점을 갖고 있다. 신앙은 교단종교에서 신에게 구원받고자 하는 예배행위라 한다면, 점복은 민간신앙 차원에서 자신의 운명을 점쳐보는 심리적 불안 해소 행위라는 차이가 있다.

점복의 목적은 제액초복(除厄招福)하고 길흉화복(吉凶禍福)을 점치는 것이다. 즉 제액초복은 과거의 불행한 사건으로 인해 앞으로 닥칠 수 있는 재앙을 사전에 제거해 심리적 불안을 해소하고, 국가의 장래나 개인의 생업과 사업의 미래에 대한 길흉과 화복을 점쳐보는 것이다. 고대 사회에서는 농사의 풍흉을 점쳐 민심의 동요를 예방하는 것이 사회적으로 중요한 일이었다. 부여에서는 흉년이 들면 왕이 권좌에서 물러나기도 하고 심지어는 죽임을 당하기도 하였다. 백제에서도 베·명주와 실·삼베·쌀 등을 세금으로 부과하는데 풍흉에 따라 차등을 두어 징수하는 관행이 있었다. 백성들의 삶은 농사의 풍흉과 직접적으로 관련이 있기 때문에 무시할 수 없는 일이다. 사회불안의 요인은 민심의 동요에서 비롯되고, 민심은 농사의 풍흉에 따라 다르게 표출된다. 삶이 불안정하면 미래가 불확실해지고 이로 인해 점복행위가 극성을 부린다. 그래서 역사적으로 말기적 상황에 이르면 무속신앙·도참신앙·점복신앙·풍수지리 등이 만연하였다. 이러한 시대적 상황에서 점복행위의 결과는 사회 전반으로 확산되면서 민심을 동요해 민란의 발생으로 이어지고 국가가 멸망에 이르는 요인으로 작용하기도 하였다. 백제 의자왕 때에도 괴이한 일들이 무수히 발생하였는데, 귀신이 땅속으로 들어가는 것을 알고 무당을 불러들여 점괘를 보았으나 백제의 멸망을 예고하는 점괘풀이가 나오자 무당을 죽여버린 적도 있다. 따라서 예부터 일상생활 및 생업과 관련하여 길흉화복을 점치는 것과 사회혼란기에 이적(異蹟)으로 발생하는 재앙이 점복민속의 핵심이라 할 수 있다.

2. 『삼국지』 위지동이전의 점복 기록

동이족은 국가적 중대사를 앞두고 점을 쳐서 길흉을 판단하는 점복문화가 성행하였다. 『삼국지』 위지 동이전의 한전에는 점복행위에 대한 기록이 보이지는 않는다. 그러나 마한의 점복행위를 유추할 수 있는 점복행위가 부여전 · 예전과 왜전에 등장한다. 마한은 남쪽으로 왜와 인접하고 동쪽으로 예와 접했으며, 북쪽으로 부여와 이웃하고 있었다. 이웃나라의 점복행위를 통하여 마한의 점복행위를 이해할 수 있겠다.

- 예(濊)에서는 새벽녘에 별자리를 살피어 매년 농사의 풍흉을 미리 알아보는 관행이 있었다.(『三國志』魏志東夷傳 濊傳 "曉候星宿豫知年歲豊約")
- 왜(倭)에서는 동물 뼈를 불태워서 점을 치는데, 갈라지는 것을 보고 길흉을 점쳤다. (『三國志』 魏志東夷傳 倭傳 "灼骨占卜 用結吉凶")
- 부여에서는 군사와 제천의식이 있을 때 소를 잡아 발굽을 보고 길흉을 점쳤는데, 갈라진 것은 흉한 것이며, 합해진 것은 길하다고 하였다(『三國志』魏志東夷傳 夫餘傳 "有軍事亦祭天 殺牛觀蹄 以占吉凶 蹄解者爲凶 合者爲吉")

예(濊)의 민속에 새벽녘에 별자리를 살피어 그해 농사의 풍흉을 점치는 성수신앙은 오늘날 좀생이별을 보는 농점 신앙과 다를 바 없다. 오늘날 농점 민속 가운데 음력 2월 6일 새벽에 좀생이별을 보고 농사의 풍흉을 점치는 관행이 있다. 좀생이별은 동지에서 춘분 사이에 보이는 별자리 가운데 하나이다. 따라서 음력 2월 6일 날 좀생이별을 보는 민속은 그날 새벽에 좀생이별과 달이 만나는 데서 생겨난 것으로, 민간에서는 이 날을 '좀생이날'이라 한다. 좀생이별은 천체 28개 별자리 가운데 하나이다. 이것을 묘성(昴星)이라 부르고, 서양에서 말하는 플레이아데스(Pleiades)라는 7개의 작은 별무리가 바로 이 좀생이별이다. 7개의 작은 별무리를 다른 말로 '칠공주별'이라 부르기도 하는데, 북두칠성을 한데 모아놓은 것처럼 성단이 밝게 반짝인다. 이처럼 별자리를 보고 점을 치는 점복 행위는 일종의 점성술(占星術)에 속한다.

우리나라에 현전하는 좀생이별보기 민속에는 대체로 두 가지 유형이 있다. 하나는 "2월 6일경 밤하늘을 보면 자잘한 별무더기를 볼 수 있는데, 이 별무더기가 달과 가까우면 비가 오고 거리가 멀면 비가 늦게 온다"는 믿음이고, 다른 하나는 "초엿샛날에 좀생이별과 달의 간격을 보고 한 해의 풍흉을 점친다. 좀생이별이 달을 바짝 따라가면 흉년이 들고 멀리서 천천히 쫓아가면 풍년이 든다. 달과 좀생이별의 거리가 가까운 것은 배가 고파서 어머니(달)를 아이들(별)이 빨리 쫓아가는 것이므로 흉년을 면치 못하게 된다고 여긴다."는 믿음이다. 실제 음력 2월 6일경에는 좀생이별이 달 근처에 있게 되는데, 사람들은 초승달이 뜬 뒤 새벽녘에 좀생이별과 초승달의 거리를 보고 농사의 풍흉을 점쳤다. 이러한 성수관측은 우리 민족이 예로부터 별자리를 신성시했고 별을 관

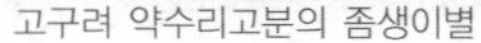
고구려 약수리고분의 좀생이별

경주 금장대 암각화의 좀생이별 문양

측하여 실생활에 적용하는 능력이 매우 뛰어났기 때문이다.

이와 같이 예(濊)의 기록에 나타나는 좀생이별보기 민속은 고구려 고분벽화의 약수리 고분 벽면에 그림으로 등장한다. 그런데 이 약수리 고분 남쪽 벽에 등장하는 좀생이별과 흡사한 양식이 경주 금장대 암각화에서도 등장한다. 금장대 암각화와 약수리 고분의 좀생이별은 7개의 별이 한 곳에 모여 반짝이는 모습을 원형다공문양으로 묘사하였다. 이들 통해 한반도에서 청동기시대 이후에 좀생이별을 보고 농사의 풍흉을 점치는 관행이 있었음을 알 수 있다. 예의 좀생이별 기록과 고구려 고분벽화는 한국 고대사회에서 좀생이별에 대한 천문관측이 보편적인 성수민속이었던 것을 알 수 있게 한다. 좀생이별의 관측은 농경의례가 발달하였던 마한사회에서도 성행하였던 것으로 보인다.

북방의 유목사회에서는 일찍부터 구갑(龜甲)이나 동물의 골각을 불에 구워서 그것이 갈라지는 모습을 보고 길흉을 점치는 민속이 보편화되어 있었다. 이러한 북방민족의 점복민속이 한반도의 부여와 왜까지도 널리 퍼져 있었다. 왜에서는 뼈를 불에 구워 그것이 갈라지는 것을 보고 점을 쳤는데, 이 뼈는 동물의 견갑골로 추정된다. 특히 사슴의 견갑골로 점을 치는 관행은 청동기시대부터 등장하고 있다. 유목민들은 사냥을 앞두고 견갑골을 불 속에 넣어서 굽고 견갑골에 나타난 균열을 보고 사냥의 길흉을 점치는 관행이 있었다. 이러한 점복민속이 마한과 이웃하는 왜의 풍속이었으므로 마한에서도 복골점복이 행해졌으리라 본다.

부여의 풍속에 "군사 또는 제천이 있을 때 소를 잡아 하늘에 제사를 지내고 잡은 소의 발굽을 보고 길흉을 점친다."는 점복이 있었다. 이러한 점복을 우제점법(牛蹄占法)이라고 한다. 『위략』에 따르면, "고구려는 군사가 있으면 하늘에 제사를 지내고 소를 잡아서 그 발굽을 보아 점을 치는데 발굽이 갈라지면 흉하고 합쳐지면 길한 것으로 여겼다. 부여 풍속도 그러하였다"고 전하고 있어서 우제점법은 북방민족의 전통민속이었음을 알 수 있다.

고대사회에서 군사와 제천은 국가의 중대사였다. 군사는 국가 간에 맹약을 맺는 회맹의식과 전쟁에 출전하는 것으로 구분할 수 있다. 회맹과 전쟁은 나라의 운명을 좌우하는 중대사이다. 동물의 희생례로써 이러한 중대사를 치러 신에게 서원하는 의식을 가졌던 것이다.

『삼국유사』 태종춘추공 조에 "왕이 친히 대병(大兵)을 이끌고 웅진성(熊津城)에 가서 부여융(扶餘隆)과 만나 단(壇)을 쌓고 백마(白馬)를 잡아서 맹세를 하였다. 먼저 천신(天神)과 산천(山川)의 신령(神靈)에게 제사를 지낸 후 삽혈(歃血)을 하였다"고 기록하고 있다. 665년(문무왕 2) 신라와 백제 사이의 회맹의식에 관한 내용인데, 맹약을 한 뒤, 그 말의 피를 나누어 마시고 있다. 이처럼 국가의 중대사에서 말과 소를 잡아 천신에게 바치는 천제(天祭)를 거행하는 동물희생의례는 북방민족에게는 보편화된 것이었다. 백제의 시조가 부여 계통이라는 점에서, 이러한 동물희생 의례는 백제 및 신라에 영향을 주었다고 생각한다. 부여의 소(牛), 신라와 백제의 말(馬) 외에 또 사슴과 돼지가 대 · 소사의 희생 제물로 나타난다.

『삼국사기』 열전 온달전에 "항상 봄 삼월 삼짇날(음력 3월 3일)에는 낙랑의 언덕에 모여 사냥을 하고 그 날 잡은 산돼지 · 사슴으로 하늘과 산천에 제사를 지냈다"는 내용에서 제천에는 동물의 희생례가 보편화된 것이었음을 알 수 있다. 이처럼 신에게 사슴과 돼지를 잡아서 바치는 고구려의 희생례가 신라에서도 보이는데, 태종무열왕 2년에 "10월에 우수주(牛首州)에서 흰 사슴을 바치고, 굴불군(屈弗郡)에서는 흰 돼지를 바쳤는데, 한 마리에 두 몸과 발 여덟 개가 달렸다"는 내용이다. 이러한 풍속은 백제 기록에서도 보인다. 백제 온조왕 9년과 10년에 왕이 신록을 잡아 마한 왕에게 보내는 내용이 있다. 여기에서 신록(神鹿)은 '신의 제물'이라는 점을 시사한다. 사슴을 신성시하고 신에게 희생제물로 바치는 일은 북방민족의 풍속이다. 대체로 동북아시아에서 신에게 바치는 동물은 말 · 소 · 사슴 · 돼지 등이다. 이 가운데 북방의 유목민들은 주로 사슴과 말을 바쳤을 것이며, 농경민들은 주로 소와 돼지를 희생시켰던 것으로 보인다. 이런 점들을 종합해 보면 국가적 대사에는 소를 잡고, 소사에는 돼지를 잡는 희생례가 전통 민속으로 전승되어 온 것이라고 할 수 있다.

그와 같은 예를 신라에서 더욱 분명하게 찾아볼 수 있다. 신라에서는 매년 12월 인일(寅日)에 신성 북문에서 한 해의 농사일을 마치는 의미로 연종제(年終祭)를 거행하면서 모든 농경신에게 제사를 지내는데, 풍년이 들면 소(大牢)를 잡고 흉년이 들면 돼지(小牢)를 희생 제물로 사용하였다. 후대로 내려오면서 살우 풍속은 여전하지만, 부여에서 보이던 소의 발굽을 보고 점치는 풍속은 없어진 듯하다. 국가적인 대·소사에서 희생례를 치르던 모습은 농사의 풍흉에 따라 민속신앙에 남아 전승되었다.

이러한 희생례는 오늘날 별신굿과 마을굿에서 그대로 전승되고 있다. 무속인이 주관하는 지역 단위의 별신제에서 소를 잡아서 통째로 제물로 바치기도 하고, 소머리와 다리를 제상에 올리기도 한다. 또한 마을의 동제에서 돼지를 제상에 올리는 일은 흔한 일이다. 현전하는 별신굿 또는 도당굿에서 소와 돼지를 잡아서 통째로 제물로 바치고 굿을 하는데, 도중에 무속인이 통돼지에 삼지창을 꽂아 바르게 세워서 중심을 잡는 의식을 볼 수 있다. 이 과정은 굿의 길흉을 보는 과정이다. 돼지에 꽂힌 삼지창이 중심을 잡고 서 있으면 굿을 성공적으로 잘 마친다는 뜻이고, 잘 서지 않고 넘어지면 굿이 영험하지 못하다는 신의(神意)로 받아들인다.

대 · 소사의 희생례 민속은 고대사회부터 내려온 제천의 전통이었다. 그중 불에 태운 동물 뼈나 소 발굽의 균열을 보고 점치는 민속은 자취를 감추었지만. 별신굿이나 동제에서 소와 돼지를 잡아서 제물로 삼는 희생례의 전통은 유지되어 오고 있다. 굿의 과정에서 길흉을 점치거나 천체와 자연현상으로써 농사의 풍흉을 점치는 민속은 여전히 남아 있는 것이다.

3. 백제 점복의 유형과 분석

『주서』 백제전에 백제에 복서(卜筮)와 상술(相術)이 있다 하였고, 『북사』 백제전에서도 백제인들은 시구(蓍龜) · 점상술(占相術) · 음양오행을 알고 있다고 했다.

고대사회에서는 소와 돼지를 잡아서 하늘에 제사지내는 희생례와 동물 뼈나 발굽을 불에 태워서 균열이 가는 것을 보고 점치는 복골풍속이 있었다. 백제에서도 복서와 시서가 유행하고, 점상술과 음양오행이 생활 속에 깊이 스며 있었다고 본다. 복서는 대나무로 만든 점대에 점사를 써 넣고 뽑아서 길흉을 점치는 점복속이라면, 시구는 거북 등껍질이나 동물 뼈에 점사를 써서 점을 치거나 불에 태워서 그 균열을 보고 점을 치는 점복속이다. 거북 등딱지에 복사를 써서 점치는 방식은 은대의 갑골문에서 비롯되었을 것이다. 복서는 일반인들이 즐기는 점치는 방식이었다면, 소 발굽과 거북 등딱지로 점을 보는 시서는 국사에 관한 점을 보는 데 사용되었다고 본다. 부여에서 제천과 군사를 일으킬 때에 소의 발굽을 구워서 길흉을 점치고, 백제 의자왕이 국가의 흥망을 점치는 데 거북 등딱지를 사용한 것도 그러한 복골민속이라 할 수 있다. 이러한 점복민속에서 복골민속은 자취를 감추었으나 대나무에 복사를 써넣어 점치는 방식은 지금의 점복민속에도 전승되고 있다.

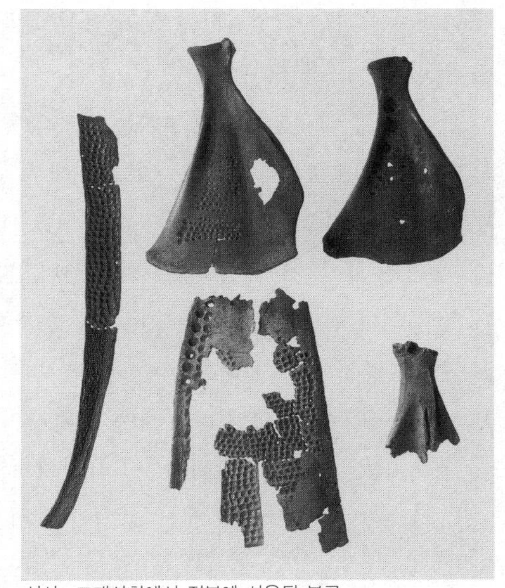

선사 · 고대사회에서 점복에 사용된 복골

백제인들은 일월성신(日月星辰)의 천체운행을 관측하고 연월일시의 역수 원리를 알았으며, 태음태양력에 따라 춘하추동과 동지 · 하지 · 춘분 · 추분을 사용하고 365일의 역수를 개발하여 생활하였던 것으로 본다. 이 시대에 역박사라는 관직을 둘 정도였으니, 역수를 정치에 이용하는 치력(治曆)과 음양오행 사상을 국가의 운명에 적용하는 폭이 매우 넓었을 것이다. 음양오행이라는 우주적인 순환의 이치를 알고 천지의 조화에 순응하면서 생활하는 삶의 방식이 백제시대에 이미 형성되었음을 알려주는 내용들이다.

『삼국사기』 백제본기에 등장하는 백제의 점복은 왕실의 길흉 및 국가의 운명과 관련된 재이(災異) 기록이 대부분을 차지한다. 이러한 사실은 백제의 통치자가 음양오행 사상을 이용하여 재이(災異)가 가진 정치적 성격을 파악하고자 한 것을 보여준다. 재이는 왕실에 대한 경고와 교훈적 의미가 강하기 때문에 재이를 정치에 효과적으로 활용했을 수도 있다. 왕실과 국가의 운명에 관련된 점복은 천재와 재이 그리고 성변 · 월변 · 일변 등 천체 변화를 보고 왕실의 길흉을 점친 것이다. 백제의 점복자는 일관과 무당인데, 일관이 천체를 관측하여 길흉을 살피는 일을 담당하였고 무당들은 시구 · 시서를 이용하여 점치는 것을 담당한 것으로 본다. 따라서 백제시대에는 천문 · 음양오행 · 시구 등을 통해서 왕실과 국가의 운명을 점치는 술사 · 점복자들이 있었음을 알 수 있다.

1) 재이와 점복

백제의 재이와 관련된 역사 기록은 백제시대 점복을 이해할 수 있는 매우 중요한 자료이다. 편의상 길조와 흉조로 구분하였다.

(1) 길조

① 온조왕 25년 봄 2월에 왕궁의 우물에서 물이 갑자기 넘쳤다. 한성의 인가에서 말이 소를 낳았는데, 머리는 하나요, 몸뚱이는 둘이었다. 일관(日官)이 "우물물이

갑자기 넘치는 것은 대왕께서 갑자기 융성할 징조이며, 소가 머리 하나에 몸뚱이가 둘인 것은 대왕께서 이웃나라를 병합할 암시이다." 라고 말하였다.

② 온조왕 43년 9월에 큰 기러기 100여 마리가 왕궁에 모이었다. 일관이 말하기를 '큰 기러기는 백성의 상징이니 장차 먼 곳에서 사람들이 투항해오는 자가 있을 것이다' 고 하였다.

(2) 흉조

① 온조왕 13년 2월에 왕도의 노구(老嫗)가 화하여 남자가 되고 다섯 마리의 범이 성안으로 들어왔다. 왕모가 돌아가니 나이가 61세였다.

② 비유왕 29년 8월에 흑룡(黑龍)이 한강에 나타났는데, 잠깐 동안 운무(雲霧)가 끼어 캄캄하더니 날아가 버렸다. 왕이 돌아갔다.

③ 비류왕 13년 4월 왕도의 우물들이 넘치더니 흑룡(黑龍)이 그 속에서 나타났다.

④ 문주왕 3년 5월에 흑룡(黑龍)이 웅진에 나타났다. 7월에 내신좌평 곤지(昆支)가 죽었다.

⑤ 동성왕 23년 정월 서울의 한 노구(老?)가 여우로 변하여 도망쳤고, 호랑이 두 마리가 남산에서 서로 싸웠는데 붙잡지 못하였다. 그 해 12월 왕이 신하에게 시해되었다.

⑥ 의자왕 19년 2월에 여러 마리 여우가 궁중으로 들어갔는데, 한 마리의 백호(白狐)가 상좌평(上佐平)의 책상 위에 앉았다.

⑦ 의자왕 19년 4월 의자왕 태자궁(太子宮)의 암탉이 참새와 교미하였다.

⑧ 의자왕 19년 5월 왕도 서남의 사비하(泗沘河)에 큰 고기가 나와 죽었는데 길이가

3장이었다.

⑨ 의자왕 19년 8월 여자의 시체가 생초진(生草津)에 떠올랐는데 길이가 18척이었다.

⑩ 의자왕 19년 9월 궁중의 괴목(槐木, 회화나무)이 마치 사람의 곡성(哭聲)과 같이 울었으며, 밤에는 귀신이 궁성 남로(南路)에서 울었다.

⑪ 의자왕 20년 2월 왕도(王都)의 우물물이 핏빛이 되었다.

2월 서해(西海) 해변에는 작은 물고기가 나와 죽었는데 백성들이 이것을 다 먹을 수 없었다.

2월 사비하(泗沘河)의 물이 핏빛처럼 붉게 물들었다.

⑫ 의자왕 20년 4월 두꺼비와 개구리 수만 마리가 나무 위에 모였다. 왕도의 시민이 까닭 없이 놀라 달아나는데, 마치 잡으러 오는 사람이라도 있는 것 같이 하여 엎드려 죽은 자가 100여 명이 되었고, 재물을 잃은 자는 셀 수 없었다.

⑬ 의자왕 20년 5월에 폭풍우가 불고 천왕사(天王寺)와 도양사(道讓寺) 두 절의 탑에 벼락이 떨어졌으며, 백석사(白石寺) 강당(講堂)에도 벼락이 떨어졌다.

5월 검은 구름이 용과 같이 공중에서 동서로 갈려 서로 싸웠다.

⑭ 의자왕 20년 6월에 들 사슴과 같은 개 한 마리가 서쪽에서 사비(泗沘) 하안(河岸)에 와서 왕실을 향해 짖더니 조금 있다가 간 곳을 몰랐다.

6월에 왕도의 군견(群犬)이 노상(路上)에 모여서 짖고 울더니 조금 있다가 곧 흩어졌다.

6월에 귀신이 궁중에 들어와 "백제는 망한다. 백제는 망한다"고 소리치고는 곧 땅속으로 들어갔다. 왕이 그것을 이상히 여겨서 사람으로 하여금 땅을 파 보게 하여 석 자 가량 파니 거북이 한 마리가 나왔다. 그 거북이의 등딱지에 "백제는 보름달과 같고 신라는 초승달과 같다."는 글이 씌어 있었다. 왕이 이것을 무자(巫者)에게 물으니 "보름달은 가득 찼으니 이지러지고 초승달은 덜 찼으니 점차 찰 것입니다." 했다. 왕이 노해서 그를 죽였다. 그러자 또 다른 사람이 "달이 둥근 것은 성하다는 것이고 초승달은 힘이 약하다는 것입니다."고 했다. 이에 왕이 기뻐했다.

앞에서 살펴본 바와 같이 백제의 재이기록은 길조보다는 흉조가 압도적으로 많다. 흉조의 재이 기록은 백제의 마지막 왕인 의자왕의 재위기간 중 마지막 2년간에 16건이 집중적으로 나타나는데, 이러한 재이는 곧 백제의 멸망을 예고하는 상징적 현상이었음을 알 수 있다. 위의 예조(豫兆) 기록 가운데 백제 초기에는 국가 흥성을 예고하거나 주변 민족과 유이민들의 사회적 통합을 암시하는 길조의 재이가 등장하는 반면, 말기에는 왕실과 국가의 멸망을 시사하는 흉조의 재이가 집중적으로 나타나고 있다. 예조는 천체현상과 자연재해 · 동물재이 등인데, 이러한 재이 현상이 왕실과 관련이 있다는 사실은 국가통치자에 대한 경고와 교훈을 담고 있는 것이라고 하겠다. 『삼국사기』에 등장하는 백제의 재이는 가뭄 · 홍수 · 지진 · 일식 · 우이 · 조이 · 수이 · 유운 · 뢰진(雷震) · 황해(蝗害) 등이다.

예조 현상을 길조와 흉조로 구분하여 분석하면 다음과 같다.

① 길조

온조왕 43년 9월에 큰 기러기 100여 마리가 왕궁으로 날아왔다. 이것은 기러기를 백성의 상징으로 보고, 기러기 떼들이 선두를 따라 질서를 지키며 일렬로 떼 지어 날아다니는 것을 관찰한 경험과 연결시켜 상서로운 길조로 인식한 내용을 기록한 것이다. 기러기 떼가 날아든 것은 이웃나라 백성이 귀화하는 점괘인 것이다. 마침 그해 10월 남옥저에서 20여 가(家)의 사람들이 줄지어 옮겨오니 왕이 받아들이는 일이 있었다.

'소가 머리 하나에 몸뚱이가 둘인 것은 대왕께서 이웃나라를 병합할 징후' 라는 점괘이다. 실제 온조왕이 25년 진한과 마한을 병탄할 계획을 세우고, 이듬해 10월에 왕이 군사를 출동시켜 마한을 공략하여 국토를 병합시켰으며, 그 이듬해인 27년 4월에 원산성과 금현성의 항복을 받아서 마한을 멸망시켰다. 우물물이 넘치는 현상이 대왕이 크게 일어설 조짐이라면, 한 몸에 머리가 둘인 소는 대왕이 이웃나라를 병합하게 되리라는 길조를 예시하는 것이다. 한 몸에 두 개의 머리는 기형으로서 나라가 두 개로 쪼개지는 조짐일 수 있지만, 건국기에 일관은 국가안정과 사회통합을 약속하는 길조로 해석하였다.

② 흉조

흉조는 백제 멸망을 앞둔 의자왕 19년(659)과 20년(660)에 집중적으로 나타난다. 백제는 의자왕 20년 6월에 멸망하였으니, 1년 전부터 멸망을 예고하는 재이의 현상이 지속적으로 나타났다. 백제의 멸망을 예고하는 불길한 징후는 의자왕 20년 2월에 3건, 4월 2건, 5월 2건, 6월 3건이 나타나 타락한 의자왕의 통치에 강력한 경고 메시지를 보내고 있다. 20년 6월에는 아예 귀신이 나타나 "백제는 망한다"고 외치고 있을 정도이다.

불길한 징조로는 여우의 입궁과 백여우의 상좌평 자리 차지 · 궁중 괴목의 울음소리 · 우물물과 사비천의 핏빛 변화 · 벼락 · 군견의 울부짖음 등이며, 해괴망측한 사건은 사비천에서 3장 크기의 물고기 사망, 생초진에서 18척 크기의 여자 시신 발견, 참새와 암탉의 교미, 왕도 주민 100여 명의 횡사 등이다. 흉조의 상징적 동물은 범 · 여우 · 개 등과 닭 · 참새와 물고기 · 개구리 · 두꺼비 등이며, 상상의 동물로 흑룡이 출현하고 있다. 이처럼 흉조를 상징하는 동물이 오늘날 민속에 어떻게 전승되고 있는가를 연관시켜 살펴보자.

• 여우점복

동성왕대에 노구가 여우로 변신하고 있다. 노구는 늙은 할머니이다. 늙은 할머니가 여우로 변신하는 일이 일어난 뒤인 12월 왕이 신하에게 살해되었다. 백제시대에 여우는 인간에게 불길하고 죽음을 상징하는 존재로 인식되어 있다. 이러한 여우의 흉조는 "여우가 울면 초상난다"는 속담으로도 알 수 있다. 백제시대에 노구가 여우로 둔갑한 흉조는 오늘날까지 이어지고 있으며, 여우가 여자로 둔갑하는 모습은 설화에 자주 등장한다. 여우가 사람으로 둔갑하는 것은 사람을 해치려는 것이

목적이다. 이렇듯 여우는 예부터 흉조의 대상이었다.

이 현상은 삼국시대에 널리 나타난다. 고구려 차대왕 3년 7월에 왕이 평유원에서 사냥을 했는데 흰 여우가 따라오면서 우는 것을 쏘아서 맞히지 못하였다. 왕이 무당에게 물으니 "여우란 요사스러운 짐승이요 상서로운 것이 아니며, 더구나 털의 빛깔이 희니 더욱 괴이하다" 하여 여우가 요사스럽고 괴이한 동물임을 말해주고 있다. 또한 『삼국유사』 도화녀 비형랑 조에 "인간으로 변신한 귀신 길달(吉達)이 여우로 둔갑하여 도망치는 것을 비형랑이 귀신을 시켜서 죽였다"고 하였다. 삼국시대의 길흉을 점치는 점복민속에서 여우는 보편적으로 흉조의 상징물이었다. 여우가 요사스러운 동물이고, 여자로 둔갑하는 괴이한 동물이라는 인식은 삼국시대나 지금이나 큰 차이가 없는 듯하다.

• 개의 점복

의자왕 20년 6월에 사비천의 언덕과 도성의 거리에서 개가 떼를 지어 울부짖다가 홀연히 사라지고 있다. 개는 사람과 가장 가까운 정을 나누는 동물이라 할 수 있다. 개는 집을 지켜주는 수호자이며, 동시에 사람을 가장 잘 따르는 애완동물이다. 인간은 개를 자녀처럼 길들여 키우면서 가족처럼 여기기도 한다. 우리나라에서는 전통제례를 앞두고 개고기를 먹지 않거나 멀리하는 풍습이 있다. 이처럼 일시적으로 개고기를 먹지 않는 개고기 섭취 금기는 개를 가족이라고 인식하는 것에서 비롯된 것으로 보인다.

개는 인간에게 가장 충직한 동물이다. 6월에 사비도성 개들의 집단적인 울부짖음은 불길한 징조로서 백제의 멸망이 다가오는 현실을 안타까워하는 울부짖음으로 본 것이다. 이처럼 개의 울부짖는 소리를 듣고 길흉을 예지할 수 있었다. 신라에서도 개가 예지적 동물로 등장하고 있다. 신라 진평왕 53년 2월에 흰 개가 대궐의 담 위에 오른 일이 있었다. 그 후 5월에 이찬(伊飡) 칠숙(柒宿)이 아찬(阿飡) 석품(石品)과 함께 반란을 꾀하다가 결국 죽임을 당하고 만다. 이와 같이 개는 흉조를 예고하는 동물이기도 하다. 오늘날에도 "개가 지붕 위에 올라가면 큰 흉사가 난다"거나 "개가 담에 올라가 길게 입을 벌리고 있으면 그 입이 향한 집에 흉사가 생긴다"는 점속들이 있다.

• 개구리 · 두꺼비의 점복

의자왕 20년 4월 두꺼비와 개구리 수만 마리가 나뭇가지에 운집하였다. 그런 뒤에 사비 왕도 주민들이 아무런 까닭 없이 놀라서 이리저리 도망치다가 10여 명이 목숨을 잃었다. 『삼국사기』 신라본기 신라 선덕여왕 5년 5월 기록에 따르면 "두꺼비와 개구리는 성난 눈이니 이는 군사의 상이다"라 하여 개구리와 두꺼비는 군인들을 상징하고, 떼 지은 개구리는 군사적 병란을 예고하는 징조로 파악하고 있다. 이것은 고구려 유리왕 29년 6월 모천에서 검은 개구리와 붉은 개구리가 떼 지어 싸우다가 검은 개구리들이 죽었는데, 점복자가 흑은 북방의 색이니 북부여가 파멸한 징조라는 점괘를 내놓은 데서 알 수 있다. 또한 신라에서도 애장왕 10년 벽사의 두꺼비와 개구리가 뱀을 잡아먹었는데, 그 다음 달에 왕의 숙부와 이찬 제옹이 군사를 일으켜 궁궐로 들어와 난을 일으키고 왕을 시해하는 일이 일어났다.

이렇듯 백제 말 의자왕대에 두꺼비와 개구리가 수만 마리나 떼를 지어 출현한 것은 왕실에 대한 군사적 반란이 일어났음을 알려주는 징조라 할 수 있다.

- 백제의 달점

백제시대의 달점은 "신월은 길하고, 만월은 흉하다."는 점괘이다. 신월은 초승달을 말하고, 만월은 보름달을 말한다. 이러한 달점은 삼국시대의 복지법과 관련이 있는듯하다. 복지법은 좋은 땅에 집을 짓거나 도읍을 정하면 오랫동안 길운을 누린다는 풍수지리관과 관련이 있다.

신라의 석탈해가 토함산에 올라가 좋은 집터를 살폈는데 양산 아래 호공의 집이 초승달(三日月)의 지형이었다. 탈해는 그곳에서 살게 되었고, 후에 그곳에 반월성이 들어섰다. 고구려의 주몽이 처음 졸본 땅에 이르러 도읍을 정한 환도산성도 천험지리를 갖춘 초승달형의 지세였다. 고구려 영류왕(618~641) 때에 산천을 진압하면서 옛 평양성의 신월성을 만월성의 지세로 개축한 후 얼마 지나지 않아 보장왕 27년(668)에 멸망하는 결과를 가져왔다. 도성은 만월성보다 반월성이 길지(吉地)라는 것이 입증된 셈이다. 이러한 도성의 초승달 모양의 땅이 길하다는 관념은 백제에도 그대로 적용되었다. 백제시대에 부여에 도읍을 정할 때 초승달형 지세에 조성하였으며, 후백제가 전주에 도읍을 정할 때에도 입지조건으로서 초승달 지세에 정하고 있다. 삼국시대에 초승달형 복지법은 국운이 번성한다는 믿음에 따라 도읍 선택에 적용한 풍수지리관이었던 듯하다.

백제의 사비도성이 반달 모양의 땅에 조성되었고, 구갑문의 문자를 "백제는 보름달이고 신라는 초승달이다."이라고 해석한 것을 보면, 백제시대에 반월과 만월이 가진 길흉관과 풍수관이 이미 형성되어 있었다고 본다. 초승달형의 지세는 국운을 흥성시킨다는 풍수관념이 설정되어 있었고, 이와는 반대로 보름달은 성(盛)하고 초승달은 쇠(衰)하다는 민간신앙관도 존재하였던 것으로 보인다. 왕권을 가진 통치자는 초승달형 지세의 풍수관에 관심을 가졌다면, 그와 반대로 민간에서는 풍요의 상징인 만월을 숭상하는 전통이 있었던 것 같다. 이것은 신라 유리왕 때에 칠월보름에서 팔월보름까지 6부의 궁녀들이 가배절 길쌈놀이를 즐긴 데서 알 수 있다. 이러한 만월보기 민속은 오늘날 정월 대보름날에 달맞이를 하거나 동제를 지내고 농사의 풍흉을 점치는 전통으로 이어지고 있다.

• 시구점복

시구는 점칠 때 사용하는 점대와 거북껍질을 말한다. 백제의 거북점은 거북등딱지로 만든 점대에 복사를 써넣은 뒤 뽑아서 점괘를 보는 방식과 거북이 등딱지에 길흉을 점치는 점사를 써넣거나 불에 구워서 점사를 보는 방식이었던 것으로 보인다. 거북등딱지에 복사를 쓰는 방식은 중국 은 왕조의 갑골문과 동일한 계통으로 보인다. 갑골문은 거북이 등껍질에 길흉을 판단하는 복사를 문자로 새겨 넣은 것인데, 백제 의자왕대에 귀신이 들어간 땅속에서 꺼낸 거북이 등딱지의 문자를 판독하여 점괘를 내놓고 있다. 이러한 백제의 거북점은 거북등딱지에 복사를 새기고 그 복사를 풀이하는 방식이 갑골문의 복사풀이와 동일하다.

선사시대의 점치는 도구로 복골이 있다. 복골은 동물의 견갑골에 구멍을 파서 점치는 것이다. 복구(卜龜)는 거북등딱지에 문자를 새겨서 길흉을 점치는 방식이다. 백제 의자왕대의 거북점은 은왕조 갑골문 계통이다. 갑골문에는 왕실의 복관이 천제에게 농사의 풍흉을 묻는 복사가 들어 있었다. 은왕조에서 복관이 신의 뜻을 받아서 문자로 기록한 복사가 갑골문이다. 백제에서도 무당이 신의 뜻을 받아서 거북등딱지에 쓰인 문자를 해석한 것인데, 무당이 복사풀이를 잘못해 왕에게 살해당하고 만다. 신라 21대 소지왕대에도 "눈이 6개 달린 거북이를 왕에게 헌상하였는데, 거북등딱지에 글자가 써 있었다."는 기록이 있다. 이러한 사실은 시구풍속이 삼국시대에 점복속의 일종이었음을 알 수 있다.

백제의 시구풍속은 갑골문처럼 거북등딱지에 통째로 복사를 쓰는 게 아니라 등딱지로 점대를 만들고 그 점대에 복사를 쓰는 방식이었던 것으로 보인다. 『주서』 백제전의 서복(筮卜) 기사는 점치는 도구로 동물의 골각(骨角)나 대나무로 만든 점대를 사용한 것으로 보인다. 무당이 점대에 쓰인 복사를 점괘로 풀어내는 시구점복은 백제시대부터 내려온 것으로, 오늘날에는 점집에서 찾아볼 수 있는 점구이며 이것은 도교사원에서 쓰는 산통(算筒)과 비슷한 면이 있다.

• 핏빛물과 점복

의자왕 20년 2월에 사비왕도의 우물물이 핏빛으로 물들고 사비천이 핏빛처럼 붉게 물들었다. 백제의 왕도인 부여의 우물물과 하천이 핏빛으로 물든 것은 백제의 멸망을 의미한다. 의자왕 19년과 20년에 이처럼 기괴한 재이 현상이 급증하고 있는데, 백제가 멸망하는 해인 20년 2월에 아예 사비천과 도성의 우물물이 핏빛으로 물든 것은 국가의 멸망 혹은 유혈을 연상시키는 불길한 흉조일 수밖에 없다. 『삼국사기』 신라본기 태종무열왕조에 "백제의 대관사에서 우물물이 핏빛으로 변하고, 금마군에서는 땅에서 피가 흘러나와 다섯 걸음이나 넓게 퍼졌다."는 기록이 있다. 이 흉조로 신라의 태종 무열왕이 죽었다. 태종 무열왕이 당의 힘을 빌어 백제를 멸망시키자 백제 무왕의 정치적 배경이었던 익산의 대관사와 금마 사람들이 신라의 무열왕을 응징하여 죽음에 이르게 하였다는 해석이다. 이처럼 역사 속에서 피는 곧 죽음의 징조였다.

• 암탉의 점복

의자왕 19년 태자궁에서 암탉(雌鷄)이 참새(小雀)와 교미를 하는 사건이 벌어졌다. 이것은 왕실 뿐만 아니라 태자궁에서까지 불길한 사건이 일어났다는 것을 알려주는 징조이다. 태자궁의 암탉은 태자비를 지칭한다. 태자궁에 있는 태자비가 방탕스러운 음란 행위를 벌였다는 풍문을 암탉과 새가 교미한 것으로 표현한 것으로 보인다. 참새는 경망스럽고 교활하며 음란스러움을 상징하며, 암탉과 관련해서는 오늘날에도 "암탉이 울면 집안이 망한다"는 속담이 있다. 의자왕은 국력이 고갈되어 가는 데도 태자궁을 호화롭게 새로 짓고 궁궐 남쪽 망해정(望海亭)에서 궁인들과 어울려 황음탐락(荒淫耽樂)을 그치지 않았으니 암탉과 참새가 교미하는 흉조는 호화방탕에 빠진 태자궁의 실상을 알리는 동시에 왕에 대한 경고의 의미였다고 하겠다.

- 흑룡의 점복

한강이나 우물에서 흑룡이 출현하면 왕이나 관료가 죽는다는 징조이다. 용은 왕권을 상징하는 상상의 동물이지만, 흑룡은 죽음을 상징하는 징조이다. 흑룡은 오행으로 보면 흑색이며, 오방위로는 북쪽이다. 흑색과 북쪽은 죽음의 세계를 가리키는 색과 방위이다. 용은 왕권의 상징인데, 흑룡의 출현은 왕의 죽음에 대한 예조이다. 흑룡은 의자왕대에만 나타나는 게 아니라 비류왕 · 비유왕 · 문주왕 등 국가 안정기에도 왕이 죽음을 당할 때에는 흉조의 상징으로 출현하였다.

『삼국사기』 백제본기의 재이기록은 천문 · 예언 · 예조 · 음양오행 · 시구 · 천재 등 다양한 방법을 적용하여 표현한 것으로 보인다. 모든 재이기록이 실제 일어난 상황이라고 볼 수는 없다. 재이들이 실제 일어난 자연현상도 있겠지만, 예언과 예조를 위하여 인위적으로 술수를 쓴 사례도 있다는 것이다. 예를 들면 가뭄과 홍수의 발생 · 성변 관측은 실제 일어난 자연현상이지만, 흑룡의 출현 · 암탉과 참새의 교미 · 핏빛 물 등은 오행사상을 점법 및 술수에 적용하여 점을 치고 예언적 풀이를 한 것으로 본다. 또한 개구리 출현과 개의 울부짖음 · 여우의 둔갑술은 동물을 관측한 경험과 생리를 점술에 적용한 사례라 할 수 있으며, 시구와 달점은 백제시대에 실재했던 점복민속이 그대로 술법에 적용된 사례라 하겠다. 이러한 재이 기록은 일관과 무자가 해석하거나 점괘를 내리는 역할을 맡았다.

그리고 이러한 재이나 이변이 백제 의자왕대에 집중된 것은 왕의 실정에 대한 경고이며, 국가 멸망에 대한 예언의 성격이 강조된 것으로 풀이된다. 예언을 담당하는 일관과 무자들은 술수로써 경고를 하기도 하고, 그들은 당시 사회현실을 직시하여 국정에 반영하는 사관의 역할을 했다고 본다. 의자왕 20년(660)에 사비천과 부여의 모든 우물물이 핏빛으로 물들어버리는 사례도 백제의 멸망을 예언하는 상징적 경고로서 일관의 판단과 역량에 따라 기술한 내용으로 보아야 한다.

2) 백제의 일관과 무자

백제의 점복자로는 일관(日官)과 무자(巫者)가 있었다. 일관은 22개의 중앙 관서에서 일반 행정을 담당하는 외관직 가운데 일관부에 배속된 국가 관리였다. 일관부는 국가행정 가운데 국사를 맡는 관직이다. 일관은 천문 관측에 따른 성변의 해석과 점성술에 대한 전문가로서, 주역과 음양오행을 연구하여 재이 및 술수에 관하여 왕에게 자문하는 역할을 한 것으로 보인다. 백제시대에 역박사 · 역박사 · 의박사 등을 두는 오경박사 제도가 있었는데, 이 전문가들은 일관부에 소속됐던 것 같다.

역(易)박사와 역(曆)박사는 태극과 팔괘 및 음양오행설에 조예가 깊고 주역풀이를 할 줄 아는 주역전문가라 할 수 있다. 역박사(曆博士)는 역서와 역법을 연구하여 왕실 및 백성들에게 태양태음력에 따른 세시와 절기를 알려 생활에 편리함을 계도하였고, 역박사(易博士)는 주역 및 중국 고전을 연구하여 성변과 일월성신의 천체관측 및 자연재이에 대한 국가적 대응술책과 점복 · 복지 · 택일 · 국상 등 점술과 관련된 국사를 연구하는 역할을 맡은 것으로 보인다. 일관(日官)과 일자(日者)는 풍부한 고전 지식을 쌓고 전문적인 이론과 경험을 토대로 점복과 재이 문제에 관여했다. 백제가 성왕 31년(553)과 무왕 3년(602)에 일본에 역(易)박사와 역(曆)박사를 보내면서 역본과 천문지리서 및 둔갑방술서를 보내는 것으로 볼 때, 백제의 천문지리와 음양오행 및 역법(曆法)과 역술(易術) · 점복에 관한 수준이 매우 높았던 것으로 보인다.

무자(巫者)는 신통한 샤먼의 능력을 가진 자를 말한다. 무자는 신과 영적인 교섭을 할 수 있는 능력의 소유자로서 예언과 점을 치는 점복전문가이다. 무자는 대체로 입신 체험을 겪은 뒤 자기 몸에 주신을 모시는 게 특징이다. 이러한 무자는 신의 뜻에 따라 점괘를 내놓는다. 의자왕 20년(660)에 귀신이 땅속으로 들어가자 그곳에서 캐낸 거북이 등에 쓰인 복사를 그대로 해석한 무자는 왕의 노여움을 사서 죽음을 당했다.

일관이라면 상황에 대처하여 신월을 만월로 바꾸어 해석할 수도 있지만, 무자는 신의 뜻에 따라 판독할 수밖에 없었던 것이다.

무자들이 왕실과 가까이 할 수 있었던 것은 사제와 예언 및 점복 능력 때문이겠지만 무의(medicine shaman, 巫醫)의 역할을 한 것도 크게 작용했을 것이다. 중국 정사 백제전에는 백제에서 의약은 복서와 점성술과 함께 중요한 비중을 차지한다고 기술해놓고 있다. 의술이 발달하지 못한 고대사회에서 질병 치료는 무자의 직능 가운데 하나였다. 고대사회에서 전염병은 역질 · 역병 · 여귀로 여겼다. 역귀를 귀신으로 보거나 죽은 사람의 혼백이 여귀로 변하여 사람을 위해한다고 믿었기에 역귀를 물리치는 일은 무자의 몫이었을 것이다. 백제 동성왕 21년(499)과 무령왕 2년(502)과 6년(506)에 나라에 큰 역병(疫病)이 발생하였다. 역병은 여귀가 사람에게 전염되어서 생긴 병이라는 것이 고대사회의 질병관이었다. 사람 몸에 들어온 여귀를 쫓는 일은 무자의 역할이었다. 조선시대까지 각 고을에 여귀들에게 제사를 지내는 여단(厲壇)이 있었는데 역병으로 그만큼 많은 사람이 죽었기 때문이다.

근래까지도 동해안 마을에는 복자(卜者)들이 살고 있었고, 이들은 마을 주민들이 아프면 치료를 해주거나 단방약을 지어주는 일을 맡았다. 또한 굿을 하여 치병하는 일도 무당이 전문적으로 담당하였다. 의술이 발달하지 못한 고대로 올라갈수록 무자들이 의약을 담당하는 일을 맡았다.

4. 백제의 윷판과 윷점

『북사』 백제전을 보면, 백제인들은 상술과 음양오행을 알고 있었다. 음양오행에 따라 점치거나 관상을 보는 풍속이 있다는 것이다. 백제에서 점상술이 성행하면서 중국에 점치는 기술을 전수해줄 것을 요구할 정도였다. 원가 27년(450) 백제의 비유왕(437~455)이 송의 문제(文帝)에게 방물을 바치며 문서로 역림(易林)과 식점(式占) 및 요노(腰弩)를 요구하자 태조는 모두 들어주었다고 하였다. 이처럼 백제의 점상술은 국가가 주도하였다. 중국 남조문물을 가장 많이 수입하던 무령왕대에는 오경박사 가운데 역박사(易博士)와 역박사(曆博士)를 둘 정도였다.

식점에는 뇌공식(雷公式)·태을식(太乙式)과 육임식(六壬式)이 있는데, 중국에서는 뇌공식과 태을식을 민간에 전수하는 것을 금하였고, 육임식만 민간에서 통용하는 것을 허용하였다. 식점은 식반을 이용하여 점치는 방식인데, 식반을 이용한 식점은 중국 전국시대에 성행하였다. 중국의 안휘성과 감숙성의 전한시대 무덤에서 완전한 형태의 식반이 출토된 바 있다. 민간에 유통된 육임식 식반은 위에 둥근 원 모양의 천반이 있고, 아래는 네모진 지반으로 되어 있다. 천반의 중앙에는 북두칠성이 그려져 있고, 둥근 천반에는 징명·천괴 등 12신장을 12간지에 따라 배열하였으며, 그 뒤쪽에 둥근 원으로 28수의 별자리를 새겨 넣었다.

천반은 북두칠성을 정점으로 12간지와 28수를 배열한 둥근 원반으로서 하늘을 상징하는 도판이라 할 수 있다. 지반은 대지를 상징하듯이 네모난 도판으로 되었는데, 가장 안쪽에 8괘와 8간을 배열하였고, 중간에 12지를 배열하고 다시 그 뒤에 28수를 새겨 넣었다. 육임의 점법은 사과삼전(四課三轉)에 따라 길흉을 알아내는 방식이었다. 중국에서 식점은 일상생활에 아주 긴요하게 적용되었다. 생산활동 및 가취·옥택·혼례와 상장례에서 택일을 할 때에도 역주를 보고 결정하는데, 이 식반을 보고 길흉을 점쳐 택일을 하는 관행이 보편화 되었던 것 같다. 백제에서 중국 송나라에 역림과 식점의 기술을 전수해줄 것을 간곡하게 요청한 것은 백제사회에 중국의 식점을 보는 풍속이 들어와 있었을 가능성을 엿보게 한다. 당시 백제에는 주역을 연구하고 생활문화에 적

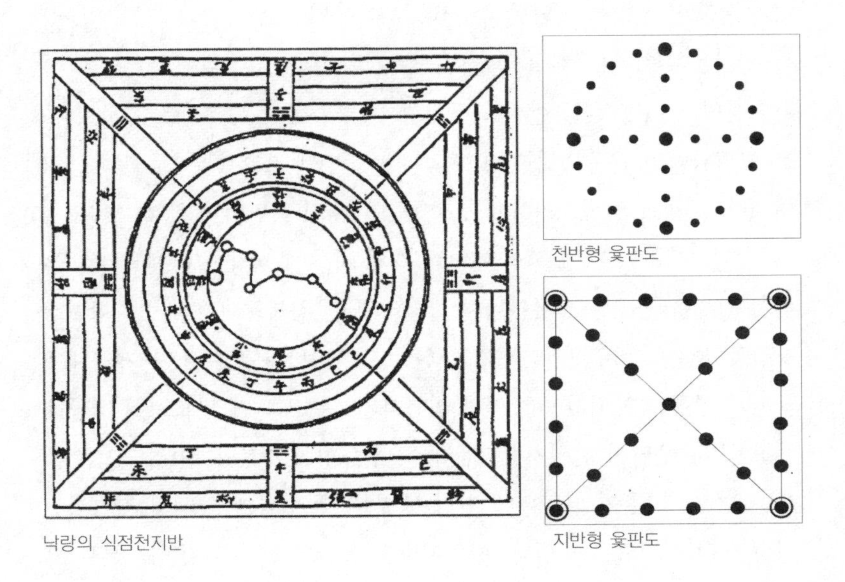

천반형 육판도

낙랑의 식점천지반

지반형 육판도

용시키는 역박사가 있었고, 백제인들이 음양오행과 점상술에 관심이 컸기에 중국에서 들어온 식점을 생활 속에서 활용하였다고 본다.

이러한 사실은 『주서』 백제전에 "송의 원가력(元嘉曆)을 채용하여 인월(寅月)을 세수(歲首)로 삼았다."는 내용에서 알 수 있다. 식반의 중앙에 위치한 북두칠성이 인방을 가리키는 달을 세수로 삼았다는 뜻인데, 세수는 세시 상 맨 첫 달을 일컫는 말로서 음력 정월을 말한다. 식반 가운데에 놓인 북두칠성의 꼬리별이 12지의 어느 방위를 향하고 있는가를 확인하여 음력 몇 월인가를 알 수 있다. 1년 12달과 24절기가 바뀌는 것은 천체의 북두칠성을 관측하고 식반에 위치한 북두칠성을 일치시켜 놓으면 정확히 파악할 수 있다. 1년 동안 북두칠성의 위치가 변화하는 것을 관찰하여 계절의 변화를 측정할 수 있었는데, 그 기준이 북두칠성의 꼬리별이다. 실제 북두칠성은 머리 쪽이 북극성을 향하여 돌고 꼬리별이 바깥쪽으로 향하고 있는 모습인데, 그러한 북두칠성 중심의 천체 변화를 일목요연하게 정리해놓은 것이 식반이라 할 수 있다.

이처럼 5세기 중반에 식점 문화가 백제 사회에 정착하면서 식반을 본떠서 길흉을 점치는 점복문화가 발달하였고, 점복문화가 대중화되면서 윷판을 산정의 바위 면에 새기는 현상도 나타났다고 본다. 백제시대에 윷판 도형이 창안되었음은 익산 미륵사지 주초석의 윷판도형이 입증해주고 있다. 윷판이 천원지방(天圓地方)의 도형을 갖추게 된 것과 28수를 음양오행에 맞추어 사방위에 따라 배열한 것도 식반(式盤)의 직접적인 영향을 받은 것으로 보인다. 천원지방은 식반의 천반과 지반을 본뜬 모

중국 집안 고구려고분 유적의 윷판도

윷판 세부그림

익산 미륵사지 회랑지 주초석 윷판도

익산 미륵사지 강당지 주초석 윷판도

양이며, 식반의 28수를 음양오행에 맞추어 동서남북 사방위에 배열한 것을 윷판이라 할 수 있다. 이러한 영향으로 윷판의 구도가 둥근모양의 천반형 윷판도와 네모진 지반형 윷판도가 생겨났다고 본다.

그러나 문제는 윷판의 도형이 식반의 중앙에 위치한 북두칠성을 음양오행과 사방위에 맞추어 28수를 배열한 것이냐, 아니면 동방7수 · 서방7수 · 남방7수 · 북방7수를 음양오행에 맞추어 배치한 28수의 별자리이냐는 것이다. 북극성을 중심으로 북두칠성을 음양오행에 맞추어 배열하여 조합된 숫자가 28수라면, 28수의 별자리가 배제되는 문제가 있으며, 28수가 별자리의 조합이라면 북두칠성이 배제되는 문제가 있다. 윷판의 중앙에 위치한 점을 북극성으로 해석한다면 북두칠성의 배열이라고 할 수 있다. 그러나 중앙에 위치한 점을 북두칠성 별자리로 해석할 경우 북두칠성을 중심으로 28수가 배열된 식반의 원리를 윷판에 적용한 것이 되므로 윷판의 식반기원설에 의미를 둘 수 있다. 식반의 북두칠성은 1년 4계절 동안 관찰되는 별자리를 의미한다. 그 때문에 북두칠성은 천체 운행의 기준이 되었고, 북두칠성의 머리방향에 따라 계절의 변화와 시간의 흐름을 잴 수 있는 대상이 되었던 것이다. 점복민속에서도 칠성신앙이 오랫동안 전승되는 것도 그러한 요인이 크게 작용했다고 본다. 또한 윷판이 도처의 산악지대의 암반에서 발견되는 것도 식반이 단순화되어 민간전승되었음을 의미한다. 그런 점에서 식반이 중국에서 개발된 캘린더(월력)라 한다면 윷판은 백제에서 만들어진 월력이라 할 수 있다. 백제의 오경박사 제도 가운데 역법을 보는 역박사(曆博士)가 있었기 때문에 그들이 식반을 개량하여 윷판으로 만들었다고 보는 것이다.

그럼 윷판은 어떠한 상징적 의미를 갖고 있을까. 윷판은 우주천체의 축소판이다. 태양력에 따른 궤도상의 동지 · 춘분 · 하지 · 추분의 길을 따라 천체의 28수를 관찰하여 북극성을 중심으로 배열한 것이 윷판이다. 따라서 윷판은 28수 별자리가 1년 동안 천체를 운행하는 상징적 구도이다. 천원지방은 하늘은 둥글고 땅은 네모지다는 우주천체의 공간성을 축약한 표현이며, 천체를 관측하면서 태양력에 따라 별자리의 위치를 알게 되었고 28수의 별자리의 변화에 따라 사시 절기의 변화를 알게 되었다고 할 수 있다. 오랜 세월 동안 천체를 관측하고 그 결과 북극성을 중심으로 28수의 별자리를 배치한 도형이 욱판이라 할 수 있다. 욱판의 도형은 대개 원형이지만 방형의 욱판이 등장하는 것도 천원지방의 우주관에서 비롯된 것이다. 천체 관측의 핵심은 별자리가 위도와 경도의 궤도에 따라 운행하는 것을 관측하는 일이다. 욱판은 하늘에 나타나는 별의 운행, 경도와 위도에 따른 태양의 운행, 낮과 밤의 변화, 二分(春分 · 秋分)과 二至(冬至 · 夏至) 등 모든 하늘의 변화를 관측하는

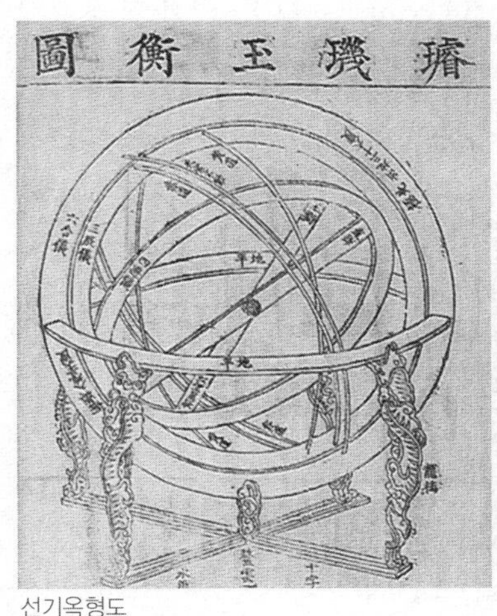

선기옥형도

혼천의

천체과학의 상징적 도형이라 할 수 있다. 천체 현상의 관측기는 혼천의(渾天儀)이지만, 혼천의를 대신하여 민간에서 쉽게 만든 도형이 윷판이다. 윷판은 북두칠성을 이분이지(二分二至)에 맞추어 관측하는 혼천의와 같은 도형이다. 혼천의가 기형(璣衡)하는 기계라면, 윷판도는 기형하는 도판이다. 혼천의는 천문 또는 북두칠성을 관측하는 기형이다. 기형은 선기와 같은 말이고, 선기옥형(璇璣玉衡)은 북두칠성을 가리키는 말이다. 북두칠성으로 28수의 천문을 관측하는 도구가 윷판이다. 다시 말해 중국의 식반(式盤)을 단순화시킨 것이 윷판이라 할 수 있다. 혼천의는 식반의 원리를 차용하였으며, 그 원리는 윷판도이고 기형지도(璣衡之圖)라 할 수 있다. 윷판도는 밤하늘의 별을 관측하여 별자리를 위도와 경도에 맞게 구도화한 것이며, 동지 · 춘분 · 하지 · 추분의 태양력 변화에 따라 7개의 별자리를 동서남북으로 구획하고 조합한 별자리 도형이다. 따라서 윷판도는 북두칠성의 꼬리로 28개의 별자리를 관측하는 성수도이다.

그런 점에서 윷판도는 북두칠성을 정점으로 주위에 28수(宿)를 배치한 천문도이며 28수도라 할 수 있다. 28수(宿)는 4 · 7宿(圈之旁列者象四七宿)라는 구도이다. 4 · 7宿는 사방에 각 칠성이 있다고 하였고, 그 칠성은 사시(四時)에 따라 운행한다는 풀이이다(四方各有七星而行四時之儀). 여기에서 사방에 위치한 칠성을 북두칠성으로 볼 것이냐, 아니면 네 방위에 위치하는 7개의 별자리로 볼 것이냐 하는 문제가 남는다. 식반의 원리를 차용한 것으로 본다면, 사방에 7개의 별자리가 배열되어 있고 이 28개의 별자리들이 사시에 맞추어 운행한다는 뜻으로 해석해야 한다. 28수도는 동지에서 춘분 사이, 춘분에서 하지 사이, 하지에서 추분 사이, 추분에서 동지 사이에 7개의 별자리들이 하늘에 보인다는 뜻이다. 사칠수(四七宿)는 북두칠성을 정점으로 28수의 별자리를 1년 동안 관측한 경험에서 나온 결과라 할 수 있다.

익산 미륵사지 주초석의 윷판 문양을 고려한다면, 5세기경에 백제에 전래된 식반이 윷판으로 전환된 시점은 7세기 초로 여겨진다. 그러면 백제시대 당시 윷판은 어떠한 용도였을까. 백제가 송나라에 요청하여 구해온 식점과 역림이란 무엇인가. 식점은 앞에서 언급한 것처럼 1년 24절기의 변화를 알려주는 역법의 도구라 한다면, 역림은 점사(占辭)이다. 점사는 길흉을 점쳐서 나오는 점괘를 풀이하는 말이다. 8괘에서 64괘가 되는 원리를 응용하여 64괘를 만들고 다시 64괘를 배합하여 4,096의 변괘를 만들고 그 변괘 하나하나에 점사를 달아서 길흉화복을 점쳤다고 한다. 점사를 달려면 점치는 도구가 필요했을 터인데, 백제에서 점괘를 만들어 점사를 달았을 만한 점복 도구가 지금까지 발굴된 적이 없다.

그러나 64괘의 점괘를 보아 점사를 달 수 있는 것은 윷판이다. 조선시대의 세시풍속기인『경도잡지』에 윷가락을 세 번 던져서 괘수를 얻고 그 괘수에 따라 점사를 붙이는 64괘의 점사가 풀이되어 있다. 이와 같이 4개의 윷을 던져서 괘수를 보고 그에 따라 점사를 붙이는 윷점이 백제시대부터 성행하였다고 미루어 짐작해볼 수 있다. 윷판과 64괘의 점사가 백제시대부터 조선시대까지 전승돼온 것으로 추정되며, 4개의 윷가락을 던지는 척사희(擲柶戱)의 전통도 백제시대부터 전승돼왔을 가능성이 크다. 미륵사지 주초석의 윷판은 미륵사 창건 과정에서 길흉을 점치며 조각한 것으로 보인다. 윷점은 농사의 풍흉을 점치고, 인간의 길흉화복을 점치는 점복행위였다. 지금도 윷놀이는 정월 초 새해를 맞이하여 개인의 운수를 점치거나 농사의 풍흉을 짚어보는 용도로 활용되고 있다. 윷판은 본래 점치는 수단이었다. 오늘날과 같이 단순한 민속놀이로 연행된 것은 최근의 일이다.

오늘날 윷놀이는 농사의 풍흉을 점치는 정월 초의 민속놀이다. 윷판은 고대사회에서 일종의 캘린더(달력)의 역할을 하였던 것으로 본다. 천체의 별자리를 28수도의 윷판으로 만들어 사시와 절기가 변화하는 것을 윷판을 통해서 가늠할 수 있었으며, 농사의 풍흉을 기원하는 대상으로 활용하였다. 윷판은 전국에 있으며, 윷판이 새겨진 공간은 산 정상이나 계곡의 넓은 암반인 경우가 일반적이다. 윷판이 하늘을 향한 수평적인 암반에 조각되어 있다는 사실은 별을 보고 농사의 풍년을 기원하는 영성제(靈星祭)의 관행에서 비롯된 것으로 보인다.

오늘날 민간에 전승되는 대표적인 영성제는 좀생이별보기이다. 좀생이별은 농사의 풍흉을 점치는 농점신앙의 대상이다. 좀생이별은 28수 가운데 하나인 묘성(昴星)이다. 고구려 약수리 고분벽화에는 좀생이별이 그려져 있다. 약수리 고분 남쪽 벽에 등장하는 좀생이별과 같은 양식이 경주 금장대 암각화에서도 등장한다. 경주 금장대의 원형다공문양이 약수리고분의 좀생이별과 흡사하다. 금장대 원형다공문양이 좀생이별로 판명된다면 청동기시대부터 28수가 신앙의 대상이었을 가능성이 크다. 그렇다면 금장대의 좀생이별 암각화는 약수리 고분보다 앞설 것으로 보이며, 신라에서 농사풍년을 기원하는 영성제는 금장대 좀생이별 암각화의 전승행위였을 가능성이 있다. 『삼국사기』 권32 제사지 고구려 편에 "사령성(祀靈星)"이라 하여 고구려에서도 영성제를 제사지낸 기록이 있다. 이 영성제 기록과 약수리 고분벽화의 좀생이별을 연결시켜 보면, 고구려 우산묘구 제3319호 벽화묘에 윷판도형이 새겨진 배경을 알 수 있겠다.

좀생이별 이야기는 『삼국지』 위지 동이전 예전에 "曉候星宿 豫知年歲豊約"이란 기록으로 등장하고 있다. 이 내용은 '새벽에 좀생이별을 관측하여 매년 풍년을 기약할 수 있는지 미리 알아본다'는 것인데, 이미 삼한시대 이전부터 별자리를 관측하는 문화가 정착해 있었음을 말해준다. 윷판이 전국적으로 산 정상이나 계곡의 암반, 고인돌 덮개돌에 새겨진 사례가 많다. 이와 같은 윷판의 위치는 선사시대부터 별자리를 보고 풍년을 기원하는 농점민속이 있었음을 보여주는 것이어서 윷판도의 청동기시대 기원설에 무게를 실어준다. 삼국시대의 영성제는 본질적으로 좀생이별 또는 윷판에 대한 농경의례였던 것으로 보인다.

윷판에 놀이가 결합된 것은 고려 말이나 조선 초로 보인다. 남원 만복사와 관련된 만복사저포기가 놀이를 전제로 하고 있기 때문이다. 조선시대에는 윷판에 중국의 하도낙서(河圖洛書) 이야기가 결합되면서 윷놀이의 지속적인 전승이 이루어 졌다고 본다. 그러나 조선시대에도 윷놀이는 본질적으로 64괘에 따라 농점을 보는 방식을 유지하였다. 이러한 사실은 『경도잡지』에 실려 있다. 조선시대에는 농점의 윷놀이가 점차 민속놀이로 정착하면서 개인 운수를 점치는 윷놀이로 변화하였다. 정월 초 농점풍속이 자신의 길흉을 알아보기 위해 신수를 점치는 풍속으로 바뀌었던 것이다. 윷가락이 나오는 모양을 보고 주역의 64괘에 따라 점사를 붙여 신수점을 본 것이 오늘날 윷놀이로 정착한 것이다.

백제의 해양민속

1. 마한 · 백제시대 해상교통

『수서』 백제전에 백제는 백여 호(戶)가 바다를 건너와서 세운 국가(百家濟海)라는 뜻으로 붙인 명칭인데, 처음은 십제(十濟)라 했고 후에 백제(百濟)로 바뀌었다고 하였다. 백제의 건국세력은 바다를 통하여 한강 유역으로 들어와 도읍을 정하였으므로 당시에도 해상활동이 활발하였음을 알 수 있다.

백제의 건국 이전 마한세력들도 활발한 해상활동을 벌였다. 『삼국지』 위지 동이전 한전에 "위만이 조선을 공격하니 기자조선의 준왕이 좌우 궁인을 거느리고 서해 바다를 건너 남쪽으로 내려와 한지(韓地)에 이르러 한왕이 되었다."는 내용이 있다. 『삼국유사』 마한전에는 한왕이 한지에서 일으킨 나라를 마한으로 표기하고 있다. 마한은 금마산에 개국한 것으로 기록되어 있다. 금마산은 현재 익산 금마읍에 위치한 미륵산으로 추정하고 있다. 그곳에는 준왕이 쌓았다는 기준산성이 있다. 금마에는 백제 초기의 익산토성과 저토성이 있다. 이러한 산성의 존재는 준왕이 금마산으로 내려와 도읍을 정하고 한왕이 되었다는 역사적 사실을 뒷받침하고 있다.

준왕이 금강 하구를 통하여 익산지역에 들어와 나라를 세웠듯이, 고구려의 주몽에게 밀려 남쪽으로 내려온 온조와 비류도 경기만의 한강 하구로 들어와 백제를 건국한 것이다. 처음에 온조와 비류는 10여 명의 신하를 거느리고 바다를 통하여 한강유역으로 들어왔다. 마침내 한산에 이르러 부아악에 올라가 살만한 땅을 살폈는데, 신하들은 한결같이 하남의 땅은 북쪽으로 한수를 끼고 동쪽으로 험준한 산악에 의지하고 남쪽으로는 기름진 들판을 바라보고 서쪽으로는 바다에 연계되어 있어, 천혜의 험준한 자연과 땅이 이로운 곳이니 이곳에 도읍을 정하자고 간언하였다. 그러나 비류는 듣지 아니하고 미추홀로 갔는데, 미추홀은 땅이 습하고 물이 짜서 편히 살 수 없었다고 했다. 그 미추홀은 바다와 가까운 인천 문학산성으로 추정하고 있다.

고조선의 준왕이 좌우 궁인을 거느리고 서해상에서 남쪽으로 내려와 금강하구를 거슬러 올라 금마산에 도읍을 정한 뒤 마한의 한왕이 된 것과 백제의 온조왕이 10여 명의 신하를 거느리고 서해상에서 남쪽으로 내려와 한강 하구로 들어온 뒤 부아악에 올라가 명당을 살펴 하남에 도읍을 정하고 백제왕이 되었다는 스토리가 흡사하다. 마한·백제의 건국 세력이 서해상에서 연안항로를 따라 내려오면서 경기만과 군산만의 큰 항만과 하천을 통하여 내륙으로 들어와 도읍을 정한 것으로 보아야 한다. 당시 북쪽에서 남쪽으로 내려오는 세력들은 거의 대부분 육로교통보다는 해상교통에 의존했으며, 연안항로를 이용하였다고 본다. 마한지역에는 청동기시대 이래 해안과 가까운 구릉지에 촌락을 형성하고 도작 농경생활을 해왔다고 본다. 최근 해안과 그 인근의 구릉지대에서 발굴되는 유물과 유적들을 살펴보면, 마한의 54소국 세력들은 내륙 산간지역보다는 해안에 가까운 구릉지대에서 소국을 운영한 것을 알 수 있다. 결과적으로 삼한시대에는 내륙교통보다는 바다와 연결된 하천을 이용하는 해상교통이 더 발달하였다고 본다.

마한시대 해상교통의 루트는 인적 왕래 뿐만 아니라 문물교류 및 무역 행위에도 이용되었다. 『삼국지』 위지 동이전 왜전에 "배를 타고 중국과 마한을 왕래하면서 물건을 사고팔았다(乘船往來市買中韓)."는 내용이 있다. 왜의 선박이 서남해상에서 중국과 마한을 오가며 무역을 했다는 내용이다. 이미 삼한시대부터 서해 바다의 연안항로를 따라 왜와 중국과 마한의 국제무역이 이루어 졌던 것이다. 이들 삼국 사이에 물품을 사고파는 국제무역의 교역망이 형성되어 있었고, 그곳에서 화폐가 통용되었다. 국제적 무역시장에서 다양한 상품이 거래되었겠지만, 『삼국지』 위지 동이전 변진전에는 변한·진한에서 철이 생산되었고, 한·예·왜가 모두 철을 사고파는 거래를 하였다는 기록이 있다. 당시에는 중국 화폐가 사용되었는데 오수전·화천이 국제적으로 통용된 화폐였던 것 같다. 오수전은 국내 해저유물에서도 발견되고 있다.

위와 같이 삼한과 왜와 중국은 해상교통을 통하여 활발한 무역을 하였다. 왜와 중국의 교역은 마한을 중심으로 한반도 서남해안을 경유하는 해상교통을 발달시켰다. 진한 · 변한과 왜가 중국의 군현과 교역을 하려면 서해의 연안항로를 따라 올라가야 한다. 삼한시대에는 서남해안의 연안항로 외에 중국 남쪽지역과 해상교류를 할 수 있는 사단항로가 개설되어 있었다. 마한과 동진의 해양교섭은 한반도 서남해안과 절강성 양자강 유역의 해상교통을 통해서 이뤄졌다고 본다. 이러한 사실은 마한이 280년부터 290년까지 10년 사이에 다섯 차례 이상 사신을 중국의 진(晉)나라에 보내고 있는 데서 알 수 있다.

마한은 사단항로를 통하여 중국 남조지방의 남방문화를 받아들였고, 중국 군현과 남쪽의 변한 · 진한 · 왜는 한반도의 연안항로를 통하여 국제적인 해상활동을 전개하였는데 그 중심에 마한이 있었다. 이와 같은 마한의 국제적인 해양교통 질서에 부안의 변산반도는 중심적 기능을 하였다고 본다. 왜냐하면 부안의 변산반도는 한반도의 연안항로나 중국과의 사단항로에서 항해의 중간 기착지이거나 출항지였기 때문이다. 이러한 마한시대 서해안의 해상교통과 해양교류의 전통은 후에 그대로 백제에 승계되었고, 그 흔적은 부안 죽막동 해양 제사유적에 깊게 스며있다.

2. 부안 죽막동 제사유적과 해양민속

1) 죽막동 제사유적

1992년 부안 죽막동 제사유적이 세상에 모습을 드러냈다. 죽막동 제사유적은 변산반도 격포 서쪽 해안가에 돌출한 적벽강의 높은 암반 위에 있다. 당시 죽막동에는 해양 제사유적으로 수성당과 당굴이 있었다. 수성당은 해양할머니를 모시고 제사를 지내는 곳이며, 당굴은 해양할머니가 바다에서 올라와 거처하는 해식동굴이다. 해양 제사유적은 수성당 뒤편 8×9㎡ 범위에 30㎝ 정도 두께로 제사유물층을 이루고 있었

죽막동 제사유적을 발굴할 당시 노출된 철제무기와 토기편

다. 유물은 삼국시대부터 조선시대에 이르는 토기편과 청동기 · 철기제품 · 실물을 모사한 석제 및 토제 모조품 · 곡옥 · 소옥 · 중국제 도자기 등이었다. 금속유물은 큰 항아리에 들어 있는 상태로 출토되었고, 석제 모조품은 한 군데에 두껍게 쌓여 있었으며, 토기와 토제마 그리고 중국제 도자기 파편들이 곳곳에 흩어져 있었다. 제사유물 가운데 국제적인 교류를 보여주는 유물은 중국 남조지방의 도자기이며, 석제 모조품은 일본 종상시(宗像市)에 속한 오키노시마(沖の島)에서 출토된 석제 모조품과 너무나 흡사하다. 이와 같은 중국 및 왜의 제사용품은 일본의 상선이 중국 군현을 오갈 때 죽막동을 경유하였고, 중국의 상선도 이곳에 들러 바다의 신에게 제사를 올렸다는 증거이다.

그런데 죽막동 제사유적에서 나온 유물은 대체로 해양신에게 제물을 바치는 그릇이 대부분이었다. 변산반도와 위도 사이는 조류가 복잡하여 항해 여건이 불리하고 조난의 위험이 큰 곳이다. 죽막동 제사유적은 바다에 돌출된 높고 거대한 암반에 위치하고 있는데, 이는 수성당이 해안가에 돌출한 높은 절벽 위에 있어서 해양신은 항해하는 선박을 인도하거나 안개로 바다에서 방향을 잃어버렸을 때 표지 역할을 할 수 있으므로 예로부터 해양신에게 제사를 지낼 수 있는 최적의 장소로 여겨졌을 것이다. 바다에 돌출한 단애 절벽 위의 공간은 제장으로 활용되었고, 해식동굴은 해양신의 처소로서 안성맞춤이었다. 서해안에서 죽막동 제사유적처럼 해양제사 공간으로 좋은 자연지리적 여건을 갖고 있는 곳은 찾아보기 어렵다.

죽막동 수성당과 당굴 전경

죽막동 수성당 당굴

죽막동 제사유적에서는 4세기 전반부터 후반에 이르는 토기가 대량 출토되었다. 이 토기들은 음식이나 술을 신에게 바칠 때 사용된 제기로 추정된다. 한반도 중서부 지역에서 출토되는 토기들과 유사한데, 이로써 마한에서 백제로 교체되는 시기에 죽막동 제사유적에서 해양제사가 빈번하게 이뤄졌음을 알 수 있다. 이

죽막동 제사유적 출토 금동 철기유물

제사는 절벽 위 평탄한 곳에서 토기에 공물을 넣고 해양신에게 봉행하는 노천제사였을 것이다. 죽막동 출토 제사유물은 백제시대에 이러한 해양제사가 활발하게 봉행되었음을 보여준다.

아울러 5세기 전반에서 6세기 전반으로 추정되는 백제토기와 토제마 · 석제 모조품 · 중국제 청자 등이 출토되었는데, 토제마는 해양신이 타고 다니는 신마(神馬)라 할 수 있으며, 석제 모조품은 무당의 의상이나 신목에 매달아 놓는 구멍 뚫린 석제품이다. 이 석제 모조품은 일본의 오키노시마에서 출토되는 제사유물과 흡사하다. 그것은 곧 규슈(九州)에서 출항한 배가 오키노시마를 거쳐 죽막동 제사유적을 경유하여 중국으로 들어갔다는 증거이다. 이곳에서 출토된 중국제 청자편은 백제가 남조지역과 문물교류를 입증하는 자료들이다. 백제 성왕과 무령

죽막동 제사유적 출토 토제마

왕대에는 중국 남조지역과 해상항로를 통하여 사신을 보냈고 교역이 성행하였다. 무령왕릉에서 출토된 중국제 유물은 그러한 사실을 대변해 주고도 남는다.

백제는 6세기 전후에 중국의 남조문화를 적극 받아들였고, 거의 같은 시기에 자국의 불교문화와 문물을 일본에 전해주었다. 일본과 백제와 중국은 서해상에서 삼각형의 해상교통권을 형성하고 사신을 교환하고 교역을 활발하게 전개하였다. 백제가 남조문화를 적극 받아들이는 시점은 웅진·사비시대이다. 백제 무령왕릉에서 출토된 유물을 보면, 웅진백제가 중국 양나라와 얼마나 밀접한 관계를 유지하였는가를 잘 보여준다. 삼한시대 마한과 진(晋)나라 사이에 개설된 서남해 사단항로를 통해 백제와 양나라가 백제와 양나라가 서로 사신을 보내며 외교관계를 더욱 강화해 갔으며, 이러한 사단항로의 해상교통은 당송시대에도 지속되었다. 이때 공주와 부여에서 금강을 타고 내려와 사단항로를 타고 원해로 출항하기 전에 죽막동에 들러서 해양신에게 순탄한 뱃길과 항해안전을 기원하는 제사를 올리고 출발하였던 것이다.

2) 죽막동 수성당과 해양할머니

죽막동의 해양신은 수성당할머니이다. 수성당할머니는 딸 8명을 데리고 살았는데 각 도에 1명씩 시집을 보내고 막내딸을 데리고 살았다는 이야기가 전해온다. 수성당할머니가 시집보낸 곳이 전국 팔도인지 변산반도 주변의 섬인지는 이야기를 하는 사람에 따라 다르지만, 8명의 딸을 데리고 산 것은 공통된 이야기이다. 수성당은 변산반도 해양신앙의 본당이었고, 수성당할머니가 각 도의 해신을 거느리고 있다고 볼 수 있다. 변산반도에서 수성당의 역할이 그만큼 크다는 것을 뜻한다. 수성

부안 죽막동 수성당

죽막동 수성당할머니 당신도

당할머니를 '개양할미' 라고 부르는데 이는 해양할미의 사투리로 본다. 해양할미는 해양신의 신격이 할머니(老嫗)라는 뜻이다. 노구는 삼국시대 초 건국신화에 해안가에 존재하는 국가적인 수호신으로 등장한다. 신라에서 노구는 탈해왕을 태운 배가 하서지촌 아진포에 닿았을 때, 그 배를 끌어다가 나무숲 아래에 가져다 두고 배 안에 든 궤짝을 열어서 단정하게 생긴 사내아이를 거두어 양육하는 주체이다. 노구는 왕의 탄생과 양육을 관리하고 정치까지 관여하는 왕실의 보호신이기도 하다.

노구는 백제 온조왕 때에도 등장하고 있다. 『삼국사기』 백제본기 온조왕 13년 봄 2월에 "왕도의 노구가 사나이로 둔갑하였다. 다섯 마리의 호랑이가 성안으로 들어왔다. 왕의 어머니가 세상을 떠났다(王都老嫗化爲男五虎入城王母薨)."는 내용이다. 백제의 노구는 왕실을 해치는 모습으로 묘사되어 있다. 이로써 백제 초기에 왕도 한성에 노구신앙이 존재하였음을 알 수 있다. 노구는 길흉을 예조하는 제사장의 성격을 갖고 있는 듯하다. 노구가 남자로 둔갑한 후 다섯 마리의 호랑이가 성안으로 들어오고 곧이어 왕의 어머니가 죽어서 세상을 떠나는 흉사가 발생하고 있다. 백제에서 노구는 왕모의 죽음으로 몰고 갈 만큼 직접적인 영향력을 행사하고 있다.

이러한 노구가 백제 뿐만 아니라 신라에도 등장하는 것을 보면, 삼국시대 한반도 해안지역에 노구신앙이 존재하였으며, 백제의 노구신앙이 오늘날까지 수성당할머니로 그 신격이 유지되고 있다고 본다. 즉 수성당 해양할미의 역사는 백제시대까지 거슬러 올라가고, 해양할미는 백제시대의 노구라고 할 수 있다. 노구가 신라에서 해안가에 거처하는 해신(海神)으로 등장하듯이, 백제에서도 노구가 해안가에 거처하는 해신으로 출현하고 있다고 보아야 한다. 실제 죽막동에는 수성당할머니가 거처하는 당굴이 있고, 당굴 위에는 수성당할머니 화상을 봉안한 수성당이 있으며 그곳에서 할머니 신에게 해양제사를 지냈던 것이다.

죽막동의 수성당에는 해양할미도 · 산신도 · 용왕도 · 장군도 · 칠성도가 봉안되어 있다. 해양할미도는 머리를 양쪽으로 따서 위로 올린 얹은머리를 하고, 키가 큰 거구의 당할머니가 하얀 한복을 입은 채 8명의 딸을 거느리고 있는 모습으로 그려져 있는데, 그 크기가 다른 당신도보다 크다. 해양할미도는 수성당의 해양할미가 8명의 딸을 데리고 살다가 각 섬으로 시집을 보내고 막내딸만 데리고 살았다는 구전설화와 일치하고 있다. 수성당의 해양할미는 키가 큰 거구이다. 해양할미가 격포 앞바다를 걸어가는데 바닷물이 겨우 발목에 찰랑거릴 정도라고 전한다. 수성당의 당신도와 해양할미의 이야기를 종합해 보면, 해양할미는 하얀 옷을 입고 키가 큰 거구의 여성으로서 해안가에 거처하는 해신이며, 딸 8명을 데리고 살았다는 내용이다.

삼국시대의 노구는 해안가에 거처하는 해신으로 등장하거나 도성에 거주하면서 왕권과 결탁한 높은 신격의 국가수호신이었다. 해안가에 위치한 노구는 처음부터 해양할미로 전승되어 왔고, 내륙의 산간지대에서는 산신으로 등장하고 있다. 지리산의 노고단은 노고(노구)가 산신이라는 이야기이다. 노구가 해안가에 거처하는 해양신이라는 점에서,

이는 자생적인 해신이 아니라 바다를 통해서 들어온 도래신으로 볼 수 있다. 노구신은 삼국시대 건국설화에 등장하고 있기 때문에 기원 전후에 한반도에 도래해왔을 가능성이 크다. 죽막동 수성당의 해양할미는 역사적으로 삼국시대 초기에 해안가에 출현하였던 노구와 동일한 신격으로 보아야 한다. 그러므로 해양할미는 수성당에만 존재하는 게 아니며 전국 해안가에 등장하는 할미당 · 할미바위 · 당할매 · 당산할머니 등도 모두가 노구계 해양신이라고 할 수 있다.

3. 변산반도의 관음신앙

부안군 위도면 원당의 당신도 가운데 하얀 옷을 입은 해신이 등장한다. 위도는 변산반도에서 배로 40여 분 거리에 있고, 죽막동 제사유적에서 바라볼 수 있는 가시적 거리에 있다. 이 해신은 백의관음보살의 입상형으로 그려져 있다. 이 백의관음보살을 위도에서는 원당마누라로 부르고 있다. 원당마누라는 원당의 여러 당신도 가운데 하나인데, 홀로 바다를 걸어다니는 듯이 연잎 위에 선 모습으로 그려져 있다. 원당의 백의관음보살도는 죽막동 수성당의 수성당할머니 당신도와 동일한 계통의 해양신이다. 바다의 파도 위에서 홀로 서 있는 백의관음보살이 사찰이 아닌 마을의 신당에 해신으로 봉안되어 있는 것이다. 이러한 백의관음보살의 당신도는 오랜 세월 동안 변산반도에 깃든 관음신앙의 영향을 받은 것으로 보인다. 사찰에 있어야 할 백의관음보살도가 마을의 신당에 당신도로 들어와 있는 것이다.

변산반도의 대표적인 관음성지로 내소사가 있다. 내소사는 백제 무왕 34년(633)에 창건된 사찰로 알려졌다. 내소사 대웅보전의 후불 벽 이면에는 백의관음보살도가 벽화로 그려져 있다. 내소사의 주봉이 관음봉이며, 창사와 관련된 관음연기설화가 전해오고 있다. 내소사는 백제시대에 처음부터 관음도량으로 창건되었다. 백제 침류왕 원년(384)에 불교가 동진에서 전래해온 것이라면, 변산반도에 전래한 관음신앙은 서남해의 사단항로를 통하여 남조불교가 들어온 것으로 보아야 한다.

백제시대에 남조불교가 전래되면서 관음신앙이 유포되었으며, 동시에 노구신앙도 함께 들어온 것으로 본다. 노구는 불교 수용 이전의 토착 해양신으로 볼 수 있거니와, 관음신앙과 함께 오늘날 해안가의 해신으로 당할머니가

위도 원당의 백의관음당신도

위도 원당제에서 소지 올리는 무녀

등장하는 것은 삼국시대 해양계 노구신앙의 유풍이라 할 수 있다. 건국 신화에 등장하는 노구를 관음신앙과 동일시할 수는 없지만, 불교수용 이전부터 해양계 여신으로 존재해왔으며, 불교수용 이후 관음신앙과 노구신앙이 결합한 해양할미신앙이 전승되어 왔다고 볼 수 있다. 죽막동 수성당에는 다른 당신도가 있지만 해양할미 당신도가 주신이며, 백의관음신앙의 영향을 받아 그려진 것으로, 그 역사는 백제시대까지 거슬러 올라간다고 할 수 있다. 백제시대의 당신도는 찾아볼 수 없으나 백제시대에 관음도량으로 내소사가 창건되었고, 죽막동 제사유적 출토물을 살펴보건대, 백제시대부터 해양제사가 있었으며, 그 해신이 해양할미였다고 할 수 있다. 해양할미 설화는 그 후에 생겨난 것으로 보인다. 죽막동 해양제사 유적에서 출토된 다양한 제기와 고배들은 해양할미에 대한 제사유물이라 할 수 있다.

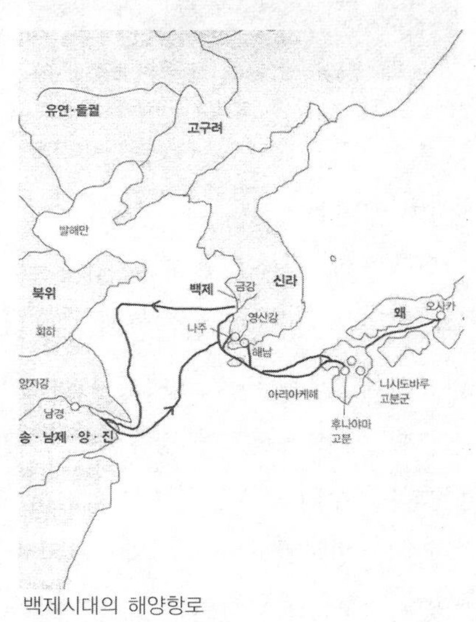

백제시대의 해양항로

백제시대 변산반도의 관음신앙은 서남해의 사단항로를 타고 건너온 중국 보타락가산 계통으로 보인다. 당송시대에 보타락가산은 동아시아 최대 규모의 관음성지였다. 이러한 영향으로 통일신라시대에 의상대

선운사 영산전 백의관음보살 벽화

무위사 백의관음보살 벽화

사가 보타락가산을 다녀온 뒤, 양양 낙산사에 관음성지를 조성하였다. 이와 같은 내용은『삼국유사』낙산이대성 관음 정취 조신에 실려 있다. 중국 관음신앙이 서남해안의 사단항로를 타고 전래되었다면 동해안보다 서해안으로 먼저 들어온 것이 틀림없다. 서남해의 사단항로는 중국 보타도에서 흑산도를 경유하여 곧바로 변산반도에 이르는 해상항로를 말한다. 부안 죽막동 제사유적에서 출토된 5세기 말경의 중국 남조시대 청자는 변산반도와 보타락가산의 해상교류를 실증적으로 입증해주고 있다. 백제 침류왕 원년 동진의 마란난타가 불교를 처음 전래되어온 곳을 영광 불갑사로 추정하고 있는데, 이처럼 중국 보타락가산 계통의 관음신앙이 일찍부터 전래되어왔음은 서남해 지역에 분포하는 관음연기설화를 통해서 알 수 있다.

이러한 주장의 배경은 사단항로 뿐만 아니라, 변산반도의 관음신앙과 보타락가산의 관음신앙이 유사하다는 데 있다. 백제시대의 문물교류도 사단항로를 통해 이뤄졌으며, 죽막동의 해양제사 공간은 당시에도 중요한 기능을 하였다. 백제불교가 발달하고 해상활동이 활발해지면서 보타락가산 계통의 관음신앙과 노구신앙이 결합하여 죽막동에 백의관음신앙과 해양할미신앙으로 들어온 것이다. 이러한 사실은 6세기 초 백제와 양나라 사이에 대외관계를 기술한 『관세음응험기』에서 확인되었다. 백제승 발정의 월주 관음도실 관람기에 관음보살이 늙은 할미로 둔갑하고 있는 데서 해양할미의 원형적인 모습을 찾아볼 수 있다.

그럼 중국 최대의 관음성지인 보타락가산과 변산반도의 관음성지인 죽막동을 비교해 보자. 중국 보타도와 변산반도의 관음성지는 다음과 같은 공통점을 갖고 있다.

첫째, 격포(格浦)의 죽막동(竹幕洞)과 보타도(普陀島)의 범음동(梵音洞)은 동일한 관음굴이다.

격포는 리아스식의 해안으로, 그 좌측에는 바다로 돌출한 기암괴석 채석강이 있고, 우측으로는 천애절벽의 적벽강이 있다. 채석강은 보타산의 조음동(潮音洞)에 해당하는 곳이다. 조음동에서 암반을 따라 바닷가 쪽으로 내려가면 '담담정(澹澹亭)' 이라는 정자에 이르고 그곳 담담

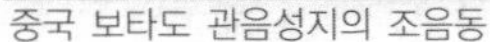
중국 보타도 관음성지의 조음동

중국 보타도 관음성지의 범음동

정에서는 '신라초(新羅礁)' 가 내려다보인다. 조음동은 바닷가에 돌출한 넓은 암반으로 걸어나가 바닷물을 만날 수 있는 곳으로서 격포의 채석강과 너무나 흡사하다. 불긍거 관음전이 있는 범음동(梵音洞)은 관음굴 위에 불전을 조성하여 관음도량으로 삼았다. 범음동은 바닷가로 돌출한 거대한 바위산에 틈이 깊게 패인 해변굴(海蝕洞窟) 위에 위치한다. 이곳은 항상 바닷물이 굴의 깊숙한 곳까지 들어가 바위틈을 치는 우렁찬 파도소리가 끊이지 않는다. 불긍거 관음전은 파도소리를 들으며 불타의 경지를 깨닫는다는 관음의 수행처라 할 수 있다. 파도소리를 관(觀)하는 수행이다. 관음굴의 파도소리가 곧 범음(梵音)이다. 조음동(潮音洞)이나 범음동(梵音洞)은 소리를 관(觀)하는 관음도량을 상징하는 지명이다. 그곳에서 파도가 요동치는 암굴을 바라보노라면 아찔할 정도이다. 이 불긍거 관음굴의 축소판이 부안 죽막동의 당굴이다. 범음동은 파도소리를 들으며 관음세계를 접하는 게 강조된 것이라면, 죽막동은 대나무가 장막을 친 당할머니의 처소라는 신당의 개념이 강한 곳이다.

그러나 양자 모두 파도가 출렁이는 해변굴이며, 해식동굴로서 해양안전을 수호하는 관음진신이 머무는 처소라는 점에서 흡사하다. 수성당 할머니가 하얀 옷을 입은 거구의 여신이란 점에서 관음보살의 성격이 강하여 민간화된 관음진신의 처소로 볼 수 있다. 범음동의 불긍거관음전과 죽막동의 수성당(水聖堂) 주변에는 대나무가 무성하다.

해변굴 형태에서 죽막동 당굴과 낙산사 홍련암의 관음굴과 범음동의 관음굴은 크기의 차이만 있을 뿐 백의관음보살의 처소라는 점에서 일치한다. 죽막동 당굴 위에 조성된 수성당은 민간화된 관음전이라면, 범음동의 관음굴 위에는 불긍거 관음전이라는 불전이 세워졌다는 차이가 있을 뿐이다.

둘째, 보타락가산은 변산반도 격포와 위도를 연결한 관음도량과 동일한 구조로 이루어져 있다. 보타락가산은 보타산(普陀山)과 락가산(洛迦山)을 하나로 묶어서 부르는 지명이다. 보타산은 관음굴과 불긍거관음전이 있는 섬이고, 락가산은 보타도에서 바라다 보이는 조그마한 섬이다. 락가산은 보타도에 속하는 조그마한 섬으로, 두 섬은 통통배로 30여 분 정도 걸리는 거리에 떨어져 있다. 이 두 섬을 묶어 보타락가산이란 관음성지를 조성한 것이다. 변산반도의 격포와 위도가 보타락가산과 같은 구조의 관음성지이다. 위도는 락가산에 비유되는 섬이다. 격포에서 배로 약 40분 거리에 있는 위도에는 내원암이라는 관음도량이 있고, 민간화된 관음전으로 대리에 원당이 있다.

보타산에 불정산이 있다면 변산에는 능가산이 있으며, 락가산에 대응하는 산으로 위도에도 망월봉(225m)이 있다. 보타산과 락가산도 바닷가와 섬에 있는 바위산이듯 죽막동과 망월봉도 바위산이다. 능가산 내소사는 기암괴석의 관음봉 아래 조성된 관음도량이다. 죽막동에는 관음진신의 처소(관음굴)라 할 수 있는 해변당굴이 있다면 망월봉 바위산에는 백의관음보살이 봉안된 원당(願堂)이 있다. 그리고 위도와 격포 사이로 통과하는 선박의 해상항로를 안전하게 지켜주는 관음성지가 위도와 변산반도로 연결되어 조성되어 있다.

낙산사 홍련암은 보타락가산이나 위도와 격포를 연결하는 변산반도의 관음성지와 같은 구도를 갖고 있지 못하다. 단지 해변에 해식동굴형의 관음굴이 조성된 것 외에 다른 관음성지 요건을 갖춘 것은 없으나 의상대사가 기도도량으로 삼았다는 『삼국유사』의 관음응험 기록이 있어서 더 유명해진 것 같다.

셋째, 관음진신의 처소와 수성당할머니의 처소가 흡사하다. 낙산사가 있는 낙산(洛山)이 보타락산(寶陀洛山)에서 따온 말이라면, 변산은 해변에 산을 둘렀다는 의미의 변산이라 해도 과언이 아니다. 변산반도와 보타도는 서남해의 사단항로를 통하여 수많은 무역선이 오가고 문물교류도 빈번하게 이루어진 곳이었다. 보타도의 해식동굴이 관음진신의 처소라는 것과 죽막동의 해식동굴이 수성당할머니의 처소라는 것이 같고 관음굴의 좌상 정상에 쌍죽이 자라날 것이라는 관음진신의 말이 그대로 재현된 곳이다. 또한 관음처소에 소나무(觀音松)가 있는 것처럼 죽막동 당굴 주변에도 오래된 소나무가 무성하다. 고려시대 백의관음보살도에 등장하듯이 깎아지른 단애와 대나무와 소나무 · 관음조 등을 구비한 관음의 처소를 죽막동 수성당과 당굴에서 그대로 찾아 볼 수 있다.

죽막동의 지명은 관음굴 위로 장막을 치듯 대나무가 무성해서 붙여진 지명이다. 그곳은 20여 년 전만 하여도 대나무와 소나무 숲이 울창하여 함부로 들어갈 수 없었으며 무서워서 찾아가는 사람도 별로 없었다고 한다. 죽막동이 바다와 관련해서 일찍부터 알려졌다면, 의상이 백제 땅에서 당으로 건너가거나 돌아올 때에 죽막동의 제사유적에 관해 알고 있었을 것이다. 의상이 당에 건너간 시기가 660년이므로, 그가 사단항로를 선택하였다면 죽막동에 들러서 해상 뱃길의 수호신인 수성당할머니에게 노천제사를 올리고 출항했을 가능성도 있다. 의상이 중국에서 돌아올 때 남양만으로 들어왔다고 많은 이들이 추정하고 있지만, 격포로 들어왔을 가능성도 있다. 변산에도 의상봉이 있고 원효굴도 있기 때문이다. 죽막동 제사유적에서 신라 · 가야토기도 출토되고 있다는 점에서 백제시대 이후 통일신라시대까지 이곳에서 해양 제사터로서의 기능이 유지되었다고 본다.

고려가 건국되면서부터는 개성을 향한 배가 한반도 연안항로를 따라 올라갔기 때문에 죽막동은 경유지에 지나지 않았을 것이다. 고려시대에 죽막동 제사유적은 국가적 관심보다는 민간신앙의 대상으로 존속하였고, 수성당할머니는 어부들이 항해신과 풍어신으로 숭배하기 시작했을 것이다. 수성당 해양할미는 변산반도 앞바다를 걸어다니면서 어부들의 고깃배와 연안항로를 따라 항해하는 어선이나 상선이 안전하게 항해할 수 있도록 도와주는 바다의 수호신이다. 이미 바닷길을 통한 교역선이나 사신선은 바다에서 사라졌지만, 고기잡이배를 가진 어민들이 수성당할머니에게 해상안전과 풍어를 기원하는 해신제사는 민속신앙으로 이어져 오고 있다.

4. 백제시대 발정과 관음신앙

발정은 중국의 관음신앙을 국내에 소개한 백제의 승려이다. 그는 양의 천감연간(502~519)에 중국으로 들어가 30여 년 간 구법활동을 하였다. 그가 서해를 건너 중국 양나라에 들어가서 누구에게 불법을 배웠는지는 알 수 없지만, 『관세음응험기』에는 발정이 귀국길에 월주의 관음도실에서 겪은 이야기를 기술해놓고 있다. 월주의 관음도실 관람기는 『대정장』 51 「월주관음도량도인(越州觀音道場道人)」의 내용을 인용한 것이다.

발정이 유학길에 나선 시기는 천감 연간이며, 30여 년만에 고향이 그리워 귀국하게 되는데, 귀국 시기는 대체로 중대통년간(529~534)으로 추정된다. 이 시기는 백제 성왕대로서 공주에 도읍을 둔 웅진시대에 속한다. 발정은 백제문화의 융성기인 무령왕대에 중국으로 건너갔다가 성왕대에 돌아온 것이다. 이 시기에는 백제의 대일 · 대중국 문물 교류가 활발하여 삼국간 해상교류도 빈번하던 때이다. 발정의 왕래 시점을 좀 더 구체적으로 살펴본다면, 그는 무령왕 12년(512) 4월 백제가 양에 사신단을 파견할 때 동행한 것으로 보이며, 성왕 12년(534)에 양에 파견한 사신단이 귀국하는 길에 함께 돌아온 것으로 보인다. 534년 백제가 양에 조공을 바친 보답으로 양이 열반경 같은 불경과 장인들을 사신선에 실어서 보내오는데 이때 발정이 동행 귀국한 것으로 보인다. 이 시기에 백제는 중국 남조문화를 양나라에서 받아들여 우아하고 세련된 불교문화를 가꾸어가고 있었다.

성왕 4년(526) 승려 겸익이 인도에 건너갔고 인도승 배달타삼장(倍達陀三藏)과 함께 귀국하여 흥륜사에 머물면서 율부경전을 번역하였다는 데서 동남아의 해로가 백제에까지 연결되어 인도 불교미술의 영향이 백제에까지 미쳤을 가능성이 엿보인다. 이와 같이 백제는 동성왕 이후 성왕에 이르기까지 대외교류를 통하여 중국 남조의 불교문화를 적극 받아들였는데, 그 과정에서 승 발정이 바다 건너 중국으로 건너간 것이다. 30여 년만에 발정이 귀국길에 올랐을 때, 월주계산(越州界山)에 관음도실이 있다는 풍문을 듣고, 직접 가서 들은 이야기가 『대정장』 「월주관음도량도인(越州觀音道場道人)」에 실려 있다. 그 내용은 다음과 같다.

「전하는 바에 따르면, 예전에 도를 닦던 두 사람이 산에 올라가 각기 산골짜기 하나씩을 차지하고 탑실(堵室)을 만들었다. 한 사람은 화엄경(華嚴經)을 읽고 한 사람은 법화경(法華經)을 읽어서 기한 내에 송경(誦經)이 끝나면 함께 산을 떠나자고 약속하였다. 그런데 화엄경을 읽던 이는 기한 내에 마칠 수 있었으나 법화경을 읽던 이는 한 권도 채 읽지 못하였다. 화엄 스님이 법화 스님에게 다른 한 부 가운데 관세계품(觀世界品)만 읽으라고 권하였다. 법화 스님이 그의 권고에 따라 주야를 불문하고 지극 정성으로 외웠지만 며칠이 지나도 겨우 절반 가량밖에 깨닫지 못하였다. 이것을 안 화엄 스님은 관세음경이 읽기 어렵다고 투덜대면서 만약 사흘 내로 다 읽지 못하면 기한도 차고 양식도 떨어지므로 법화 스님을 두고 혼자 떠나겠다고 했다. 법화 스님은 정성을 다하여 마침내 낭송을 끝냈다. 이튿날 아침 화엄 스님이 다시 독촉하러 와서 관세음경의 어려움을 원망하면서 법화 스님을 두고 산을 내려가겠다고 했다. 법화 스님은 관세음경의 낭송을 마쳤다고 알려주었다. 그리하여 두 사람이 선 자리에서 시험을 치르기로 하였다. 화엄 스님은 과연 40권짜리 화엄경을 하나도 빠짐없이 줄줄 내리외웠다. 그런데 법화 스님이 외우기 시작하자 공중에서 꽃비가 내려 도실은 꽃송이로 가득 찼고 향기는 온 골짜기에 퍼졌으며 서기가 온 하늘을 덮어 이루 헤아릴 수 없었다. 놀란 화엄 스님이 그제야 깨닫고 급히 땅에 엎드려 피가 흐르도록 머리를 조아리며 잘못을 뉘우치고 참회를 한 다음 작별을 고하였다. 법화 스님이 만류를 하면서 "한 늙은이가 점심 때가 되면 늘 밥을 날라 오니 그대는 잠깐 기다려 주시오" 라고 하였다. 그러나 아무리 기다려도 늙은이의 모습은 그림자조차 보이지 않으므로 화엄 스님은 그대로 떠났다. 그런데 법화 스님이 물을 길러 갔더니, 그 늙은이가 먹을 밥을 가진 채 숲속에 숨어 있었다. 너무나 이상하여 법화 스님이 "저의 친구가 마침 왔기에 함께 요기를 하고자 하였는데 무슨 일로 여기에 숨어 나오지 않았습니까." 라고 물었더니 늙은이가 "그 사람이 나를 그토록 경시하는데 어떻게 참고 만날 수 있겠소" 라고 대답을 하였다. 법화 스님이 이 말을 듣고서 그제야 늙은이가 바로 관세음보살의 화신임을 알고 땅에 넙죽 엎드려 지성어린 인사를 올렸다. 인사를 마치고 고개를 드니 늙은이와 음식은 어디로 갔는지 알 수 없었다.」

이 글에서 늙은이가 관세음보살의 화신이라고 언급하고 있다. 늘 밥을 차려오던 늙은이는 노구이다. 노구는 항상 해안가에서 좌정해 있던 관음보살이었는데, 노구로 응신하여 수행자들을 돕고 있었다. 중국 월주에서도 해안에 거처하는 노구는 관세음보살임을 알 수 있다. 월주(越州)는 현재의 항주(杭州) 일대를 말한다. 항주지방의 해안가는 백제시대부터 관음성지였다. 발정이 관음도실에서 귀국할 날을 기다리고 있었다는 점에서 관음도실이 해안에 위치한 관음성지였음을 알 수 있으며, 백제와 월주의 해상항로가 개통되었음을 알 수 있다. 발정이 응험하였다는 것은 법화경을 외우는 수도자가 관세음보문품을 외우기 시작하자 공중에서 온갖 화향(花香)이 내려와 도실 안에 꽃이 넘치고 향기가 골짜기에 퍼지며, 상서로운 기운이 하늘에 가득 찬 관음보살이 세계를 경험한 이야기, 즉 위와 같은 관음응험의 이야기를 들은 것이다.

발정이 관음응험했던 월주의 계산은 관세음보살이 금강보좌에 결가부좌하고 무량의 보살에게 둘러싸여 공경을 받으며 대자비경을 중생들에게 연설하는 관음성지로서 광명산(光明山)으로 추정되는 곳이다. 보타락가산이 월주의 계산(界山)이다. 또한 관세음보살이 주처하는 남방의 광명산은 보타락가산이라고 『화엄경』에 기록되어 있다. 보타락가산은 보타도와 락가산의 지명을 합성한 것으로 관음신앙을 구도하려는

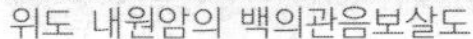
위도 내원암의 백의관음보살도

내소사 대웅보전의 백의관음보살도

수행자들이 이곳에서 법화경을 독송하고 수행하는 성지였다. 이곳이 관음성지로서 발달할 수 있었던 것은 중국 동남부 맨 끄트머리에 위치한 해상교통의 중심지라는 지리적 조건이 가장 큰 요인이었을 것이다.

역사 속에서 사신이건 상인이건 바다를 무대로 활동하는 사람들에게 관음신앙은 절대적이었다. 배가 폭풍과 풍랑을 만나 침몰위기에 처했을 때 관음보살이 구원자토 등장하였다. 이런 이유로 그들은 바다 위에서 관음보살을 신봉하고 법화경을 독송할 수밖에 없었다. 『법화경』 보문품 제25 관세음보문품에 「백천만억 중생들이 금 · 은 · 유리 · 자거 · 마노 · 산호 · 진주 등의 보물을 구하기 위하여 큰 바다에 들어갔을 때 설사 폭풍이 불어 그 배가 아귀인 나찰들의 나라에 떠내려가게 되더라도, 그 가운데 한 사람이라도 관세음보살의 이름을 부르는 이가 있다면 이 사람들은 다 나찰들의 재난으로부터 벗어날 수 있느니라」라는 내용이 있다. 그러므로 보타락가산에 왕래하는 사신단과 상인 · 불교수행자들이 관세음보문품을 신봉하고 독송하면서 거친 파도와 풍랑을 극복하여 안전항해를 할 수 있다고 믿었을 것이며, 이로 인하여 보타락가산은 관음성지로 널리 소문이 났던 것으로 보인다. 발정이 귀국하기 전에 보타락가산을 찾아간 것도 그 때문이었으리라 본다.

발정의 관세음응험기는 6세기에 백제 웅진과 중국 항주(越州) 사이에 해상항로가 개설되었음을 말해준다. 백제승 발정을 태운 귀국선은 항주만의 보타락가산을 떠나 사단항로를 택하여 군산만으로 들어와 격포해문(格浦海門)을 경유하여 금강을 거슬러 올라가 공주로 기착하였다고 본다. 이 해로를 동중국해 사단항로라고 한다. 이 항로는 크게 보면 항주만에서 출발하는데 항구는 영파의 보타락가산 뿐만 아니라 항주의 염해현 등 다양하다. 발정이 귀국길에 들렀다는 월주 계산(越州界山)은 영파에 위치한 보타락가산을 가리키는 것으로 보이며, 항주만 안쪽에 위치한 염해에서 승려들이 귀국길에 오르기도 하였다.

동진의 마라난타가 중국에서 건너와 영광 법성포로 들어온 해상루트도 이 사단항로를 이용하였을 것이며, 항주만 일대에서 출발한 배들은 사단항로를 통하여 영광·고창·부안·군산방향으로 들어왔다고 본다. 마라난타가 법성포로 들어와 불갑사를 세웠듯이 혜구두타는 변산반도로 들어와 내소사를 창건한 것으로 본다. 지금은 간척사업으로 내소사의 해양지리적 환경을 찾아볼 수 없지만, 옛날에는 내소사 앞마을까지 바닷물이 들어왔으며, 관음봉을 주산으로 하는 내소사는 보타락가산의 관음성지와 비교하여 부족함이 없는 곳이다.

월주 계산에 비견될 수 있는 관음성지를 한반도 서남해에서 꼽는다면 변산반도 내소사 및 죽막동 일대라 할 수 있다. 부안 내소사도 백제시대부터 관음성지였으며, 죽막동 해양 제사유적에는 백의관음신앙이 깊게 스며있다고 본다.

5. 후백제시대의 관음신앙

후백제 사료 가운데 법화경을 신봉하고 관음신앙이 성행하였다는 기록은 없다. 앞에서 언급한 발정 외에도 『삼국유사』 「혜현구정」에 승려 혜현(惠現)이 수덕사에 머물면서 법화경을 독송하는 것을 업으로 삼아 복을 빌어 감응이 많았다는 내용이 있다. 혜현의 입적 나이가 정관(627~649) 초라 하니 백제 무왕대의 인물이었음을 알 수 있다. 백제의 관음신앙은 말기에는 상당히 융성하였던 것으로 보인다. 그리고 발정의 월주 관음도실 관람기에 관세음보살이 노구로 응신하는 현상을 죽막동 제사유적과 수성당 관음연기설화에서 찾아볼 수 있다. 이로써 왕실불교 뿐만 아니라 민간에서도 관음신앙을 신봉한 것을 알 수 있다. 이러한 사실은 6~7세기경에 조상된 것으로 추정하는 충남 서산 마애삼존불을 통해서도 확인해볼 수 있다. 서산 마애삼존불은 석가여래를 주존으로 하여 관음과 미륵이 좌우 협시불로 조상되어 있는데, 이로써 백제사회에서 현세구복적 신앙과 미래지향적인 미륵신앙이 동시에 신봉되고 있었음을 알 수 있게 한다. 혜현이 머물렀던 수덕사와 충남 서산은 같은 불교문화권이므로 백제 왕실과 귀족층 그리고 서민에 이르기까지 사회 전반에 관음신앙이 퍼져 있었던 것으로 볼 수 있다.

백제가 망하고 통일신라 때에 대중국 외교활동이 더욱 활발해지고, 당나라로 건너가는 사신과 상인 · 유학생들이 많아서 해상항로도 다양해졌으며, 안전한 항해를 위해 관음상을 싣고 오거나 법화경 관세음보문품을 독송하거나 관음을 신봉하는 자가 많았다. 통일신라시대 대표적인 관음 신봉자는 의상대사이다. 의상대사는 문무왕 12년(672)에 중국 보타락가산의 관음신앙을 신라에 전한 인물이다. 의상대사는 보타락가산의 관음신앙을 직수입하여 양양 낙산사를 창건하였고, 그곳의 관음굴에서 관음을 친견하고자 기도하였다는 기록이 『삼국유사』에 등장하고 있다. 낙산사(洛山寺)의 사찰명도 보타락가산에서 따온 것이다. 보타락가산과 변산반도를 잇는 사단항로를 따라 해양계 관음신앙이 더욱 확산되었는데, 백제문화권에서 이러한 관음신앙은 후백제시대까지 지속되었다고 해도 틀림없다. 후백제의 관음신앙에 대해서는 국내 사료보다는 중국의 자료에 의존할 수밖에 없다. 고려에 사신으로 온 서긍이 기록한 『선화봉사고려도경(宣和奉使高麗圖經)』에는 나말여초 후백제와 교류를 하였던 오월국과 보타락가산 관음신앙이 관련된 사실이 있다. 『선화봉사고려도경』 34 매잠편(梅岑編) 자료로 후백제 관음신앙의 일면을 살펴볼 수 있다.

> 매잠의 산기슭에는 양(梁) 무제(武帝, 502~549)가 세운 보타원(寶陀院)이 있고, 그 대웅전에는 영감한 관음상(觀音像)이 모셔져 있다. 옛날 신라 상인들이 오대산에

가서 관음상을 조각하여 신라로 가지고 가려고 바다에 이르러 나아갔으나 우연히 암초에 걸려 배가 나가지 못하자 돌아와 암초 위에 관음상을 안치하였다. 보타원 승려 종악(宗岳)은 관음을 대웅전으로 맞이하여 모셔놓았다. 그 후로 바다에서 육지에 배를 대고 왕래하는 사람들은 반드시 참배하여 복을 빌면 감응하지 않음이 없었다. 오월국(吳越國, 907~978) 전씨(錢氏)는 그 관음상을 성 안에 있는 개원사(開元寺)로 옮기었다. 지금 매잠에 봉안해놓은 관음상은 후에 새롭게 만든 것이다.(其深巖中有肅梁所建寶陀院殿有靈感觀音昔新羅賈人往五臺刻其像欲載歸其國?出海遇焦舟膠不進乃還置像於焦上院僧宗岳者迎奉於殿自後海泊往來必詣祈福無不感應吳越錢氏移其像於城中開元寺今梅岺所尊奉卽後來所作也)

이 『고려도경』의 관음신앙 기록에는 양 무제(502~549)와 오월국(907~978) 전씨가 등장하고 있다. 중국 불교사에서 관음신앙이 양나라에서 오월국으로 옮겨간 것을 알려주는 부분이다. 이 시기를 백제시대에 적용하면, 백제 무령왕대부터 후백제시대까지이다. 백제승 발정이 양 무제 재위기간에 다녀갔는데, 이 기간에 백제가 양나라에 사신을 보내어 남조 불교를 받아들였고, 이러한 해양계 관음신앙은 당시 종교의 한 축을 이루고 있었다. 신라시대 상인들이 오대산에서 조상한 관음상을 가져오려 했던 것은 백제시대 이후 통일신라기까지도 매잠 보타산의 관음성지가 알려졌으며, 이 사단항로를 통하여 국제교역이 크게 융성하였음을 알 수 있다. 그 이후 지금도 관음상을 실은 신라상선이 걸린 암초를 '신라초'라고 부르고 있다. 이처럼 영험한 관음상을 오월국

(吳越國)의 전씨(錢氏)가 개원사로 옮긴 것은 후백제시대까지 매잠이 관음성지로 명성을 떨치고 있었음을 말해주는 대목이다.

백제시대 발정을 태운 사신선이 매잠의 보타산으로 갔고, 후백제에서 보낸 사신선도 항주만 영파에 세운 오월국을 오간 것으로 보인다. 영파에 주산군도가 있고, 매잠은 그 동쪽에 있는 해안가에 위치한 산이다. 이 사단항로를 오고 간 백제 및 후백제의 사신들은 보타원에 가서 참배를 하였고, 해상의 안전항로를 기원하였을 것이다. 이는 모두가 관세음보살의 영험을 신봉하였기 때문으로 본다. 오월국의 전씨가 그 관음상을 성안으로 가져다가 개원사에 옮겨진 것도 그만큼 관세음보살상의 응험이 컸기 때문으로 이해된다. 관음상을 가져간 것은 전씨가(錢氏家) 5명의 왕 가운데 하나이다.

위의 사료는 『선화봉사고려도경』(1124년)에 실린 내용이다. 이 책보다 145년이나 뒤늦게 편찬된 『불조통기』(1269)에는 858년 일본승 혜악(惠鍔)과 신라 상인들이 보타산 관음상의 영험함을 체험하였던 것과 흡사한 관음응험을 체험하는 내용을 기록하고 있다.

전체적인 맥락을 살피건대, 관세음응험담에서 신라 상인이 일본승 혜악으로 바뀌었을 뿐이다. 혜악은 839년 신라선에 편승하여 초주(楚州) 신라방(新羅坊)을 거쳐 오대산을 순례하고 다시 천태산까지 왕래한 승려로서, 신라 상인들에게 보타산 관세음응험담을 들었고, 신라 상인에게 들은 그 응험담을 되살려 『불조통기』에 수록한 것으로 추정된다. 개원사로 옮긴 주체가 오월국의 전씨인데, 혜악의 자료에는 이 내용이 빠져 있다.

양 무제가 세운 보타원은 보타산 조음동(潮音洞)에 있는 불긍거관음원(不肯去觀音院)으로 파악되며, 불긍거 관음원 앞바다 오른쪽에는 신라초(新羅礁)라는 조그만 바위섬이 있다. 중국 최대의 관음성지인 보타락가산은 남인도의 malabal에 있다고 전하는 malaya산중의 보타락가(補陀落迦, potalaka)에서 비롯되었다고 하는데, 중국 매잠에서는 보타산(寶陀山)과 락가산(洛迦山)을 합쳐서 부르는 명칭이다. 한반도 서남부에 근거했던 나라인 백제와 후백제는 보타락가산과 연결되는 사단항로를 이용하였고, 이를 통해 사신 교환과 문물교류를 하는 사이, 자연스럽게 관음신앙을 받아들이게 되었다.

고대사회의 해상활동은 국가 차원에서 사신선을 보내고, 민간 차원에서 상인들이 무역을 주도하는 방식이었으며 원양어선은 없었던 것으로 본다. 그리하여 해신은 용왕신보다는 백의관음신앙이 주류를 이루었다고 할 수 있다. 특히 통일신라기 상인들은 중국 천주와 등주를 중심으로 아라비아 상인들과도 교역을 하고 있었으니 생각보다 해상왕래가 빈번했다고 볼 수 있다. 상인들은 재화를 얻으려면 거친 파도와 풍랑을 극복하며 항해를 해야만 했으므로 관음상을 모시고 항해를 했을 것으로 보인다. 신라초 이야기는 통일신라 무역상들이 관음상을 배에 봉안하고 항해하였음을 입증해주는 것이라 하겠다.

백제시대에 개통된 사단항로는 통일신라기에도 그대로 활용되었으며, 사단항로의 최종 기착지는 보타락가산이었을 것이다. 양 무제가 보타원을 세운 사실에서 백제의 관음신앙은 보타락가산 계통이었으며, 발정도 그곳에서 출발하였다고 할 수 있다. 백제 무령왕 12년(512)과 성왕 12년(534)에 양(梁)에 사신을 보내 조공을 바치고 외교관계를 유지하면서 자연스럽게 보타락가산의 관음신앙을 백제에 들여온 것이다.

백제시대부터 이 사단항로의 바닷길을 오가면서 부안 죽막동 해양 제사터에서 해신제를 지냈고, 금강과 동진강과 만경강이 하나로 만나는 군산만을 통하여 금강을 거슬러 백제의 도읍인 공주·부여로 올라갔을 것이다. 후백제시대에도 이와 같은 해상항로를 따라 중국의 보타락가산을 오갔을 것이며, 이때는 군산만에서 만경강을 따라 후백제 도읍인 전주로 들어 왔다고 보면 된다. 군산만에서 연안항로를 따라 조금 위로 올라가면 태안마애삼존불을 만날 수 있다. 부안의 죽막동 제사유적이나 태안마애삼존불 역시 해안과 인접하여 해양계 관음신앙의 분포권에 속한다고 할 수 있다. 태안마애삼존불에 관음보살상이 등장하는 것도 백화산이 관음성지였음을 입증해준다. 백제시대부터 통일신라를 거쳐 후백제시대에 이르기까지 서해바다와 그 주변지역에서는 중국 보타락가산의 백의관음신앙이 지속적으로 신봉되었으며, 그러한 발자취들이 지금도 충청·전라지역의 해안에 남아 있다고 본다.

백제의 성인식

1. 성인식이란

청소년은 사춘기(思春期)라는 인생의 과정을 밟는다. 청소년은 아동기에서 이 시기를 거쳐서 청년기로 접어든다. 이 전환기에 성인식(成人式)을 치른다. 사춘기 청소년들은 육체적인 성숙과 사회적인 성숙이 눈에 띄게 나타난다. 즉 남성들은 수염과 음모가 나기 시작하고, 신체적으로 근육이 발달하고 골격이 성장하며, 성적 충동이 일어나기 시작한다. 여성들은 젖가슴이 부풀고, 골반이 커지고 월경이 시작되는 신체적 변화가 나타난다. 생리적 사춘기의 과정을 겪으며 남녀는 미소년에서 청소년으로 성장하게 된다. 이러한 시기에 청소년은 통과의례를 치르게 된다. 이 통과의례를 사춘기의례 또는 성인식이라고 부르기도 한다. 처녀들이 겪는 월경은 결혼하여 임신할 수 있게 되었음을 알리는 생리적 현상이다. 대체로 소녀들은 14세에서 15세 사이에 처음 월경을 경험한다. 여성들은 대개 초경을 겪은 후 자기가 성인이 되었다는 것을 행동으로 보여주기 시작한다.

15세에 이른 소년 · 소녀들은 부모의 보호를 받는 아동기에서 스스로 독립적인 생활을 할 수 있는 청년기로 전환하는 통과의례를 체험한다. 통과의례는 부모의 보호에서 벗어나 스스로 성인의 자격을 획득하는 성인식이기도 하다. 따라서 15세는 인생의 전환기이자 여성과 남성이 홀로서기 하는 시점이다. 예전에는 부모의 동의 없이 결혼을 할 수 있는 나이가 15세였고, 이 연령에 이르면 사회적으로 성인 취급을 해주었다. 조선시대 향촌사회에서 성인으로 인정받는 나이가 15세였다. 이러한 기준은 지금도 유효하다. 지금도 농촌사회에서 줄다리기를 할 때 15세 아래는 여자 편에 속하고, 그 이상의 나이는 남자 편에 속한다. 여자 편에 속한 아이들은 아직도 어머니 품에 있어야 한다는 것을 의미한다.

지금은 법적인 성인의 연령이 19세로 바뀌었지만, 전세계적으로 동서고금을 막론하고 성인식은 15세에 치러왔다. 15세의 성인은 법적 기준이라기보다 사회적 연령이다. 신체적인 성숙과 그에 따른 노동력의 인정이 성인의 기준이었다.

요즘의 성인식은 커다란 시련을 겪지 않는다. 그러나 예전에는 성인으로 인정받는 과정이 순탄치 않았다. 원시사회의 성인식으로는 혹독한 시련을 겪는 할례가 있다. 굳이 원시사회까지 올라가지 않는다 하더라도, 근래까지도 농촌에서는 15세에 이른 소년들은 들독을 들어 올려 성인으로 인정받는 풍속이 있었다. 들독의 무게는 80kg에서 120kg까지 다양하다. 들독을 들어 올린 집에서는 마을 주민들에게 진서턱을 내기도 했다. 아직도 15세 성인식의 전통은 곳곳에서 찾아볼 수 있다.

성인식(initiation)은 육체적 · 정신적 시련을 통과하여 성인의 자격을 획득하는 의식이다. 원시적인 성인식으로 보편화된 것은 할례의식이다. 할례는 원시사회의 여러 부족의 풍습인데 각 부족마다 할례의 방식이 다르다. 할례는 원시사회의 종교적 관습에서 비롯되었지만, 오늘날에도 특정 종교단체에서는 이 전통을 고수하기도 한다. 할례는 남녀 모두 생식기에 시술하는 할례(circumcision)가 대표적이다. 남자의 할례는 성기의 표피를 도려내는 포경수술을 하는 것이고, 여자의 할례는 음핵을 제거하는 시술을 하는 것이다. 현대사회에서는 성인 연령에 이른 여자들의 음핵 제거 시술은 없어졌지만, 남자들의 포경시술은 의료행위로 전환되어 존재하고 있다.

할례는 생식기 시술만 하는 것은 아니다. 송곳니 발치 · 문신 새기기 · 콧구멍 뚫기 · 귓구멍 내기 · 피부에 상처내기 등 다양한 신체변공의 유형이 있다. 할례는 원시사회 성인식의 관습이다. 성인의 연령에 이른 소년들은 자발적으로 할례를 받아들인다. 할례의 육체적 고통은 사회적 성인으로 인정받는 절차이기에 회피하지 않는다. 성인식을 치르지 않은 남자는 사회집단의 구성원으로 인정받지 못하거나, 여자는 결혼할 수 없는 사람으로 낙인이 찍힐 수 있기에 기꺼이 할례에 응하고, 그 육체적 시련과 고통을 참고 이겨낸다. 성인식에 할례가 전제되는 것은 아니지만, 할례를 수반하는 것이 원시사회의 전통적 관행이다. 성인식은 부족마다 다르고, 종교적 관행과 생업 환경에 따라 다르다.

2. 마한의 성인식

마한의 역사에 할례 기록이 보인다.『삼국지』위지 동이전 한전에는 마한의 소국 사회에서 연소자들이 집단적으로 할례의식을 거행하는 모습이다.

(가) 나라에 일이 있어 관가에서 성곽을 축조하는데, 용감하고 건장한 여러 소년들이 모두 등가죽에 구멍을 뚫고 굵은 끈으로 꿰었다. 또 사내들은 길다란 목삽을 들고 하루 종일 환호하며 일하는데, 고통스러워하지 않았다. 이미 농사일을 권장하였고 또 건장해야 한다고 여겼다.(其國中有所爲及官家使築城郭諸年少勇健者皆鑿脊皮以大繩貫之又以丈許木鍤通日嚾呼作力不以爲痛旣以勸作且以爲健)

(나) 그 사람들은 씩씩하고 용감하며 소년들이 집짓는 일을 하고 있었다. 일하는 자들은 끈으로 등가죽을 꿰어서 나무에 메어놓고 환호를 지르는데 건장해 보였다(其人壯勇 少年有築室 作有者 輒以繩貫脊皮 縋以大木 歡呼爲建).

(가)는『삼국지』위지 동이전 한전 자료이며, (나)는『후한서』동이전 한전 자료다. 두 사서는 마한의 역사를 기록한 중국의 관찬사서이다. 이 사료는 해석상 할례의 내용을 기술하고 있다. 내용인 즉, 집단적인 소년들의 등가죽에 구멍을 내고 끈으로 연결하였다는 내용과 소년들이 하루 종일 힘껏 일을 하면서도 고통스러워하지 않았다는 이야기이다.

농경사회에서 노동행위로써 성인식을 치르는 광경을 비교적 상세하게 기술하고 있다.

이러한 할례를 난절(亂切)이라 부른다. 난절은 신체의 일부인 귀·코 등 얼굴 부위와 배·등·팔에 부족집단을 상징하는 상처를 내는 방식이다. 마한사회에서는 등가죽을 꿰뚫어 끈으로 연결한 다음 노작행위를 하는 농경의례적 성격의 성인식을 행한 것이다. 마한의 성인식은 농업사회의 전통을 유지하는 관습으로 소국 단위로 소년들이 집단적으로 농경의례를 거행하는 방식이었다. 마한에서는 할례와 성인식을 동일시한 듯하다. 성인식의 연령을 알려주는 기록은 없지만, 소년들이 15세에 이르렀을 때 국가가 주도하는 성곽 축조에 동원되고 있다는 사실에 주목할 필요가 있다. 소년들이 국가 토목사업에 동원되어 노동을 수행함으로써 사회적으로 인정받는 방식의 성인식을 치렀던 것으로 보인다.

마한사회의 할례 방식은 집단적이고 농경의례적인 성격이 강하다. 성인식의 기록은 마한 시대에 노동력 동원체제로서 두레가 존재하였을 가능성을 시사한다. 고대사회의 노동력 동원 체제는 고인돌 사회의 전통이었던 것으로 보인다. 이러한 노동력은 국가가 주도하는 성곽축조에 동원되었던 것이다. 이와 같은 국가적 노동력은 오늘날 농촌의 두레조직에서 그 잔형을 찾아볼 수 있다. 농촌의 두레조직은 대체로 15세 이상의 소년들로서, 노동력을 인정받아 마을의 공동 노동행위인 두레농사에 참여하고 있다.

두레에 가입하는 청소년들은 등가죽에 긴 노끈을 꿰는 방식이 아닌

인도네시아 청년이 들독들기를 하는 장면

전북 진안지방에서 발견된 성혈이 새겨진 들독

들독들기 방식을 통해서 노동력을 인정받는다. 들독은 쌀 한 가마니 정도의 무게를 가진 둥근 돌이다. 이 둥근 돌을 가슴으로 품어서 들어올리는 방식으로 들독들기를 한다. 둥근 돌의 이름에는 소동돌 · 진서돌 · 장사돌 등이 있는데, 소동돌은 어린 아이들이 들고 진서돌은 15세에 이른 소년들이 드는 돌이다. 진서돌을 들어올린 소년의 부모는 두레꾼들에게 진서턱을 내는 잔치를 벌이는 관행이 있다.

'들독'은 둥근돌을 들어올리는 방식에서 붙여진 이름이다. 소년들은 들독을 들어올리는 시험을 통과해야만 두레에 가입할 수 있다. 들독들기는 미소년들이 농사지을 수 있는 능력을 가졌는지 힘쓰기(作力)를 테스트하는 방식이다. 이러한 들독들기 민속은 언제부터 시작된 관행인지 알 수 없다. 마한의 성인식 기록에는 들독(擧石)에 관한 기록이 보이지 않는다. 마한시대에 할례를 치르는 원시사회의 전통이 고대국가의 문명사회로 전환되면서 들독들기로 바뀌었을 가능성이 있다. 들독들기는 우리나라만의 전통적 관습이 아니다. 동아시아에서 벼농사를 짓는 종족사회에서는 아직도 들독들기의 관행이 곳곳에 행해지고 있다.

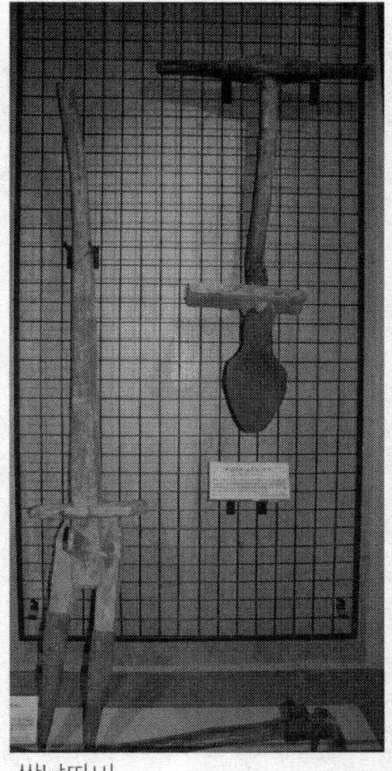
쌍날따비

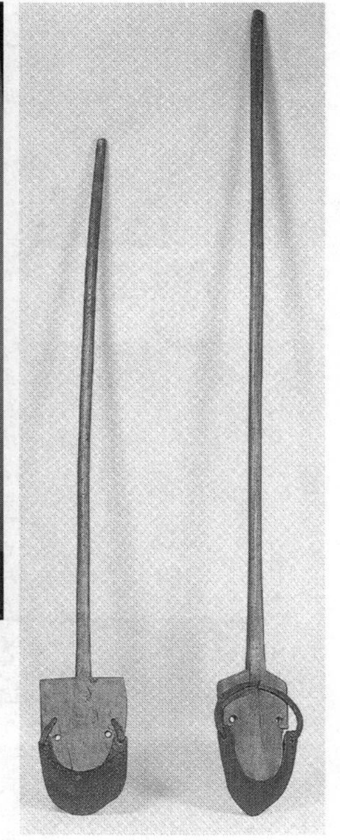
목삽에 쇠날을 낀 가래

마한의 할례는 소년들이 등가죽에 끈을 꿴 채 목삽(木鍤)을 들고 농사일을 하면서 환호하는 방식이다. 목삽은 긴 자루의 삽 형태인 가래를 말한다. 가래는 청동기시대의 따비에서 발전한 형태의 농기구로서, 가래의 삽 양쪽 구멍에 끈을 묶어서 다른 두 사람이 양쪽에서 잡아당기며 땅을 파서 흙을 던지는 농기구이다. 이 농기구는 혼자서 할 수 있는 것이 아니라 3명이 한 조를 이루어 땅을 팔 수 있는 공동노작의 농기구이다. 소로 논갈기를 하는 우경(牛耕)이 발달하기 이전에는

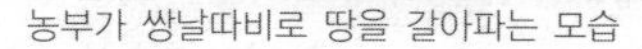

농부가 쌍날따비로 땅을 갈아파는 모습

농경문청동기 앞면

농경문청동기의 쌍날따비 농경그림

땅을 갈아엎는데 가래를 사용하였다. 가래농경은 마한사회의 농사짓기에서 집단적인 노동행위가 있었음을 말해준다. 농경문청동기에도 밭고랑에 선 경작자가 목삽을 들고 땅을 갈아엎는 모습을 보여주고 있다. 목삽농경의 역사는 청동기시대까지 거슬러 올라가는데, 백제지역인 부여의 궁남지와 서나성에서 6~7세기경에 해당하는 목삽이 다수 출토되었다. 따라서 그 중간 시기인 마한시대에 목삽으로 땅을 파서 농사짓기를 했던 모습을 쉽게 짐작할 수 있다.

따비는 밭농사를 짓는데 땅을 갈아파는 농기구이다. 농경문청동기에 농부가 쌍날따비를 가지고 밭고랑을 파는 모습을 볼 수 있다. 초기 철기시대 이후 백제시대에도 쌍날따비를 사용했던 것으로 본다. 외날따비나 쌍날따비는 도작농경에 걸맞는 방식의 농기구로 변모하였으며, 목삽에 U자형 말굽쇠를 달아서 사용하는 방식으로 변모하고, 그 이후에 소가 이끄는 논갈이법이 발달하면서 쇠말굽 목삽이 쟁기로 발전했다고 본다.

마한의 농경민속은『삼국지』위지 동이전 한전에 등장한다. 마한의 농경의례는 5월에 논에 씨뿌리기를 한 후 풍농을 기원하는 제천의식을 갖고 10월에 농사짓기를 끝낸 뒤에도 추수감사의 제천의식을 치르는 방식이었다. 5월 파종과 10월 추수는 마한에서 도작농경 의례가 보편화되었음을 의미한다. 마한 사회에서는 도작문화에 필요한 농기구가 개량되어 있었고, 가래가 초기 도작농경의 농기구로 사용된 것으로 보인다. 농기구와 더불어 도작농경에 필요한 요건이 노동력이다. 농업생산력의 증대는 노동력 동원 체제의 요구였을 것이며, 이러한 국가적 과제를 해결하는데 청소년이 노동력으로 동원되는 관행이 발생했다고 볼 수 있다. 이러한 노동력 동원 체제가 오늘날 두레조직이라고 말 할 수는 없지만 유사성은 있다. 두레 조직은 농민들의 자율적 조직이지만, 마한의 노동력은 국가의 건축 및 토목사업에 동원되는 공적인 노동력이라는 차이가 있다.

3. 백제의 군역과 15세의 의미

이와 같은 마한의 노동력 동원체계가 백제사회에도 그대로 계승되었다고 본다. 다음은 『삼국사기』에 등장하는 백제의 노동력 동원체계의 내용이다.

· 온조왕 41년 2월에 한수(漢水) 동북지역의 여러 부락 사람 15세 이상을 징발하여 위례성을 수축하였다(溫祚王41年2月發漢水東北諸部落人年十五歲以上 修營慰禮城).
· 진사왕 2년 봄에 나라에서 15세 이상을 징발하여 관방을 설치하였는데, 청목령에서 시작하여 북쪽으로는 팔곤 지역에 이르고 서쪽으로는 바다에 이르렀다(辰斯王二年 春 發國內人年十五歲以上 設關防 自青木嶺 北距八坤城西至於海).
· 전지왕 13년 가을 칠월에 동북 2부 사람 15세 이상을 징발하여 사구성을 수축하였고 병관좌평 해구로 하여금 노역을 감독케 했다(腆支王13年 秋 七月東北二部人年十五已上 築沙口城 使兵官佐平解丘監役).
· 동성왕 12년 가을 칠월에 북부 사람 15세 이상을 징발하여 사현과 이산 두 성을 수축하였다(東城王12年 秋七月 徵北部人年十五歲已上 築沙峴・耳山二城)
· 무령왕 23년 2월에 왕이 친히 한성에 가서 좌평 인우, 달솔 사조 등에게 명하여 한수 이북 주군의 백성 15세 이상을 징발하여 쌍현성을 쌓았다.

위의 사료를 분석하면 다음과 같다.

우선, 15세 이상의 청소년들이 징발의 대상이라는 점이다. 백제는 온조왕부터 노동력을 징발하는데, 15세 이상을 가이드라인으로 정하여 남성을 징발하는 관습이 있었다. 온조왕 41년이면 백제가 건국한 지 59년이 되는 해이다. 이 시기는 백제가 한강유역의 위례성을 중심으로 백제국의 기틀을 잡아가던 시기인데 국가차원에서 노동력을 동원하는 체제가 성립되어 있었다. 온조왕은 A.D. 6년에 마한에 사신을 보내어 북으로 패하, 남으로 웅천, 서로는 대해, 동으로 주양(走壤)에 이르는 영토를 획정하였음을 통보하고 있다. 이에 대응하여 마한왕은 백제에 사신을 파견하여 "온조왕이 처음 패하를 건너와 발붙일 곳이 없을 때에 동북 1백 리를 떼어 안거하게 하였다"고 강변하고 있다. 백제는 온조왕 14년에 남쪽의 웅천을 접경하여 마한국과 대립적 관계에 있었지만, 온조왕이 처음 한강유역에 당도하였을 때는 마한 왕이 동북 1백 리의 땅을 내주어 그곳에서 백제가 성장하였음을 알 수 있다.

온조왕대에 15세 이상의 남자 노동력을 징발한 관행이 마한의 전통이었는지 백제의 새로운 관습이었는지를 검증할 만한 기록은 없다. 그러나 마한 사회의 할례의식은 백제시대에 소멸되었지만 성인식의 전통은 유지되었다고 본다. 백제가 처음 한강 유역에 들어왔을 때 마한의 땅을 제공받아 도읍을 정하면서 마한의 전통민속 가운데 성인식을 그대로 받아들인 것으로 보인다. 『삼국지』 위지 동이전 한전에는 성인식의 광경을 기술하면서도 연령에 대한 언급은 없는데, 『삼국사기』 백제본기 기록에는 15세 이상의 젊은이를 징발하였다는 기록이 있다. 전세계적으로 가장 보편적인 성인식의 기준 연령이 15세이다. 마한에서도 15세에 성인식을 치른 것으로 보인다.

둘째, 한수 동북 이부(二部) 중심의 백제인이라는 점이다. 15세 이상의 노동력 징발은 백제 주민 전체를 대상으로 한 것이 아니라 한수 동북지역 이부 중심의 백제인으로 한정했다는 특징이 있다. 백제가 무령왕 23(523)년까지 약 500여 년 간 주로 동북지역의 15세 이상의 노동력을 징발하고 있다. 『삼국사기』 백제본기를 보면 온조왕 31년에 처음 남부와 북부를 만들고, 곧이어 33년에 동부와 서부를 만들었다. 이렇게 해서 온조왕대에 오행설에 따라 한성을 중심으로 4부를 설치하였다. 온조왕대에 말갈과 낙랑이 빈번하게 침략해오는 동북지역에 성곽을 쌓아 방어선을 치고자 주로 동북지역의 인력을 동원했음을 짐작할 수 있다. 그러나 5백여 년 간 한결같이 동북지역 주민들만 성곽 축조의 노동력으로 징발하였다는 것은 이해가 가지 않는다. 15세 이상의 남자노동력이 백제의 동북지역에서 지속적으로 징발되었다면, 이곳은 낙랑·말갈 및 고구려와 끊임없이 대립전선을 펼친 접경지역의 군사적 요충지였기 때문이었으리라.

그런데 백제의 4부 가운데 주로 동부와 북부 사람들만 노동력으로 징발되었지, 남부와 서부 사람들이 노동력으로 동원되었는지에 대한 기록은 없다. 백제의 남부와 서부는 마한과의 접경지대였고, 동·북부는 낙랑·말갈과 대립전선을 구축하고 있지만, 남부와 서부에서 노동력을 징발하여 축성하였다는 기록은 없다. 그렇다면 남부와 서부에는 노동력으로 징발할 주민들이 살고 있지 않거나 줄곧 남서 2부 주민들이 국경 침범 세력에 대응하여 스스로 강력한 방어선을 구축했다고 볼 수 있다. 백제는 낙랑과 말갈의 공격에 대비하여 한강 이북지역에 산성을 집중적으로 구축하는 국가적 토목사업을 추진했다고 본다. 그럼 왜 백제시대 내내 동·북부 사람들만 징발하였을까. 그 배경에는 동북 2부 거주민들의 신분과도 관계가 있는 게 아닌가 한다. 백제가 공주로 천도한 이후 동성왕 12년, 무령왕 23년에도 북부의 15세 이상의 노동력을 징발하여 사현성과 이산성을 축성하고 있다. 사현성은 공주 북쪽에 위치한 광정산성으로 추정하고 있다. 이러한 사실에서 동북 이부의 주민들이 동북지역의 국방 외에 한강 이남 공주지역까지 동원된 것을 알 수 있다.

이 지역은 말갈과 낙랑에서 편입시킨 주민들과 미추홀에 정착한 비류세력들이 주축을 이루고 있었던 것으로 보인다. 비류집단은 한강 북쪽, 임진강 남쪽을 주 무대로 세력을 유지하였다면, 온조 집단은 한강 남쪽 위례성에 도읍을 정하고, 서·남 2부도 위례성 남쪽에 배치되어 있었다. 이와 같이 동·북 이부와 서·남 2부는 주민 구성에 차이가 있었다. 백제는 정책적으로 낙랑·말갈계 주민과 백제에 복속된 잡다한 변방 세력들을 국방 인력으로 충당하고자 동북 2부에 집중 배치하는 사민정책을 취하였던 것으로 보인다. 백제의 사민정책으로 동북 2부의 주민들은 국방을 전담하는 특수집단이 되었을 가능성이 있다. 말갈 및 고구려와의 접경지가 아닌, 서부와 남부의 주민들이 부역에 동원되지 않은 반면, 동부와 북부 주민들이 군역과 부역을 전담하는 모습은 집단의 특

수성으로 이해할 수밖에 없다.

셋째, 15세 노동력이 성곽 · 관방시설 등 국가 토목사업에 징발되었다는 점이다. 동북 2부 지역의 노동력은 성곽 · 관방을 구축하는 토목사업에 징발되고 전시상태에서는 국방 인력으로 동원된 것으로 본다. 낙랑 · 말갈과 고구려에 대해 상시적 대치 상태에 있었던 동북 이부 주민들은 사실상 전사 집단과 같은 역할을 수행한 것으로 보인다. 백제에서 15세의 남성들을 징발하여 국방의무를 부여한 것이나, 원시사회에서 할례의 성인식을 통과한 자에게 전사의 자격을 부여한 것이 유사하다. 그러나 마한에서는 성인식을 치른 청소년에게 전사를 활용한 것이 아니라 농경의례에 참여시키고 있지만, 백제에서는 성인의 기준연령인 15세에 이른 자를 전사로 취급하여 국방의 책무를 부여하는 차이가 있다. 원시사회의 성인식은 비밀결사체에 가입시키거나 전사의 책임을 부여하는 사례가 있다. 백제에서도 15세의 남자에게 군역의 의무를 부여한 것은 원시사회의 유풍이라 할 수 있다.

우리나라의 군대도 일종의 비밀결사체 또는 전사집단이라고 할 수 있다. 백제에서도 15세에 성인식을 치른 후에 국방인력으로 징발하였다고 본다. 동북지역의 주민들은 정상적으로 일상생활을 하면서 유사시에 군사력으로 대체되는 준군사집단이었을 가능성이 있다. 이러한 사실은 전지왕 13년에 15세 이상의 동 · 북 이부 사람들을 사구성 축조에 징발하였는데, 병관좌평 해구가 성곽축조를 감독하였다는 데서 알 수 있다. 병관좌평은 위사좌평과 함께 국방업무를 관장하는 국가 최고급

관리이다. 백제의 5좌평 가운데 병관좌평의 관등이 있다. 병관좌평의 군역 감독은 백제 정부가 그만큼 동 · 북 2부 지역의 방위시설에 역점을 두었다는 뜻이다. 동북지역의 15세 이상의 남자들은 성곽 · 관방시설을 수축하고 말갈 · 낙랑 등 북방세력과 전쟁을 치르는 전사의 역할도 수행했다고 본다.

이러한 사실은 신라 화랑도의 예를 통해 짐작할 수 있다. 신라시대 진골귀족의 자제들이 가입하였던 화랑도는 국방의무를 가진 전사집단이었다. 화랑도의 청년조직은 신라에만 존재하였는데, 가입하는 나이가 15세이다. 화랑으로 명성을 떨친 김유신과 관창과 사다함 모두가 15세에서 18세 사이에 화랑도에 가입하고 있다. 화랑도들은 국가에서 인재양성을 목적으로 15세에 이른 남자들을 화랑 조직에 가입시켜 신분을 얻게 한 것이다. 화랑도의 연령을 15세로 정한 것은 진한 사회의 성인식 관행을 승계한 것으로 볼 수 있겠으나, 『삼국지』 위지 동이전 진한전에는 성인식의 기록이 등장하지 않고 있다.

그러나 백제와 신라가 모두 15세 이상 남자를 징발하여 국방의 전사로 활용하거나 성곽 구축에 동원한 사실은 삼한 사회에 성인식의 전통과 함께 국가 관리의 노동력 징발 시스템이 존재한 것을 짐작케 한다. 백제와 신라에서는 15세 남자들을 국가 주도의 국방 인력으로 징발하고 있지만, 할례의식은 보이지 않는다. 마한의 할례 관습이 소국단위의 농경의례에서 행해진 민간 주도의 성인식이었다면, 이러한 전통이 백제 시대에는 15세 이상의 청소년을 국방과 토목사업에 징발하는 관행으로 바뀌었다고 본다. 즉, 마한시대의 할례의식은 소멸되고 백제시대에는 15세 이상의 남자를 국방인력으로 징발하는 국가제도로 차용하였던 것이다. 신라가 화랑제도로써 국방 인력의 징발을 제도화하였듯이, 백제도 15세 이상의 성인식을 치른 자들에게 국방의 의무를 부여하였다고 본다.

넷째, 국가가 노동력을 관리 운영하였다는 점이다. 백제 초기에는 왕권이 취약했던 관계로 부 체제를 도입하여 중앙권력에 지방세력을 편입시키는 통합정책을 취했다. 온조왕과 고이왕 시대에 왕의 좌우에 좌보와 우보라는 최고의 관직을 두었다. 온조왕과 다루왕은 말갈의 침입에 대비하고 왕권을 강화하려고 북부 출신의 해씨와 진씨, 동부출신의 걸씨와 같은 지방 세력을 좌보와 우보로 임명하였다. 말갈의 변경 침략으로 동·북 이부는 군사적 요충지가 되었고, 이곳의 군사집단에 좌보와 우보를 임명하여 지휘 임무를 맡겼던 것이다.

백제 정부는 동·북 이부의 주민들을 군사력 뿐만 아니라 부역에도 동원하였다. 그리하여 신라의 화랑도와 같이, 15세 이상 남성 노동력이 국방과 국가적 토목사업에 징발되어 군역을 담당케 하였으며, 이러한 제도는 500여 년 간 지속되었다. 백제의 군사제도가 징병제인지 모병제인지 분명한 기록은 없으나 15세에 성인식을 치른 남자들이 성인의 자격으로 군역(軍役)을 담당한 것은 분명하다.

백제의 상장례

1. 상장례의 의미

사람이 죽으면 일생을 마감하는 의례를 치른다. 이러한 죽음의례를 상장례(喪葬禮)라 한다. 사람이 태어나서 죽음에 이르기까지 일생 동안 삶의 과정에 의미를 부여하는 의례를 치르는 것은 지극히 중요한 의미를 가진다. 출산의례 · 관례 · 혼례 · 상례가 그것이다. 이처럼 사람이 살아가면서 일생 동안 겪어야 하는 의례를 관혼상제 또는 통과의례라고 한다. 관혼상제는 관례 · 혼례와 상례 · 제례를 하나로 묶어서 현세와 내세까지 연결시키는 한국인의 생사관을 보여주는 의례라 한다면, 통과의례는 인간이 살아가면서 반드시 통과해야 하는 관문이고 그 시점에서 치러야 하는 의례를 말한다.

상장례는 크게 나누어 빈염의례와 장송의례가 있다. 빈염의례는 시신을 염하여 빈하는 상례를 말하고, 장송의례는 빈의 기간을 마치고 시신을 매장하는 장례를 말한다. 빈염의례를 마친 후에 빈소가 마련되고 상객들을 맞이한다. 빈염의례는 산 자와 죽은 자가 영원히 분리되는 의례적 특성상 엄숙하고 슬프게 진행되는 종교적 특성이 있다. 지금은 염한 뒤 빈하는 기간이 극히 짧지만, 옛날에는 3년상을 치렀다.

장송의례는 시신을 상여에 싣고 장지로 가서 매장하는 절차와 과정이다. 이 과정에서 노제 · 천도제 · 씻김굿 · 오구굿 등과 같은 장송의례를 치르는데 이 과정에서 연희적 요소가 강하게 드러난다. 이러한 상장례는 인간의 역사와 함께 해왔다. 선사시대 상장례의 흔적은 무덤이다. 선사시대의 무덤은 신석기시대부터 등장한다. 무덤은 정착생활을 전제로 한다. 사람들이 한 곳에 모여 살면서 죽음을 맞이하면 상장례를 치

청동기시대의 고인돌 무덤

르고 무덤을 만들었다. 우리나라에서 가장 이른 시기의 무덤이라면 고인돌이다. 고인돌은 지석묘를 말한다. 청동기시대 장례방식으로는 지석묘와 석관묘가 성행하였고, 철기시대에는 옹관묘와 토광묘 등이 성행하였다. 이러한 무덤은 사람을 묻는 곽이나 관을 사용하였다. 종족마다 장례풍속이 다르겠지만, 우리나라의 보편적인 봉토분은 그 역사가 삼한시대까지 올라간다.

『삼국지』 위서 동이전 왜인전에 사람이 죽으면 관은 있으나 곽이 없으며, 흙으로 봉하여 둥근 무덤(其死有棺無槨 封土作冢)을 만들었다는 내용이 있다. 지금처럼 시신을 넣은 관을 묻고 봉분을 하는 무덤양식이 이미 철기시대에 행해진 장법이었음을 알 수 있다.

2. 빈렴의례

사람이 죽으면 시신을 묻지 않고 뼈만 묻는 장례풍속이 있다. 이러한 장법은 선사시대부터 등장하고 있다. 선사시대에 대표적인 무덤이 지석묘와 석관묘이다. 고인돌과 석관묘의 무덤방에는 폭 25㎝ 길이 70㎝ 정도 크기의 석곽이 발견되는 경우가 있다. 이 크기는 시신이 들어갈 수 없을 정도로 작은 무덤방이다. 이러한 무덤방은 이차장(二次葬) 또는 이중장제(二重葬制)의 석곽이라 할 수 있다. 이차장은 사람이 죽고 나면 곧바로 땅에 묻는 게 아니라 일정기간 빈(殯)을 한 후에 세골(洗骨)하여 다시 묻는 장법을 말한다. 1차와 2차로 나누어서 장례를 치른다 하여 이차장이라 하였다. 이러한 선사시대의 이차장 풍속이 삼국시대까지 그대로 이어졌다.

『삼국지』 위지 동이전 옥저에 "새로이 죽은 사람은 모두 가매장하였다. 복형으로 만들어 피육을 다하면 뼈를 취하여 곽 안에 두었다. 가족 모두가 하나의 곽을 사용하였다.(新死者皆假埋之才使覆形皮肉盡乃取骨置槨中擧家皆共一槨)"고 하여 세골장이 옥저에서 행해졌음을 알 수 있다. 옥저에서는 가매장하여 빈하는 풍속과 육탈 후에 뼈만 취하여 석곽에 넣는 이차장의 풍속이 있었다. 우리나라에 현전하는 이차장의 전통은 초분(草墳)이 유일하다. 현재 서남해안의 일부 도서지방에서 전승되는 초분이 세골장이라 할 수 있다. 초분은 시신이 든 목관을 짚과 풀로 엮어서 덮은 봉분 형태로, 3년 동안 상주집의 곁에 만들어 놓는 가매장의 무덤이다. 부모가 죽은 뒤 3년간 초분으로 가매장을 한 후에 육탈된 뼈를 취하여 깨끗하게 씻어서 다시 매장하는 풍속이 세골장(洗骨葬)이다.

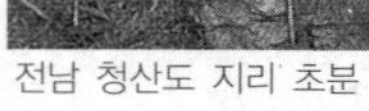

전남 청산도 지리 초분

초분은 빈(殯)하는 풍속에서 기인하는 것으로 초빈(草殯)이라 부른다. 왕의 빈소를 빈전이라 한다면, 민속적인 빈소를 초분이라 한다. 빈은 사람이 죽으면 매장하기 전까지 관에 시신을 넣어서 일정한 공간에 안치하는 것을 말하는데, 그 안치하는 공간을 가옥 내에 두느냐 가옥 밖에 두느냐의 차이가 있다. 집 안에 빈소를 마련할 경우, 본채와 별도로 초막을 짓거나 헛간에 두는 외빈(外殯) 형태였다. 집 밖에 빈소를 마련할 경우 초빈(草殯)의 형태로 초분을 만든 것으로 본다.

『수서』 고구려전에 집안에서 빈소를 마련하는 풍속이 보인다.

"사람이 죽으면 옥내에서 빈을 치렀으며, 3년이 지나면 길일을 택하여 장례를 치렀다. 부모 및 부의 상과 복은 모두 3년이다.(死者殯於屋內經三年擇吉日而葬居父母及夫之喪服皆三年)" 이러한 3년상은 백제에서도 마찬가지였다. 『북사』 백제전에 "부모나 남편이 죽으면 3년간 거복하였다.(父母及夫死者 三年居服)"는 내용이 있다. 『수서』 백제전에 따르면 백제의 상제는 고구려와 같다고 한 것을 보면, 고구려와 백제사회에서 부모가 사망하면 3년상을 치르는 풍속이 있었음을 알 수 있다. 3년상은 장례를 치르기 전에 3년 동안 시신을 빈소에 두는 상례를 말한다.

백제의 3년상은 523년 5월에 무령왕이 사망한 이후 525년 8월에 장례를 치르기까지 27개월이 걸린 사례로 알 수 있다. 3년상은 왕이 사망한 지 만 13개월째에 소상을 지내고, 다시 그때부터 12개월이 지난 뒤인 25개월째에 대상을 치르고 그로부터 다시 2개월이 지난 27개월째에 장례를 마치는 방식이다. 무령왕과 왕비의 삼년상은 중국의 상장제의 영

공주 정지산 유적의 빈전유구

향을 받아 시행된 것으로 보인다. 무령왕의 경우 2년 3개월 동안 3년상을 치르고 능묘에 모셨을 것이므로 왕비가 죽자 27개월 동안 서쪽에 위치한 빈전(酉地)에 모셨다가 개장을 하여 무령왕의 능묘에 합장한 것으로 보고 있다. 중국 남조문화를 선호하였던 무령왕과 왕비의 상장례는 중국의 3년 복상인 27개월의 상제를 그대로 적용했다고 본다. 백제의 장례식이 중국의 3년 복상을 수용하였다면, 고구려처럼 빈전을 마련하여 3년간 시신을 보관하였느냐 하는 점이 문제로 남는다.

그런데 무령왕의 빈전으로 추정되는 제사유적이 공주 정지산 유적에서 발굴되어 그와 같은 의문을 풀 수 있었다. 정지산 유적에는 대벽건물지 7동과 원형저장공 34기가 발굴되었고, 이 외에도 수혈식주거지 34

동이 발굴되었다. 이 가운데 정지산 유적의 대벽건물지는 빈전으로 사용하였을 가능성이 크다. 1동의 건물이 아닌 7동의 대벽건물은 5세기 후반에서 6세기 전반에 걸쳐 백제의 여러 왕들이 빈전으로 사용한 것으로 보인다. 정지산 유적이 빈전일 경우 원형저장공은 얼음을 보관했던 저장공이었을 가능성이 크다. 『삼국지』 동이전 부여전에 "사람이 죽으면 여름에는 얼음을 사용하였다.(其死夏月皆用氷)"는 내용이 있다. 여름에는 얼음을 사용하여 시신의 부패를 방지하였던 것으로 보인다. 여름에는 시신이 썩는 냄새가 진동하기 때문에 얼음 외에 달리 방도가 없었을 것이다.

백제 왕실에서 3년간 빈전을 마련하였다면, 일반 민간 계층에서는 초분으로 삼년상을 치렀을 가능성이 크다. 옥저의 상장례에는 가족 모두가 하나의 곽을 사용했다. 죽은 자는 반드시 가매장하였으며, 세골장을 치르는 풍속이 있었다. 옥저의 상장례 기록을 보면, 삼국시대 민간 계층에서 초빈하는 상례가 초분을 만들었으며 2차장하는 상장례가 보편화된 풍속이었다고 본다. 현재는 내륙에서는 초분이 자취를 감추어 거의 찾아볼 수 없지만, 옛날에는 내륙과 해안에서 모두 초분을 만드는 장례 관행이 전해왔다.

3. 장송의례

초상이 나면 상객을 맞이하여 향응 접대하는 일은 빼놓을 수 없는 의식이다. 조선시대에는 상가에서 음식을 융숭하게 차려 손님을 접대하는 비용이 장례비용보다 더 드는 일이 빈번하였다 하니 초상난 집이 잔치집 분위기였던 것으로 보인다. 이러한 융성한 손님 대접은 죽은 자가 산 자에게 베푸는 예우라는 관점이 강하고, 음식과 술의 접대는 곧 재력의 기준이라는 점에서 상가의 집이 잔치집 분위기였을 것이다. 『삼국지』 위지 동이전 부여전에 '후장(厚葬)'이라 하여 예부터 장례를 넉넉하게 치르는 게 관행이 있었다. 사람이 죽으면 조문객이 찾아오고 상주는 음식으로 손님접대하는 것은 예나 지금이나 같다. 이러한 상례의 관행은 상가에서 가무음주를 즐기는 풍속을 낳았다. 요즘 상장례 풍속에서 상객들의 음주(飮酒) 풍속은 여전하나 가무 풍속은 거의 소멸되었다. 장송의례에서 상객들의 가무는 매우 연희적이었다.

상장례에서 가무음주는 두 가지 유형이 있다. 하나는 출상을 앞둔 전날 밤 상가에서 빈 상여를 메고서 상여소리를 하며 즐기는 빈상여놀이 풍속과 다른 하나는 운구가 장지로 가는 과정에서 놀이를 즐기는 방식이 있다. 빈상여놀이는 조문객들이 상주를 위로하고 호상을 연출하는 천도제 성격을 가진 민속놀이라 할 수 있다. 그것은 단순한 빈상여놀이가 아니라 상주에게는 호상을 치르는 모습으로 비쳐지고, 사자의 영혼을 위로하여 극락왕생을 서원하는 장송의식이 빈상여놀이라 할 수 있다. 진도지방의 다시래기에서 거짓상주놀이나 거사사당놀이 등은 출상 전야제가 단순한 민속놀이가 아니었음을 보여준다. 운구행렬에서도 방상씨가 앞서가고 그 뒤를 따라 악대가 주악을 울리고 상여소리꾼이 선

소리를 하면 상두꾼들이 후렴을 받는 장면은 장송의식도 장엄하였다고 본다.

상장례에서 가무음주의 역사는 오래되었다. 조선 태조 7년 기록을 보면 부모 상장시에 향도들이 술을 마시고 노래를 부르고 피리를 불었다고 하였다. 세종 13년에도 남녀가 떼 지어 술과 고기를 차려먹으며 춤과 노래를 즐겼다는 기록이 있다. 또한 성종 20년 승려와 속인들이 온갖 잡희를 벌이며, 밤새도록 음주가무를 즐기는 풍속이 있었으며, 숙종 10년 2월에 향도들이 민간의 행상시에 작란투구(作亂鬪毆)하는 풍속이 행해졌다. 젊은 향도들은 상여계를 결성하고 상장례를 주도하는 집단이었다. 향도들이 상가에서 술 마시고 취흥에 노래를 부르고 피리를 불거나 싸움질하는 일이 잦았다. 유학자들은 이러한 향도들의 행위를 폐속으로 뿌리 뽑아야 할 대상이라고 지적하고 있다. 상갓집의 작란투구를 폐속이라 하는 것은 유교적 관점에서 본 것이었다. 오늘날도 상가에서 술과 음식을 베풀고 화투 또는 카드놀이와 같은 놀음을 즐기거나 소란스러운 것은 여전하다. 지금도 상가에서 조문객에게 술과 음식을 접대하는 일은 변함없으나, 춤과 놀이가 화투 · 카드놀이로 대체되어 변화했을 뿐이다.

행상(行喪)시에 상가에서 가무음주를 즐기는 관행은 삼국시대에도 있었다. 『삼국지』 위서 동이전 왜인전에 "사람이 죽으면 10여 일 간 정상을 한다. 당시에는 고기를 먹지 않고 상주는 곡을 하고 서 있으며, 다른 사람들은 가무음주를 취한다.(始死停喪十餘日 當時不食肉喪主哭泣 他人

就歌舞飮酒)"는 기록이 있다. 상주는 고기도 먹지 아니하고 서서 울고 있는데, 상객들은 가무음주를 즐기고 있다는 내용이다. 가무음주는 상주의 슬픔을 위로하는 의미에서 빈상여놀이 같은 놀이가 삼국시대부터 연행되었다고 생각된다. 백제의 상장례 풍속과 흡사하다는 고구려 장례에서도 북소리에 춤을 추고 악기를 연주하는 고무작락하는 풍속이 있다. 『북사』 고구려전에 "초종에는 눈물을 흘리며 곡하고, 장사지낼 때에는 북치고 춤추며 풍악을 울리면서 장송을 하였다.(初終哭泣 葬則鼓儛作樂以送之)"는 내용이다. 백제와 이웃한 고구려와 왜의 풍속에 가무음주와 고무작락하는 풍속이 있었으며 그와 마찬가지로 백제의 상장례도 행해졌다고 본다.

이러한 장례풍속은 백제 지역이었던 전라도에서 지금도 전승되고 있다. 전라남도 해안 도서지역에서는 장송의례에서 장구·북·징·꽹과리를 치며 노랫소리를 하면서 상여를 메고 노는 빈상여놀이나 운구행렬에서도 풍악을 울리면서 춤을 추는 장례행렬을 볼 수 있다. 이러한 모습은 삼국시대 상장례에서 고무작락하였다는 사실과 흡사하다. 삼국시대부터 상가에서 고무작락하는 주체가 있었다고 본다. 조문객이 운집하면서 자연스럽게 취객들이 나타나고 소란스러울 수 있지만, 악기로 반주를 하고 춤을 추었다는 사실은 악대와 장송의례가 장엄하게 연행되었을 가능성을 말해준다.

조선시대에 상도계(喪徒契)를 결성하고 상장례를 주도하는 집단은 향도들이었다. 승려와 향도들이 상가에서 가무잡희를 즐겼다는 것은 불교식 장송의례를 치렀음을 말해준다. 지금도 각 가정의 장례식이 기독교식·천주교식·불교식·원불교식 등으로 행해지듯이, 당시 민간계층에서 전승된 상장의례는 불교민속적 성향이 강했다. 조선시대에 향도들이 상장례를 주도하였듯이, 삼국시대에도 향도들이 상장례를 주도하였을 가능성이 크다. 삼국시대 향도들은 용화향도·미타향도·향도라 하여 향촌사회에서 주도적인 불사운동을 벌이는 주체들이었다. 이러한 향촌 사회의 향도들이 춤을 추고 악기를 연주하였을 것이다. 일종의 천도재를 지낸 것이라 할 수 있다. 오늘날 전남지방에서 출상(出喪) 전날 행해지는 다시래기나 씻김굿·오구굿 등은 민간에서 전승돼온 민속적 천도재라 할 수 있다. 향도들이 주도하는 천도재가 출상 전날 이루어졌으며, 망자를 영원히 보내기에 앞서 망자의 넋을 달래고 상주를 위로하는 게 본질이요 목적이었을 것이다. 이러한 상장의례가 삼국시대 행상시에 행해진 고무작락과도 같은 모습이었을 것이다.

삼국시대의 상장 풍속이 조선시대까지 이어진 것은 의례의 보전성이 강하기 때문이다. 『삼국지』 위지동이전 부여전에 "거상시에 남녀 모두가 흰옷을 입었으며 여자는 베로 만든 얼굴가리개를 착용하였고, 반지와 패물을 착용하지 않았다.(其居喪 男女皆純白 婦人着布面衣 去環珮)"고 기록하였다. 지금도 전통적인 장례를 치르는 집에서는 삼베옷을 입기도 하지만 흰 베로 만든 상복을 입는 관행이 보편적인 풍속이다. 부녀자들이 머리에 수건을 둘러 착용하는 것도 면의(面衣)의 전통이라고 생각한다. 요즘 검은색의 상복 착용은 서양식을 본뜬 것으로 동양의 백

장송례에서 노제를 지내는 광경

장송례에서 남자는 삼베옷, 여자는 흰옷을 입은 모습

색 상복과는 정반대이다.

그리고 망자가 쓰던 물건들을 장지에서 불에 태우는 관행이 지금까지 존속되고 있는데, 고구려 장송의례의 마지막 과정에서 "매장 후에 죽은 사람이 살아서 쓰던 의복·노리개·수레·말 등을 가져다가 무덤 옆에 놓아두는데 장례에 참석한 사람들이 다투어 그것을 가져갔다."는 내용이 있다. 이러한 사실을 미루어 볼 때, 삼국시대 상장례와 오늘날의 상장례 풍속이 크게 다르지 않음을 알 수 있다.

백제의 동물민속

1. 삼국의 매사냥 문화

1) 백제의 매문화

백제시대 민간에서는 매와 새매를 집에서 사육하였다. 지금도 그러하지만, 백제시대에도 매는 사냥하는데 쓸 목적으로 집에서 기르는 관습이 성행했던 것으로 보인다. 백제금동향로에서 산꼭대기에 다섯 마리의 새가 앉아 있는 모습은 백제인들이 새를 신성시하고 집에서 기르는 것을 좋아하였음을 알려준다. 지금도 "꿩 잡는 게 매"라는 속담이 있다. 고금을 막론하고 매는 꿩 잡는데 매우 뛰어난 능력을 가졌던 것으로 보인다. 고구려 고분벽화에 매를 날려 꿩을 잡는 그림이 있는데, 지금까지도 꿩사냥에 매를 활용하고 있는 것은 그야말로 오랜 전통이다. 매는 날쌔고 사냥매로 길들이는데 가장 적합한 새였기에 선호했을 것이다. 그런데 백제의 불교문화가 크게 융성하던 법왕 원년(599), 법왕은 민가에서 기르는 매(鷹)와 새매[鷂]를 놓아주도록 명령을 내렸다. 법왕은 살생을 하지 말라는 불교의 사상을 실천하려고 매와 새매를 풀어주고, 어렵 도구도 불태우도록 한 것이다. 이러한 조치는 법왕 재위 당시에 백제인들이 매와 새매를 기르는 습속이 크게 유행하였음을 말해준다. 이처럼 백제시대 민간계층에서 매의 사육과 매사냥이 크게 성행하였음은 『일본서기』 권11 인덕천황 43년(455) 기록에도 나타난다. 이 시기는 백제 개로왕 원년과 동일한 해이다. 내용은 이러하다.

고구려 고분벽화의 매사냥

천황(天皇)이 주군(酒君)을 불러서 새를 보이며, "이 새는 무엇이라 부르느냐"고 묻자 주군은 "이 새는 백제에 많이 있다. 길들이면 사람을 잘 따른다. 또 빨리 날아서 많은 새를 잡는다. 백제 사람들은 이 새를 이름하여 구지(俱知)라 부른다."고 하였다. 이것은 지금의 매(鷹)이다. 그래서 매를 주군에게 주어 사육하게 하였다. 얼마 아니 되어 길들일 수가 있었다. 그래서 주군은 가죽 끈을 매의 발에 묶고 작은 방울을 매의 꼬리에 달아서 천황(天皇)에게 바치었다. 이날, 천황은 백설조야(百舌鳥野)에 행행(行幸)하여 유렵(遊獵)을 하였다. 그때 자치(雌雉, 암꿩)가 많이 날았다. 그래서 매를 놓아 잡도록 하였는데, 잠깐 사이에 수천 마리의 꿩을 잡았다.

비록 이 이야기는 『일본서기』 내용일지라도, 백제의 영향을 받은 일본의 매사냥에 관한 기록이기에 백제의 매사냥 문화를 파악할 수 있는 자료라 하겠다.

백제인들은 집에서 매를 길들여 사람을 잘 따르게 훈련을 시키고, 여러 가지 새를 잡는 사냥 수단으로 활용하였다. 매는 다른 새보다 빠르고 날쌔며, 사냥하기에 아주 적합한 새이다. 사냥하는 새로 매를 활용한 것은 야생의 매를 잡아서 집에서 길들이기에 쉽고, 매가 사람을 잘 따르며 매우 날쌔어서 사냥에 가장 적합했기 때문이라 할 수 있다.

백제인들은 매를 구지라 불렀다. 조선시대에도 매를 구지 · 구디로 불렀다는 사실에 비추어 보면, 백제시대 매의 명칭과 백제의 매사냥 기술이 오랫동안 전승돼온 것으로 보인다. 따라서 백제시대 민간에서 전승돼온 매사냥의 전통은 고려시대 · 조선시대를 거쳐 오늘날까지 이어지고 있다. 이러한 전통은 백제의 매사냥에 그 계통을 둔 것이라고 본다. 백제시대에 매사냥이 성행하여 심지어는 백제의 국호를 응준(鷹準)이라고까지 불리었을 정도였다. 백제의 매사냥은 고려시대에 응방을 설치하고 몽골에 매를 공물로 보내는 데까지 발전하였다. 매의 집중적인 산지가 나주 · 홍주가 위치하는 전라 · 충청지역의 백제문화권이다. 『세종실록지리지』에서도 매의 주산지를 전라도 지역으로 꼽고 있다. 이러한 매사냥 문화의 전통은 지금도 전북 진안과 충남 대전을 중심으로 한 지역에 남아 있다. 매를 이용하여 사냥하는 풍속이 여전히 전승되고 있는데, 이러한 매사냥의 전통은 백제시대부터 내려온 것으로 보인다.

2) 이조와 흰매

백제의 매사냥 기록은 아신왕 2년(393)에 처음 등장한다. 아신왕의 매사냥은 『일본서기』에 등장하는 455년보다 훨씬 앞서는데, 이 기록으로 보아 4세기 말에 이미 백제사회에 매사냥이 성행하였음을 알 수 있다. 『일본서기』의 표현처럼 이조(異鳥)가 매라면, 백제에서 매사냥의 역사는 훨씬 더 위로 올라간다. 백제 온조왕 20년 봄 2월에 왕이 큰 제단을 설치하고 친히 천지의 신에게 제사를 지냈더니 이조(異鳥) 다섯 마리가 날아왔다. 이조의 특징은 왕이 거처하는 궁궐과 왕실에 출현하고, 그런 다음에 상서로운 일이 뒤따른다는 점에서 신이한 새라 할 수 있다.

이조라는 말은 참새과 란새 등 작은 새를 지칭하기도 하지만, 왕권을 상징하는 흰 매도 신이한 새에 포함되어야 한다. 그렇다면 백제에서 매의 사육은 온조왕 때부터 시작되었을 가능성이 높다. 백제사회에서 흰 매는 신성시한 특산물이었다. 백제는 비유왕 8년에 신라에 사신을 보내면서 흰 매[白鷹]를 공물로 보내고 있다. 비유왕은 신라와 외교적 친선관계를 유지하려고 좋은 말[良馬]을 보내고, 추가로 9월에 흰 매를 다시 보내고 있다. 이는 신라에서도 흰 매를 왕권의 권위를 인정하는 길상의 선물로 받아들였음을 전제로 보낸 것이다. 이러한 사실은 석탈해와 수로왕의 둔갑술 겨루기에서 탈해가 화하여 매[鷹]가 되면, 수로왕은 화하여 독수리[鷲]가 되고, 탈해가 화하여 참새(雀)가 되니 수로왕은 새매[鸇]로 화하고 있는 데서 알 수 있다. 하늘을 나는 새 가운데 가장 용맹하고 날쌘 매와 독수리를 왕권의 상징적 동물로 숭배하였음을 알 수 있다. 왕이 매와 새매 · 독수리로 둔갑하는 것은 신라와 백제에서도 맹금류 계통의 조류가 왕권의 상징이라는 인식이 보편화되어 있었음을 알 수 있다.

이조는 백제에서만 등장하는 게 아니라 고구려의 역사기록에도 많이 나타난다. 또한 이조로 표현되는 매가 대왕을 상징하는 영물이라는 사실은 통일신라까지 이어지고 있다. 『삼국유사』 감통 7(感通 七) 선도성모수희불사(仙桃聖母隨喜佛事)에 "제54대 경명왕이 매를 부려서 사냥하는 것을 좋아하였다. 일찍이 이 산에 올라서 매를 놓아버리고 잃어버렸다. 신모에게 기도하기를 만약 매를 다시 얻으면 마땅히 봉작을 하리라 했더니 매가 날아와서 책상 위에 앉았다. 이로 인하여 대왕으로 봉작하였다"는 내용이 있다.

삼국시대에는 흰 매가 왕권을 상징하는 길조였으며, 국가 간에 왕권을 인정하는 상서로운 선물로 주고 받았다. 흰매를 왕권의 상징으로 신성시한 것은 북방민족에서도 나타난다. 고구려 태조왕 69년(121)에 숙신(肅愼)의 사신이 고구려에 오면서 흰 매[白鷹]와 흰 말[白馬]을 태조왕에게 선물로 바치자, 왕은 기뻐하여 연회를 베푼 후 노고를 치하하고 보내고 있다. 흰 매는 백제 · 고구려 · 신라 외에 북방민족인 숙신들도 왕권의 권위를 상징하는 매우 희귀한 새로 숭배하고 있었다. 더 나아가 흰 매는 신성한 권능을 상징하는 이조(異鳥)로 인식하고 있음을 알 수 있다. 백제 온조왕이 천지신에게 제사를 드린 후에 날아든 神異한 새인 이조(異鳥)가 흰 매였고, 고구려 장수왕 2년 8월에도 신이한 새가 왕궁에 모여들고 있다. 이러한 이조가 왕권을 상징하는 상서로운 새이기에 왕궁에 날아든다고 본 것이다. 이처럼 백제와 고구려에서도 왕실 차원에서 흰 매를 숭배하였다. 백제의 온조왕이 북부여에서 주몽 집단에게 밀려서 남하하여 한강 유역에 도읍을 정하고 백제를 일으켰다는 점에서 고구려의 흰 매 숭배가 백제사회에 그대로 전승된 것으로 볼 수 있는 개연성은 있다.

백제금동대향로 상단 산꼭대기에 앉아 있는 다섯 마리의 새는 마치 매를 조형한 듯하다. 금동대향로가 국왕의 제례 시에 사용하는 향로였기에 왕권의 상징인 흰 매를 조각했을 가능성이 크다. 매는 하늘에서도 독수리와 더불어 날렵한 새로서 권능을 가졌기에 신성한 산의 꼭대기에 앉아 있는 새로 표현하였다고 본다. 그런 점에서 금동대향로의 산꼭대기에 앉아 있는 새는 기러기가 아닌 흰 매로 해석된다. 다섯 마리의 새는 '한 마리의 새가 다섯 가지 모양새로 앉아 있는 모습'을 표현한 것으로 본다. 산꼭대기와 새의 관계는 기러기보다는 권능의 상징인 흰 매로 해석하는 게 훨씬 설득력이 있다. 백제인들이 길상의 새로서 매를 숭상하고 집에서 길들여서 사냥매를 선호하는 새숭배 문화가 금동대향로에 반영되었다고 본다.

백제인들이 집에서 기르는 매의 종류는 다양했던 것 같다. 법왕이 민간에 기르던 새를 풀어주라고 명령을 내리는데, 매(鷹)와 새매[鷂]를 명시하고 있다. 매류에는 매와 새매가 있는데, 매는 날개가 긴 매라면, 새매는 날개가 짧은 매이다. 새매도 사냥을 하는 매이다. 백제 개로왕 16

년에 새매가 비둘기를 잡고 있다. 백제인들이 집에서 매와 새매를 사육하고 있었음을 알 수 있다. 매와 새매는 새를 사냥하는 용도로 길들인 매가 아니라 집의 새장에 가두어 둔 훈련 중인 매와 새매였다. 그만큼 백제인들은 매를 좋아하고, 집안에서 매를 키우기를 즐겼으므로, 이런 점에서 매가 든 새장이 집안의 처마 밑에 걸려있는 풍경을 상상해볼 수 있다.

3) 매문화의 전개

백제인들이 매사냥을 어떠한 방식으로 하였는지를 알려주는 기록은 없다. 매사냥의 실제를 보여주는 자료가 고구려 고분벽화에 등장할 뿐이다. 5세기 초반경에 조성된 집안지역의 장천1호분 고분벽화에서 소년이 새를 손에 든 모습이 보인다. 같은 그림에 매를 날려보내 꿩을 잡는 그림도 있다. 이 매사냥의 그림은 고구려 사람들도 매사냥을 즐겼으며, 새나 동물을 잡기 위한 사냥 수단으로 매를 활용했음을 알려준다. 또한 매를 길들이는 방식으로 매를 날려보내어 날렵한지를 가늠하는 민속놀이도 성행했다고 생각한다. 매를 훈련시키는 그림이 있는 고구려 고분벽화의 장천1호분 백희도(百戱圖)는 고구려 사회에서 전승된 다양한 민속놀이를 내용으로 하고 있기 때문이다. 이와 달리 삼실총 벽화에서도 말 탄 사람의 팔에 매가 앉아 있는 모습이 그려져 있는데, 이러한 모습은 고구려에서도 매사냥이 성행하였음을 보여주는 것이다. 고구려 고분벽화에 말을 타고 매사냥하는 그림이 등장할 정도라면 고구려 매사냥의 전통을 이은 백제의 매사냥 풍속도 가늠해볼 수 있겠다.

백제시대에 매가 주로 잡는 사냥물은 꿩이었다. '꿩 잡는 게 매'라는 속담의 근원적인 배경이 백제였다고 본다.

『삼국유사』 영취사(靈鷲寺) 조에는 신라 신문왕 3년(683) 당시의 매사냥 기록이 있다.

"재상(宰相) 충원공(忠元公)이 장산국(萇山國) 온정(溫井)에서 목욕을 하고 환성(還城)할 때, 굴정역(屈井驛) 동지야(桐旨野)에 이르러 잠깐 쉬었더니 홀연히 한 사람이 매를 놓아 꿩을 쫓게 하매 꿩이 날아 금악(金岳)을 넘어 간 곳이 묘연해졌다. 방울소리를 듣고 찾아가 굴정역 관가(官家) 북쪽 우물가에 이르니 매는 나무 위에 앉아 있고 꿩은 우물 속에 있는데 물이 핏빛처럼 보였다."

매를 날려 보내 꿩을 잡는 매사냥은 이처럼 신라에서도 행해졌다. 신라의 매사냥은 매의 발목에 방울을 매달아 날려 보내는 방식이다. 꿩을 쫓는 매의 향방이 묘연해지자 방울소리를 듣고 찾아내고 있다. 『일본서기』 신덕왕후 조에도 매를 날려 보낼 때, 발목에 가죽끈을 묶고 매의 꼬리에 방울을 달아서 꿩 사냥에 나서도록 하였다. 이러한 사실로 미루어 볼 때, 백제에서 매사냥은 주로 꿩을 쫓는 방식이었고, 매를 날려 보낼 때에 매의 꼬리나 발목에 방울을 달았다. 꿩 사냥을 목적으로 삼국시대부터 매를 길들이고 훈련시킨 것으로 보인다. 꿩 사냥을 하는 매를 송골매라고 부른다.

태어난 해에 둥지를 떠난 새끼 송골매가 반 년 이상 야생에서 성장한 뒤 스스로 사냥 능력이 생겼을 때, 그것을 생포하여 길들여 보라매라고 불렀다. 보라매를 해동청이라고 부르기도 한다. 매를 생포해 집에서 길들인 매를 '수지니'라 불렀고, 산에서 야생 상태로 자란 매를 '산지니'라 불렀다. 삼국시대부터 왕권을 상징하는 상서로운 길조로서 흰 매가 숭상되었고, 사냥하는 맹금류의 매로는 해동청 보라매가 으뜸이었다. 흰매가 왕권의 상징으로 숭상되었고, 왕이 매사냥을 즐길 때 사용한 매는 해동청과 보라매였다. 해동청 · 보라매는 우리의 가요에도 등장할 정도로 한국을 대표하는 매의 이름이다. 보라매 가운데 '수지니'는 집에서 기른 매이고, '산지니'는 산에서 스스로 자란 매를 가리킨다.

우리나라의 송골매가 외국에 알려진 것은 고려시대이다. 몽골이 고려를 섭정하는 150여 년의 역사 기간에 송골매가 몽골에 상납되었다. 고려 왕실에서는 몽골에 매를 상납하는 전담 부서로 응방(鷹坊)을 설치하여 매를 훈련시키고 중국과 몽골에 수출하는 역할을 맡도록 했다. 송골매의 수요를 충당하기 위하여 고려 말 충렬왕 원년(1275)에는 개경을 중심으로 지방의 역과 외군에 응방을 설치하고 응방심검별감이라는 관리를 파견하여 매 잡는 일을 독려할 정도였다. 송골매의 사냥 능력이 뛰어나 몽골 섭정기간에 매 잡는 일이 주요한 국가사업의 하나였다. 몽골에서 매를 빨리 잡아서 보내라고 착응사(捉鷹使)를 보낼 정도였으니 고려시대 송골매의 명성이 얼마나 높았는지를 알 수 있다.

『본초강목』에 청조(푸른 매)는 요동에서 나왔고, 가장 빼어난 것을 해동청이라 불렀다는 기록이 있다. 해동청은 해동에서 건너온 푸른 매라는 뜻이다. 해동청·보라매는 고려에서 바다 건너 중국으로 날아온 송골매를 지칭한다. 해동은 바다 건너 동쪽에 위치한 고구려·신라·백제를 지칭하는 동이족의 별칭이다. 해동의 송골매 가운데 가장 능력이 뛰어난 매는 황해도 해주와 백령도에 서식하던 장산곶 매였다. 장산곶 매는 서해를 사이에 두고 중국과 조선을 오가는 상공의 제왕이었다고 한다. 몽골인들은 고려의 우수한 송골매를 선호하였고, 몽골이 원나라로 교체된 뒤 중국에서도 해동청을 사냥매의 으뜸으로 꼽았다. 해동청은 몽골과 중국에서 매우 좋아하는 사냥매였으며, 그 가운데에서 흰매는 왕권의 상징으로 신성시되었다. 『몽골비사』의 징기스칸 영웅설화에 "백색 송골매가 태양과 달 두개를 움켜쥐고 날아와 내 손에 앉았다"는 내용에서 흰색 송골매가 얼마나 날렵한 사냥매였는지 알고도 남음이 있다.

해동청 보라매 민화

4) 매의 민속

고려시대에 매사냥의 몫은 지배층이었으나 조선시대에는 민간에서도 매사냥이 성행하였다. 조선시대에는 민화와 삼재부에 매가 등장하고 있다. 바다를 배경으로 한 해동청의 그림이 있는가 하면, 꿩을 잡아서 두 발로 잡고 있는 모습, 지상에서 가장 사나운 호랑이와 공중에서 가장 무서운 매를 한 폭에 넣은 그림도 있다. 이와 같이 조선시대 민간에서 매를 숭상하고 매사냥을 선호한 사실은 매를 소재로 한 민화를 통해서도 알 수 있다. 백제시대 민간에서 행해진 매사냥이 고려를 거쳐 조선시대까지 지속되었다. 수렵문화는 몽골·북중국 등 북방계 수렵문화를 지칭하는 게 아니라 매를 날려보내어 새를 잡는 사냥문화로서 남쪽 지방에도 전해져 널리 행해졌다.

조선시대에는 삼두일족(三頭一足)의 매 그림을 삼재부적(三災符籍)으로 삼기도 했다. 부적은 사람에게 닥칠 재앙을 사전에 예방하거나 사악한 기운을 물리치는 벽사 주물이다. 재앙을 물리치는데 날쌔고 위용을 가진 송골매를 그려 넣은 것이다. 삼재부적의 삼두일족의 매는 고구려의 삼족오처럼 매를 신성시했음을 말해준다. 매의 머리를 3개나 그려 넣은 것은 날카로운 부리로 환란을 쪼아 물리친다는 믿음에서 나온 것이어서 삼두일족 삼재부적도가 민간에서 널리 성행한 것으로 보인다. 지금도 삼재를 물리치는 삼재도에 매가 등장하고 있는 것은 예나 다름없다.

오늘날에도 매사냥 문화가 백제문화권인 충남 대전지역 일대와 전라

북도 진안지방에서 전승되고 있는데, 그것은 백제시대 매사냥의 전통이라고 생각된다.

2. 백제의 수탉숭배

백제시대에 닭 머리를 조형한 계수호가 공주 · 천안 등지에서 출토되었다. 계수호는 주둥이 부분이 넓은 단지인데, 닭의 머리 모양새를 한 주구와 손잡이를 붙인 형태의 항아리를 말한다. 이 토기를 천계형주자(天鷄形注子) 또는 천계호(天鷄壺)라는 이름으로 부르고 있다. 계수호는 서진 · 동진 시기에 만들어진 중국토기이지만, 남조시대에 크게 발달하면서 백제에 전해진 것으로 보인다. 백제에서 사용된 계수호는 중국의 양식과 달라 백제인들이 직접 계수호를 만들어서 사용했다고 본다.

천안 용원리 출토 계수호

공주 수촌리 출토 계수호

중국의 계수호와 흡사한 흑유계수호가 천안 용원리 유적과 공주 수촌리 유적에서 출토되었다. 백제시대의 계수호를 동진 시기에 중국에서 직수입한 것으로 보는데, 이들 두 곳에서 출토된 흑유계수호를 통해 백제에도 닭 숭배가 존재하였음을 알 수 있다. 백제의 닭 숭배는 알을 신성시하는 난생신앙과 달리 닭의 머리에 비중을 두고 있다. 계수호의 닭 머리에는 벼슬이 유난히 강조되어 수탉을 조형한 것임을 쉽게 알아볼 수 있다. 계수호는 마치 새끼를 품은 암탉처럼 넓은 단지형으로 되어 있다. 그러나 닭 벼슬을 강조한 계수호라는 명칭은 수탉을 강조하고 있다. 계수호를 천계호라고 부르는 것은 백제사회에서 수탉을 신성시하는 문화가 있었음을 말해준다. 천계는 봉황과 달리 수탉을 숭배하는 문화적 상징이다. 백제시대 천계의 상징인 수탉은 어떠한 모습이었을까.

고구려 고분벽화 무용총에 그려진 천계는 닭 벼슬이 꼿꼿하게 세우고, 꼬리를 길게 위로 치켜올렸다. 화려한 붉은 깃털로 위용을 뽐내고 있는 수탉의 모습이다. 그런데 이 수탉 그림은 봉황과 다르다. 수탉이 꼿꼿하게 서서 목청 높여 우는 모습은 대단히 위용적이다. 수탉이 고분벽화에 그린 것은 닭을 천계로 숭배했기 때문일 것이다.

고구려 고분 무용총에 그려진 천개

백제의 수탉 숭배는 마한사회의 전통이며, 남방문화 계통으로 보인다. 『삼국지』 위서 동이전 한전의 「또한 꼬리가 가는 닭이 난다. 그 꼬리는 길이가 5척 남짓하다(又出細尾鷄 其尾皆長五尺餘)」는 기록에서 꼬리가 긴 수탉은 마한의 특산품이었음을 알 수 있다. 닭의 꼬리가 5척이라면 약 120cm 정도가 된다. 닭의 꼬리가 이 정도로 길다면 수탉일 수밖에 없다. 지금은 없지만 상상 속의 닭이 아니라 실제적인 동물이었다. 봉황은 사신도에 등장하는 상상의 영물이지만, 천계는 수탉을 신성시하는 닭 숭배에서 비롯되었다. 천계는 고구려 무용총에서 보는 것처럼 꼬리가 긴 수탉을 가리킨다고 본다.

민화속에 등장한 꼬리긴 수탉

계수호는 중국 남조문화의 영향을 받은 남방계 문화와 연관되어 있다고 본다. 백제에서 계수호가 출토되고, 계수호를 천계호라고 지칭하고 있음은 꼬리가 긴 수탉을 천계로 신성시하는 남조문화와 연계성이 있다고 보아야 한다. 중국인들은 닭을 양조(陽鳥)로 인식하고, 새벽에 닭이 울면 일어나는 관행이 있다. 그들은 설날 아침에 닭이 울면 일어나 세수하고 양치질을 하고 의관을 갖추어 설날맞이를 하였으며 이러한 삶이 일상적인 생활방식이었다. 그리하여 세시풍속에서 대문에 계화(鷄畵)를 붙이고 닭을 금계(金鷄)라고 부를 정도로 신성시하였다. 양나라의 중국인들은 해 뜨는 시각을 알려주는 수탉을 양조 즉, 천계로 숭배한 것인데 이러한 수탉숭배가 백제로 건너온 것이다.

백제의 천계는 부여 능산리 고분군에서 발굴된 금동대향로에서 가장 찬란한 모습으로 그 위용을 드러냈다. 그동안 백제금동대향로를 용봉금동대향로라고 부른 적이 있다. 위용을 부리는 용 조각이 향로를 입으로 받들고 있고 향로 뚜껑의 정점에는 천계가 우뚝 서있는 모습인데, 이 천계를 봉황으로 해석하였기 때문이다. 일반적으로 봉황은 사신도에서 청룡 · 백호 · 현무와 한 세트의 영물로 등장하는 경우가 많은데, 백제금동대향로에는 거북과 백호가 등장하지 않는다. 대신 용이 향로를 받들고 있고 천계는 향로 뚜껑의 꼭대기에 홀로 서 있는 모습이다. 이 천계는 봉황이 아니라 닭 토템의 영향을 받은 수탉 숭배의 반영으로 보는 게 옳을 듯싶다.

사신도의 봉황 역시 수호신으로 등장하지만, 금동대향로의 천계는 대단히 권위적이다. 동한(東漢) 시대 하남성(河南省) 남양시(南陽市)에서 출토된 청동천계우인향로(青銅天鷄羽人香爐)와 서진(西晉時代) 중국 강소성(江蘇省) 선흥현(宣興縣) 주묘돈(周墓墩)에서 출토된청자향로(青磁香爐)에도 닭과 흡사한 새의 모습이 장식되어 있다. 이 새는 봉황과는 거리가 먼 모습이다. 봉황은 머리에 두 가닥의 깃털이 있고, 꼬리 부분에 아름다운 꼬리 깃털이 있다. 그러나 금동대향로의 천계는 닭 벼슬과 꼬리가 긴 장닭의 모습이 분명하다. 마한의 특산물인 세미계(細尾鷄)는 가늘고 긴 닭의 꼬리를 높이 치켜 올린 수탉의 모습이다. 마한시대부터 전래돼온 남방의 수탉문화가 백제시대까지 전승되어 온 것으로 보인다. 백제금동대향로가 중국의 향로와 비슷한 것은 사실이나 남조문화의 영향을 받은 백제의 조각품이란 점을 고려한다면 봉황보다는 천계로 보아야 한다. 백제금동향로의 천계는 가장 상징적인 백제문화라 할 수 있다.

백제금동대향로의 천계

『북사』 백제전에 동명왕의 탄생설화가 실려 있다. 동명왕의 탄생설화는 고구려가 아닌 마한의 색리국을 배경으로 하고 있다. 백제는 마한의 족속으로 색리국에서 나왔는데, 왕의 출행 중에 시녀가 임신을 하자 왕은 시녀를 죽이려고 했다. 시녀가 말하기를 "하늘에서 큰 달걀 같이 생긴 기운이 나에게 내려오는 것을 보았는데 거기에 감응하여 임신이 되었다.(見天上有氣如大鷄子來降感故有娠)"는 내용이 있다. 이와 같이 고구려와 신라의 건국신화에 등장하는 난생신화 요소가 백제에서도 나타나고 있다. 백제에서는 시녀가 알을 낳지 않고 동명왕이 사람 몸에서 탄생하였으므로 난생신화라고 말할 수 없지만, 하늘에서 달걀 같은 기운이 내려오는 천계신앙이 강조된 닭 토템신화라 할 수 있다. 백제금동향로 꼭대기에 수탉이 두 발로 달걀을 움켜쥔 모습은 하늘에서 달걀 기운을 가진 천계의 모습을 묘사한 것으로 볼 수 있다. 색리국의 탄생설화는 왕의 시녀가 하늘에서 달걀 기운을 받아 임신하는 난생신화의 서사구조를 가진 것이라면, 금동향로의 천계는 백제사회에서 수탉을 신성시하는 천계숭배를 상징적으로 조형한 것이다.

백제의 천계설화는 사람이 알에서 탄생하는 게 아니라 시녀의 몸에서 사람으로 탄생하고 있다. 천계설화는 난생신화보다는 신이한 요소가 떨어지지만, 천기감응이라든가 어린아이를 버리는 기아습속과 버려진 아이가 동물로부터 보호를 받는 내용은 고구려 건국신화와 크게 다를 바 없다. 고구려의 난생신화에서 하늘의 기운을 받은 유화가 임신하여 달걀을 낳거나 백제의 난생신화에서 천계의 기운을 받아서 시비가 임신하는 것은 동일한 천계신앙의 신화적 모티브를 갖고 있다. 고구려와 백제는 여자가 천계의 기운을 받아서 임신하고 알을 낳거나 사람을 낳는 동일한 계통인데 비하여 신라에서는 나정 곁에 말이 꿇어앉아 있다가 하늘로 올라가고 난 뒤 그 자리에 있던 달걀을 깨트리고 혁거세가 탄생하는 방식이다. 삼국의 난생신화에서 고구려와 백제는 천계의 기운을 받은 여자의 몸 또는 달걀에서 왕이 탄생하는 천계신앙 계통이라면, 신라의 난생신화는 천마숭배와 계(鷄) 토템이 조합된 방식을 보여주고 있다. 신라와 고구려가 같은 난생신화를 갖고 있다 할지라도 약간 계통이 다른 듯하다.

신라의 시조신화에서 박혁거세가 알(卵)에서 태어나고 왕비 알영은 닭 부리를 한 계룡(鷄龍)의 모습이다. 그녀는 월성 북천에서 목욕을 한 후 부리가 빠진 뒤에 비로소 왕비의 권위를 얻고 있다. 계룡은 천계와 같은 닭 토템에 속하는 것으로 보인다. 난생신화가 삼국에 공통적으로 나타나지만, 고구려와 백제에는 왕권을 상징하는 천계숭배가 존재했었다고 생각된다. 그러한 증거는 고구려 고분벽화의 수탉 그림과 백제금동대향로가 말해준다. 이러한 천계숭배는 동남아시아에서 건너온 남방계 문화이며, 난생신화와 함께 한반도에 전래된 닭 토템에서 비롯하였을 것이다.

조선시대 백계도 민화

닭 토템은 수탉을 천계로 숭배하는 양조(陽鳥) 신앙으로 전래돼 왔으며, 암탉은 알을 낳는 모티브를 신성시하여 난생신화에 표현되었다고 본다. 이러한 천계숭배와 난생신화는 삼한시대에 한반도에 유포되었으며, 마한사회에서 꼬리가 긴 수탉이 특산물이었다는 점도 수탉숭배의 영향에서 비롯된 것으로 본다. 삼국시대 이전부터 남방계의 닭 토템 문화가 마한에 전래되었고 그 배경에서 백제의 난생신화가 만들어졌으며, 천계문화를 유지해 간 것으로 본다.

3. 백제의 원숭이석상

원숭이는 우리나라에 살지 않는 남방계 동물이다. 그러기에 원숭이에 대한 동물민속도 약하거나 부정적인 인식이 주류를 이루고 있다. 그러나 원숭이는 통일신라시대 12지신상의 하나로 능묘의 호석으로 등장하고 있다. 통일신라가 중국과 교역을 하면서 중국의 원숭이를 수호신상으로 숭배하는 문화가 전래된 것으로 보인다. 중국에서는 원숭이가 잡귀와 잡신을 쫓는 축귀의 능력을 가졌다고 믿어왔다. 이러한 믿음은 신라에서도 그대로 수용되어 신라토우에 원숭이상이 잡귀를 쫓는 부적이나 부장품으로 사용되었다.

통일신라시대 중국의 남방불교가 전래되면서 원숭이를 불교의 호위신으로 숭배하는 문화도 들어왔으며, 신라의 불상과 불탑 · 부도 등에도 원숭이 조각상이 등장하고 있다. 중국의 석불조각에는 불보살상을 받치고 있는 원숭이상을 종종 발견할 수 있다. 북위 경명 2년(501)에 서안시 교구 사가시에서 출토된 사면석불에는 원숭이가 불보살을 떠받들고 있는 모습이 뚜렷하다. 중국 석불상에서 원숭이상은 대체로 5~6세

불상을 받치고 있는 원숭이상(중국섬서성박물관)

기경에 등장하는 남북조시대 전기의 불상조각에 등장하고 있다. 이러한 중국의 원숭이상은 서역불교가 중국에 전래되면서 불교의 호위 신으로 들어온 것이며, 서유기에서 삼장법사를 따르는 손오공이 원숭이상이란 점을 상기해볼 필요성이 있다.

그런데 백제가 통일신라보다 먼저 불교의 호위 신으로 원숭이상을 수용한 것으로 보인다. 익산 미륵사지 서탑 주변에 등장하는 석상이 바로 원숭이상이다. 이 원숭이상이 백제시대에 만들어진 것인지 통일신라에 조성된 것인지 확인하기가 쉽지는 않다. 그러나 미륵사지 서탑의 네 귀통이에 배치된 동물형 석상은 미륵사 서탑의 호석 기능을 하고 있다. 이 서탑의 원숭이석상이 석탑 주변에 언제 호석으로 등장하였는지는 알 수 없지만, 서탑의 호석으로 등장하는 만큼 원숭이가 불교의 호위신

일본 아스카 원숭이상

이라는 사실은 확인할 수 있겠다. 지금까지 이 석상을 인형상인지 동물상인지 구분하지 못해 애매한 점이 있었다. 그러나 조형성을 살펴보면 원숭이 석상으로 추정된다.

김유신묘의 12지신상 가운데 원숭이상은 판석의 부조형으로 백제 미륵사지의 원숭이 석상과는 차이가 있다. 이 서탑의 원숭이상이 백제시대에 조성되었다는 사실을 일본 아스카시대 능묘의 석상을 통해서 확인할 수 있다.

미륵사지의 원숭이 석상과 흡사한 원숭이 석상이 일본 아스카무라(明日香村) 히라다(平田)의 길비희왕묘(吉備姬王墓) 내에 4개가 있다. 또 평

전매산고분 근처 히라다 기타가와(平田キタガワ) 유적은 못과 광장을 갖춘 아스카시대의 원지(苑池)가 있는 곳인데, 원숭이석상은 원지의 장식으로 원숭이 석상이 있으며, 석신유적(石神遺跡)에도 원숭이 석상과 유사한 석인상이 있었다고 한다.

익산 미륵사지 원숭이석상

일본 아스카시대의 원숭이 석상이 일본 원지의 장식물이거나 능묘의 호석으로 사용된 사례들이다. 그렇다면 어찌하여 백제의 미륵사지 서탑에 원숭이 석상이 들어선 것일까. 익산 미륵사지는 용화산 아래 넓은 골짜기에 조성되었다. 『삼국유사』 무왕 조에 따르면 미륵사는 본래 못을 메꾸고 사찰을 창건한 것으로 되어 있으며, 사찰 내에 커다란 원지가 있었다. 일본의 아스카시대 히라다의 기타가와 유적 원지에 있는 원숭이 석상과 미륵사지의 서탑 호석이 매우 흡사한 것은 서로간에 어떤 관련이 있는 것으로 보인다. 히라다 기타가와(平田北川) 유적과 길비히왕묘(吉備姬王墓)가 200m 거리에 인접해 있어서 두 곳에 있는 석상은 아스카시대(飛鳥時代)의 석상으로 해석된다. 이 원숭이 석상은 7세기 전반에 조성된 것으로 추정하고 있는데, 익산 미륵사가 창건되는 시점도 7세기 전반이다. 백제 미륵사가 창건되는 시기를 전후하여 백제의 불교문화가 일본에 전파되었고, 익산 미륵사의 원숭이 석상도 일본에 건너가 아스카문화에 영향을 준 것으로 볼 수 있다.

익산 미륵사의 원숭이석상은 중국 남조문화의 영향을 받은 것으로 본다. 백제는 공주 천도 이후 무령왕대에 중국 남조문화의 영향을 강하게 받는다. 무령왕릉에서 출토된 유물에는 중국풍이 짙게 배어 있다. 이 시기에 백제 승려들은 중국 양나라로 건너가 남조의 불교문화를 백제로 들여오는 역할을 맡았다. 백제승 발정은 양나라에서 30여 년 간 수행을 한 후에 배를 타고 백제로 돌아왔다. 이처럼 중국의 남조문화가 백제에 전래되고 백제불교가 융성해진 연후에 백제는 불교문화를 일본에 전해주어 아스카문화를 만들었다. 부여로 천도한 사비시대의 백제는 일본에 아스카데라[飛鳥寺]를 건립하는데 문화적 · 기술적 지원을 했다. 백제가 중국 남조문화를 받아들여 불교를 발전시키고, 다시 그 불교문화를 일본에 전하는 국제적인 문화교류 속에서 원숭이 문화도 수평적 이동을 하였다고 본다.

4. 백제의 호랑이토기

백제에서 호랑이를 숭배하였다는 기록이나 문양은 없다. 그러나 1979년 부여 군수리 유적에서 중국계 호자가 출토되어 백제인의 의식과 생활을 엿볼 수 있었다. 호자는 호랑이형 토기를 말한다. 중국 서진시대

전 개성 출토의 호자

부여 군수리 출토 호자

의 호자(虎磁)가 백제에서 출토된 것이다. 중국의 호자는 고급스러운 청자제품이다. 중국 낙양시에서 출토된 호자와 흡사한 청자 호자가 개성 부근에서도 출토된 바 있다. 개성에서 출토되었다고 전하는 호자는 서진시대 중국과 문물교류가 이뤄지면서 직수입된 청자 호자이지만, 실제 백제인들은 일찍부터 토기호자를 직접 만들어서 사용했다. 호자는 호랑이가 앉아 있는 모양의 '토기로 만든 남성용 소변기' 라고 해석하고 있다.

중국의 호자는 호랑이가 편안하게 앉아 있는 형태인 반면, 백제의 호자는 호랑이가 앞다리를 일으켜 서있는 모습이다. 관북리에서 나온 호자도 입을 벌리고 고개를 들고 있다. 관북리나 군수리 출토 백제 호자 외에 다른 호자들도 고개를 든 모습이다. 백제시대 이후 부여 군수리 계통의 호자가 이동용 소변기로 만들어진 것이다. 현재 출토된 유물 가운데 이동용 소변기로 분류되는 것은 호자가 처음인 듯하다. 호자는 남성 전용의 이동용 소변기로 만들어졌다. 호자는 호랑이가 입을 벌리고 포효하는 듯한 모습인데, 남자들이 서서 호자의 입에 오줌을 쌌다고 보는 것이다. 실제 얼마 전까지도 우리가 사용한 요강은 여성들에게 적합한 이동용 화장실이지, 남성용으로는 부적절하다. 여성들은 신체적 생리상 앉아서 소변을 볼 수밖에 없기에 좌식형 소변기가 필요하다.

그런데 군수리 유적에서 여자들이 사용할 수 있는 이동용 좌변기가 동시에 발굴되었다. 여자용의 이동식 좌변기는 오늘날 요강과는 사뭇 다르다. 조선시대 왕실에서 왕과 왕비들이 사용했던 이동용 좌변기의 모습과 닮았다. 이러한 용변기는 현재 병원에서 환자용으로 사용하는 것을 볼 수 있는데, 이러한 좌변기가 백제시대부터 여자용 좌변기로 사용되었음을 알 수 있다. 여자용 좌변기도 남자용 호자처럼 손잡이가 달려 있어서 이동용으로 사용했음을 알 수 있으며, 토기로 만들어진 것으로 보아 왕실보다는 민간에서 사용한 것으로 본다. 백제 사비시대에 남자용 입식형 용변기와 여자용 좌식형 용변기는 한옥의 주거공간에 필수적인 생활용구로 사용되었음을 알려주는 유물들이다. 백제시대나 현재의 전통가옥은 큰 차이가 없다고 본다. 화장실이 따로 있지만 생활가옥에는 남자용과 여자용의 이동식 용변기를 별도로 준비하여 생활의 편리함을 추구하였다고 본다. 최근 익산 왕궁리 유적에서 백제시대의 대소변을 처리하는 화장실 유구가 발견되어 화장실과 주거공간이 분리되어 있었음을 알 수 있으며, 이러한 정주형 생활공간에서 이동식 화장실이 필요했을 것이다.

물론 백제의 호자가 중국에서 이동용 용변기를 본떠 만든 것이지만, 백제 호자의 호랑이상이 중국 것과는 달리 포효하는 모습이어서 기골이 당찬 백제 호랑이를 보는 듯하다. 하지만 백제에서는 삼산의 산악숭배 전통은 유지되었으나 호랑이를 산신으로 섬긴 사례는 찾아보기 어렵다. 백제시대의 호자는 백제인들이 호랑이를 용맹스러운 동물로 인식하였지 산신으로 숭배하지는 않은 듯하다. 『삼국지』 위서 동이전 예전에 "호랑이를 신으로 제사하였다(祭虎以爲神)"고 하여 예(濊)에서 호랑이를 신으로 섬기는 제사를 올린 기록은 있다. 그러나 그것도 오늘날 사찰에 있는 산신각의 호랑이를 산신으로 숭배하는 것과는 다소 차이가 있는 듯하다. 백제에서 입을 크게 벌린 모습의 호랑이형 용변기를 이동용 오줌통으로 사용하였다는 것은 호랑이가 산신의 영물이라기보다는 용맹성이 강한 야생동물로 인식하는데 머물렀다고 본다. 백제인들은 호랑이를 제의의 대상이 아니라 생활의 실용구로 활용하였음은 호랑이를 무서운 대상이 아니라 친근한 동물로 인식이 분명하다. 그러나 호랑이가 벽사와 같은 의미로 생활 속에 들어와 있었는지는 확인할 길이 없다.

5. 백제의 사슴

고대사회에서 사슴은 일반인과는 거리가 먼 동물이었다. 사슴은 중앙아시아 지역의 청동기시대에 권력자의 상징적인 장식물로 등장하거나,

시베리아 사슴돌 입석

사슴뿔

시베리아 사슴돌의 태양문과 사슴문양

샤먼의 관모 장식으로 등장한다. 중앙아시아 지역의 고대 왕족들은 관모 장식에 사슴 문양을 넣거나 금장한 사슴을 관모의 장신구로 사용하였다. 몽골과 러시아 일대에서 발견되는 사슴돌(鹿石)에는 태양을 향하여 비상하는 큰뿔사슴(馴鹿) 문양이 매우 사실적으로 묘사되어 있다. 사슴돌 상단에는 태양을 상징하는 원형문이 있고 횡선 아래에는 태양을 향하여 비상하는 여러 마리의 사슴 문양이 조각되어 있다. 우리는 다만 이러한 사슴돌을 통하여 북아시아에서는 사슴을 태양으로 인식하거나 태양의 대리자 역할을 하는 신성한 동물로 인식했음을 알 수 있다.

러시아 알타이 암각화에서도 사슴돌의 사슴문양과 태양사슴의 문양이 종종 발견된다. 사슴돌의 사슴은 큰뿔사슴의 뿔 장식이 날렵하고 우아하게 조각되어 있으며 태양사슴 암각화도 사슴뿔에 태양을 상징하는 둥근 원이 그려져 있다. 이러한 사슴문양을 통해서 순록(큰뿔사슴)이 태양의 상징으로 숭상되었음을 알 수 있다. 태양을 상징하는 사슴은 청동기시대의 권력자들이 신성시한 동물이었다. 자신들이 하늘로부터 신성한 권능을 부여받을 때 인간과 하늘의 매개적인 역할을 하는 동물로 신성시하였다. 태양사슴 암각화와 사슴돌은 알타이어 계통을 중심으로 하는 북아시아 여러 종족 사회에서 긴뿔사슴을 태양의 상징적인 동물로서 신성시하였음을 알려준다.

이처럼 북아시아 청동기 사회에서는 사슴이 군장 및 왕권의 지위를 상징하는 동물로 숭배되었으며, 우리나라에서도 청동기문화가 발달하던 기원전 3세기경에 제작된 검파형동기에도 사슴 문양이 등장한다. 또한 전 경주 출토 견갑문청동기에도 두 마리의 큰뿔사슴이 새겨져 있어서 고신라 사회에도 순록숭배의 전통이 있었음을 알 수 있다. 북방 스키타이 계통의 청동기문화에 큰뿔사슴 문양이 나타나듯이 신라지역의 청동기문화 유물에도 큰뿔사슴이 등장한다. 이러한 청동기의 사슴문양은 일찍이

러시아 알타이 사슴뿔 암각화

북아시아의 사슴숭배가 한반도에까지 영향을 미쳤음을 말해준다. 그런데 왕권을 상징하는 사슴숭배가 백제의 역사기록에 등장하고 있다. 북방계통의 사슴숭배가 삼국시대까지 이어진 것이다. 그와 같은 사실을 『삼국사기』 백제전의 내용으로 알 수 있다.

· 초고왕 48년 7월에 서부인 茴會가 흰 사슴을 잡아서 바쳤다. 왕이 상서롭다하여 곡식 100석을 주었다.
· 고이왕 3년 10월에 왕이 서해의 대도에서 사냥을 하였는데 손수 40마리의 사슴을 쏘았다.
· 비류왕 22년 11월에 왕이 구원 북쪽에서 사냥을 하여 손수 사슴을 쏘았다.

『삼국사기』 백제본기에 등장하는 사슴 기록은 초고왕 48년(213)에서 비류왕 22년(325) 사이 한성시대의 사슴숭배 문화를 전하는 내용이다. 북부여 계통의 지배세력이 한강유역에 내려와 왕권을 유지하면서 사슴을 왕권의 상징으로 활용하였음을 알려주고 있다. 웅진과 사비시대에는 왕이 사슴을 사냥하였다는 기록은 등장하지 않지만, 사슴숭배의 관행은 유지되었다고 본다. 초기 백제사회에서는 북방 계통의 사슴숭배가 전통적 토대를 갖추고 있으나 웅진으로 내려가면서 그와 같은 관념이 잊혀진 듯하다. 『삼국사기』 잡지 제사 조에 의하면 고구려에서는 매년 3월 3일 낙랑의 구릉에 모여 사냥을 하고, 돼지와 사슴을 잡아서 하늘과 산천에 제사를 지내는 게 관행이었다. 사슴을 천제(天祭)의 희생

세 가지 사슴뿔형의 금동관모

금동관모 장식

물로 사용하는 관행은 천신과 사슴의 관계를 보여주는 내용으로서 사슴이 천신과 인간의 매개적 상징물이었음을 알려주는 것이다.

초기 백제는 고구려와 같은 뿌리였으므로, 이같은 전통과 관념 또한 동일시했다. 그리하여 한성시대의 백제 초고왕 3년에 서부인 회회가 흰 사슴(白鹿)을 잡아서 왕에게 바치자 왕은 상서로운 일이라고 말하고 있다. 고구려 태조대왕과 서천왕도 왕이 직접 흰 사슴을 사냥한 기록이 있는데, 이처럼 사슴을 왕권의 상징으로 섬긴 것은 고구려와 백제가 동일하다. 이와 같이 사슴을 숭배하는 전통은 그 뿌리가 북쪽 계통에 있음을 고구려 태조대왕 25년 부여의 사신이 세 개의 뿔이 달린 사슴(三角鹿)을 헌상하는 데서도 알 수 있다. 일반적으로 사슴의 뿔은 두 개가 보편적인데, 삼각록은 뿔이 3개로서 흰 사슴과 함께 신이한 사슴으로 숭배되었다. 백제와 고구려에서 흰 사슴은 영험한 것이어서 왕에게 헌상하는 동물이었다. 흰 사슴이 다른 사슴보다 더욱 희귀하고 상서로운 동물로 고대인들에게 비쳐졌고, 그렇기에 흰 사슴은 하늘의 권능을 가진 천신(天神)의 대리적 존재로 숭배되었다. 태양숭배 문화권에서 천신의 권능을 갖고자 한 지배자들은 흰 사슴을 상서로운 동물로 신성시하였을 것이다.

오늘날 사슴뿔은 녹용이라 하여 최고의 보약 재료로 활용되고 있지만, 북아시아의 고대사회에서 사슴뿔은 왕권의 상징물이거나 샤먼이 사용하는 신모(神帽)의 장식물로 활용되었다. 고대 샤먼의 사슴뿔 신모가 신성한 권능을 갖고자 했던 삼국시대 왕족들에게 영향을 미치어 왕이 사용하는 왕관의 장식도 사슴뿔로 장식되었던 것이다. 시베리아지역에서 생성된 샤먼의 사슴뿔 신모는 삼국시대 고대왕권에 영향을 준 왕관의 원형적인 모습이라 할 수 있다. 백제지역에서 출토되는 금동관모는 물론, 신라의 금관에도 사슴뿔 장식이 있다. 나주 신촌리에서 출토된 금동관은 부여에서 고구려에 헌상한 삼각록(三角鹿)을 연상하게 하는 관모식(冠帽飾)의 모습이다. 무령왕릉에서 출토된 금동관모 장식은 익산 입점리와 나주 신촌리 관모장식과 약간 다르다. 무령왕릉의 관모 장식은 중국 남조문화의 영향을 받아 불교적인 요소가 강한 화염문과 꽃문양이 돋보이지만, 입점리와 신촌리 출토 관모식은 북방대륙문화의 영향을 받아 삼각록의 관모장식으로 이해된다.

지금까지 삼국시대 왕관의 테두리 장식을 시베리아 신수(神樹)인 자작

나무로 해석하는 경향이 있었다. 그러나 자작나무와 왕권의 권위를 연결시킬 수 있는 근거가 희박하여 자작나무가 아닌 사슴뿔로 보는게 타당하다. 금동관식과 왕관 관모 테두리의 앞부분과 양쪽 귀 부분 쪽에는 동일한 모양의 사슴뿔 금제관식이 장식되어 있다. 세 개의 금제장식은 삼각록을 상징하는 의미를 갖고 있지만, 세 그루의 자작나무가 우주수(宇宙樹)의 상징으로 관모에 장식될 이유는 없을 것이다. 그런 점에서 왕관과 금동관모는 태양사슴뿔을 상징하는 삼각록의 장식에서 비롯된 것으로 보아야 한다. 시베리아 북방 계통의 샤머니즘 문화가 청동기시대에 한반도에 전래되어 삼국시대 왕권의 상징물로 사슴과 사슴뿔을 숭배하는 사상을 남긴 것으로 본다. 『삼국사기』에 등장하는 삼각록의 진상기록이 그걸 입증해준다. 삼국시대 왕과 족장들이 사용했던 금동관모와 금관에 사슴숭배가 깃들어 있고, 신라 초기의 샤머니즘적 왕권과 그 시대의 왕들이 사용한 왕관은 사슴뿔 장식이 핵심이었다. 이러한 샤머니즘적 왕권은 백제에서 출토된 금동관모를 통해 백제사회에서도 존재했음을 알 수 있다. 백제 초기의 지배세력이 흰 사슴을 헌상받고, 흰 사슴을 사냥하는 관행을 가진 것도 천신의 권능을 부여받은 샤머니즘적 왕권의 상징적 행위였다고 본다.

백제의 세시풍속

1. 마한의 농경의례

『삼국지』위지 동이전 한전에 따르면 마한의 세시풍속으로 5월과 10월에 농경의례를 가진 기록이 있다. 5월에는 파종을 한 후 귀신에게 파종제의를 치르고, 농사일을 마친 10월에는 봄철의 파종제의와 같은 방식으로 추수제의를 했다는 내용이다.

5월 파종제와 10월의 추수제는 마한 도작농경의례가 정착해 있었음을 말해주고, 세시풍속이 연례행사로 행해졌음을 보여준다. 우리나라 세시풍속은 5월 파종 후 단오절(음력 5.5)에 집중되어 있으며, 10월 추수 후로는 시월 상달의 안택굿을 들 수 있다. 고구려의 국중대회인 동맹제도 10월에 개최되었는데, 이는 추수감사제가 전국 단위로 행해진 국가명절이었음을 말하는 것이다. 벼농사 생활권에서 5월 단오절 전후에 파종을 하고 풍농기원제를 치렀고, 10월에 농공제를 지내는 관행도 고대국가부터 행해졌음을 알 수 있다.

『삼국지』 위지 동이전 한전에 마한의 농경의례를 보여주는 내용이 있다.

常以五月下種訖 祭鬼神 群聚歌舞飮酒 晝夜無休 其舞數十人 俱起相隨 踏地低昂 手足相應 節奏有似鐸舞 十月農功畢亦復如之十月農功畢亦復如之

위의 내용은 5월 파종 후에 수많은 사람들이 가무음주를 즐기고 주야무휴로 농경의례를 치른 사실을 전한다. '10월에 농사 일을 마친 뒤 다시 그와 같이 했다' 는 기록이 마한사회에서는 봄철과 마찬가지 방식으로 10월에도 국중대회와 같은 농경의례를 가졌다는 사실을 말해준다. 이러한 10월 농공제의 전통은 오늘날까지 이어져 한강유역과 그 북쪽 지역에는 지금도 10월에 마을 단위로 동제로 전승되고 있다. 한강 이남 지역에서는 대체로 정월 대보름이나 2월 초하루에 동제(洞祭)를 지내는데, 한강 이북 지역에서는 10월 상달에 동제를 봉행하여 마한시대 농공제의 전통을 계승해오고 있다고 본다.

『동국세시기』 10월 월내편에 "인가(人家)에서는 10월을 상달(上月)이라 하여 무당을 불러다가 성조신(成造神)을 맞이하여 떡과 과일을 바치고 가내 평안을 빌었다"는 내용이 있다. 시월 상달의 성조신에 대한 제사는 마을굿이 아니라 안택굿으로서 집안의 가신에 대한 제사이다. 조선시대에는 마을 단위로 농공제(동제)를 지내고, 집안 단위로는 곡령신에게 풍요를 감사하는 안택굿을 치른 것이다. 안택굿은 집안의 가신으로 모시는 곡식단지, 즉 성조단지 · 조상단지 · 철륭단지 등 집안의 곡령단지에 든 묵은 곡식을 햇곡식으로 갈아 넣는 천신제(薦新祭)를 말한다. 시월에 집안의 귀신들에게 1년 동안 농사를 지은 햇곡식을 바치는 천신제를 끝으로 1년 농사가 마무리된다. 이러한 농공제나 안택굿은 10월에 오일(午日, =馬日)이나 길일을 택하여 시행해왔다.

2. 삼국시대 세시풍속과 12간지

12간지의 세시풍속은 삼국시대부터 행해졌다. 『삼국유사』 권 제1 기이편 사금갑조에 "나라의 민속에 매년 정월 첫째 해일(亥日) · 자일(子日) · 오일(午日) 등의 날에는 모든 일을 삼가고 감히 놀거나 일하지 아니하였다. 그리고 정월 16일(또는 15일)을 오기일(烏忌日)이라 하여 찰밥으로 제사를 지냈으니 지금도 행하고 있다. 우리 방언에는 이것을 달도(怛忉)라고 하니 슬퍼하고 근심해서 모든 일을 꺼리어 금한다는 말이다."라고 하여 삼국시대 오일의 풍속 내용이 기록되어 있다. 삼국시대 민속에서 해일 · 자일 · 오일에 사람들이 일을 삼가고 근신하는 정월 세시풍속이 있었음을 알 수 있다. 오일은 말의 날, 해일은 돼지날, 자일은 쥐의 날이다. 이러한 정월 초 12지일에 12신장의 동물을 정하여 제의를 갖고 금기도 행하며, 농사의 풍흉을 점치기도 하는 풍속은 오늘날까지 전승되어 오고 있다. 지금도 농촌에서는 말날(午日)에 떡시루를 외양간에 갖다 놓고 고사를 지내며, 쥐날에는 논에 나아가 쥐구멍에 불을 피우는 쥐불놀이를 한다. 뱀날에는 머리를 빗지 않고 집안에 뱀 부적을 붙이며, 돼지날에는 집안에서 바느질을 하지 않는다는 속신도 전해오고 있다.

이러한 12지일의 세시풍속은 삼국시대와 오늘날이 크게 다르지 않다. 정월 초에 12지에 맞추어 정월 초하루부터 열이틀까지 일진에 따라 12지신장의 동물민속이 삼국시대부터 전해왔음을 알 수 있다. 12지신은 처음에 왕릉의 호석에 등장하는 방위신이었다가 세시풍속에 정착한 것으로 보인다. 『삼국사기』 잡지 제사조에 "입춘 후 해일(亥日)에는 명활성 남쪽 웅살곡에서 선농제를 지내고, 입하 후 해일(亥日)에는 신성 북문에서 중농제를 지내고, 입추 후 해일(亥日)에는 산원에서 후농제를 지냈다. 또한 입춘 후 축일(丑日)에 견수곡문에서 풍백에 제사하고, 입하 후 신일(申日)에는 탁도에서 우사에 제사하고, 입하 후 진일(辰日)에는 본피부 유촌에서 영성에 제사했다."고 하였다. 이러한 내용을 보면, 삼국시대부터 24절기와 12지일이 정해져 있었으며, 그에 맞추어 농경의례를 거행하였음을 알 수 있다. 1년 동안 12지일(支日)에 맞추어 생활하고 농사를 지었으며, 동물의 날을 택하여 풍년을 기원하고, 풍흉을 점치는 정월의 점풍 민속은 이처럼 삼국시대부터 오늘날까지 전승된 세시풍속이었다. 『삼국사기』 권32 잡지 제사 조를 보면 신라에서는 1년에 6번 시조묘에 제사를 지내고 있다. 제일은 정월 초이튿날, 초닷새(1월 5일), 5월 단오(5월 5일), 칠월 상순, 8월 초하루와 추석날이다. 이 중 세시풍속으로 전승되는 명절은 5월 단오와 8월 추석이다.

5월 5일은 중일 세시로서 중국의 유풍이라 할 수 있고, 8월 15일은 보름 세시로서 우리 민족의 전래 명절이다. 중일 세시로서 원단 · 삼짇날(3월 3일) · 단오 · 칠석(7월 7일) · 중양절(9월 9일) 등을 기면하는 것은 중국 세시풍속의 영향을 받은 것이다. 보름 세시는 정월대보름(1월 15일), 유두(6월 15일), 백종(7월 15일), 추석 등이다. 보름 세시는 풍농기원과 추수감사에 집중되어 있는 벼농사 생활권의 세시풍속이다. 이처럼 우리나라의 중일세시와 보름세시는 삼국시대부터 세시풍속으로 정착되어 있었다. 『삼국사기』 신라본기 유리이사금조에 "신라 왕실에서 왕녀 두 명이 6부 내의 여자들을 각각 편을 갈라 7월 16일부터 8월 15일까지 한 달 간 6부의 마당에서 길쌈놀이를 하였으며, 지는 편이 음식을 장만하여 이긴 편에게 사례하고, 가무와 유희를 즐겼다."는 내용에서 보름민속이 삼국시대의 전통이었음을 알 수 있다. 중일 세시와 보름세시는 삼국시대부터 사용한 역법이 태음태양력이었음을 알려준다.

3. 백제의 12지신앙과 역법

『구당서』 백제전에 "세시와 절기가 중국과 같다"고 하였다. 중국의 고대 역법은 황제력 · 전욱력 · 하력 · 은력 · 주력 · 노력의 고육력이 있었으나, 한 무제의 태초 원년(B.C. 104)에 하력(夏曆)에 근거한 태초력(太初曆)을 역법 체계의 기준으로 세우게 된다. 태초력은 1645년 서양의 역법체계와 결합한 시헌력이 만들어지기까지 중국 역법의 기본이었다.

하력은 건인월(建寅月)을 세수로 삼는 역법이며, 태초력은 정월을 세수(歲首)로 삼는 것을 말한다. 이 태초력이 일찍부터 백제의 역법으로 사용되었다고 볼 수 있다. 그래서 중국의 역법에 기초한 세시와 절기가 같다고 한 것으로 볼 수 있다. 『주서』 백제전에 "송의 원가력을 채용하여 인월(寅月)로 세수를 삼았다"는 백제의 역법 기록이 보인다. 원가력은 송의 문제 재위시인 원가 22년(445)에 하승천이 만든 역법으로 이것은 그 이전의 경초력을 고친 것에 불과하다. 인월을 세수로 삼는 것은 그보다 훨씬 이전에 만들어진 하력에 근거한 것으로 볼 수 있다.

백제가 인월을 세수로 삼았다는 뜻은 인방(寅方)에 있는 달을 음력 정월로 삼았다는 뜻이다. 인월(寅月)이 정월이면, 묘월(卯月)이 2월, 진월(辰月)이 3월, 사월(巳月)이 4월, 오월(午月)이 5월 미월(未月)이 6월, 신월(申月)이 7월, 유월(酉月)이 8월, 술월(戌月)이 9월 해월(亥月)이 10월 자월(子月)이 11월, 축월(丑月)이 12월이 된다. 각 역법은 어느 달을 세수로 삼느냐 하는 차이가 있으나 백제는 원가력을 채용하기 이전부터 하력에 근거한 태초력을 사용해 왔다고 본다. 이것이 오늘날 우리가 사용하는 태음태양력이다. 태음태양력은 달에 의한 삭망주기를 보는 음력과 태양에 의한 회귀년을 보는 양력이 결합한 것인데, 태음태양력이 한 무제 때에 만들어진 태초력에 의하여 재정립되어 백제에 들어온 것으로 본다. 한 무제 때에 만들어진 태초력과 송 문제 때에 만든 원가력은 큰 차이가 없는 듯하다. 백제시대에 중앙정부가 중국의 역법을 공식적으로 받아들여 사용한 것은 큰 의미가 있다. 백제가 오경박사 가운데 역박사(曆博士)를 둔 것도 역법에 관심을 기울인 것이었음을 알 수 있는 것이다.

백제의 절기가 중국과 같다고 했는데, 백제에는 12지와 24절기가 일찍부터 정착되어 있었다. 무령왕릉에서 출토된 지석에는 10간 12지가 음각된 간지도가 새겨져 있다. 이 간지에는 신 · 경 · 유 · 신 · 술이 빠져 있는 것으로 보아 무령왕의 생년월일시에 맞추어서 장례식 날짜를 택하고, 무덤을 쓸 때 간지의 방위를 보았던 것으로 보인다. 그렇다면 백제에서 12지와 24절기가 일상 생활에 크게 활용되었던 것으로 추정해볼 수 있다. 간지법은 주역의 팔괘를 풀이하여 천간지지를 10간 12지로 나눈 것이다. 백제시대에는 음양오행과 점상술이 발달하였는데, 이것은 주역의 팔괘를 음양오행에 맞추어 풀어 쓰는 12지 신앙의 발달을 의미한다. 이러한 사실은 무령왕릉의 간지석으로 확인된다.

중국에서는 태초력을 사용하던 시기에 24절기의 명확한 구분이 있었다고 본다. 24절기는 태양년을 태양의 황경에 따라 24등분하여 계절을 세분화한 것이다. 태양력은 춘분점을 기점으로 태양이 황도 위를 움직이는 각도에 따라 이 절기가 구분되는데, 한 달을 보름주기로 나누어 1년 12달을 24절기로 나누고 있다. 이것은 농민들이 농사를 짓는데 매우 중요한 시간의 축이 된다. 백제시대부터 24절기가 일상생활에 응용되었고 절기의 변화에 따라 춘하추동이 구분되고 입춘 · 입하 · 입추 · 입동에 풍농기원의 절후 제의가 행해진 것으로 보인다.

『삼국사기』 제사지에 따르면, 삼국시대의 절후 제의는 입춘 후 해일에 선농제, 입추 후 해일에 중농제, 입하 후 해일에 후농제를 지내고 있다. 또한 입춘 후 축일에 풍백제, 입하 후 신일에 우사제, 입추 후 신일에 영성제를 지내고 있다.

이러한 사실로 미루어 볼 때, 백제시대는 오늘날과 다름없이 1년 12달이 24절기로 나누고 12지에 맞는 세시풍속이 발달해 있었다. 삼국시대에는 춘하추동 사계절의 변화에 따른 입춘 · 입하 · 입추 · 입동이 정해져 있었고, 중춘일(춘분) · 중하일(하지) · 중추일(추분) · 중동일(동지)을 정하고 계절의 구분을 분명히 했다. 이와 같은 태양력의 세시풍속에서는 24절기의 기준점을 동지에 둔다. 동지는 해가 가장 짧아졌다가 다시 길어지기 시작하는 날이므로, 역법상 새해의 시작은 동지이다. 그래서 동지를 '작은 설' 이라고 부른다. 이러한 24절기에 맞추어 농민들이 농사를 짓고, 풍흉을 점치는 점풍행사가 행해지고, 풍농을 기원하는 기풍의례와 추수의례가 행해졌던 것이다. 백제시대에도 오늘날처럼 신년제의의 세시풍속이 발달해 있었던 것 같다. 당시 신년제의는 국가적 신년제의와 민간의 신년제의가 나뉘어 널리 행해졌다.

4. 백제의 사중지월과 세시풍속

백제의 세시풍속에 관한 구체적인 자료는 『책부원귀(册府元龜)』에 실려 있다.

"백제는 매년 사중지월(四仲之月)에 왕이 하늘과 오제신(五帝神)에게 제사를 지냈다. 그 시조 구태묘(仇台廟)를 나라의 도성(都城)에 세우고 일년에 네 번 제사를 지냈다."

백제에서는 매년 네 차례 왕이 천신과 오제신에게 제사를 지냈고, 또 시조묘에도 제사를 지냈다. 사중지월은 1년 12달 가운데 춘하추동 사계절의 가운데를 지칭하는 말이다. 백제시대에는 왕이 사중지월에 천신과 오제신에게 제사지내는 관행이 있었는데, 사중지월(四仲之月)은 사계절의 가운데 달인 중춘월(仲春月, 2월) · 중하월(仲夏月, 5월) · 중추월(仲秋月, 8월) · 중동월(仲冬月, 11월)을 말한다. 사중지월에 드는 24절기로는 중춘월에 경칩과 춘분, 중하월에 망종과 하지, 중추월에 백로와 추분, 중동월에 대설과 동지가 있다. 4중지월은 태음태양력의 역법에 따라 설정된 것으로 본다.

중춘일은 음력 2월 1일을 가리킨다. 음력 2월의 세시풍속은 2월 1일에 집중되어 있다. 2월1일은 중화절(中和節)이라 하여 백관들이 왕에게 농서를 올리는 날이기도 하고, 농촌에서는 머슴날이라 하여 머슴에게 옷과 음식을 융숭하게 베풀고 하루를 쉬게 하는 날이다. 이날은 예로부터 벼농사를 시작하는 날이라는 속신이 있다. 또한 이 날은 영등날이라 하여 바람이 불고 비가 내리는 기상변화를 보고 농사의 풍흉을 점치는 날이다. 영등날에 영등할머니가 딸을 데리고 내려오면 바람만 불고, 며느리를 데리고 내려오면 비가 온다는 속신이 있다. 영등할머니가 며느리를 데리고 내려오면 풍년이 든다 하여 영등제를 크게 지내기도 한다. 이로써 보면, 2월 초하루는 벼농사 일을 앞두고 풍농기원의 농경의례를 올리던 날이다. 그리하여 백제시대에서도 중춘일(2월 1일)을 기념하여 왕이 하늘과 오제신에게 농경의례를 올린 것이다.

중하일은 음력 5월 5일을 가리킨다. 우리나라 세시풍속에서 음력 5월의 상징은 단오절이다. 단오절은 5월 1일부터 5월 5일까지의 5일간의 기간이다. 단오절을 중국에서는 천양절이라 하는데, 이날은 1년 중 황도에서 태양이 최고의 지점에 이르는 날이다. 이를 다른 말로 수릿날이라 부른다.

단오절에는 여인들이 창포로 머리를 감고, 질병을 물리치는 물맞이를 하고 제액을 물리치는 방편으로 창포 뿌리를 깎아 만든 비녀를 머리에 꽂는 단오장 풍속이 있다. 단오 쑥으로 '수리떡'을 해먹고 단오선을 만들기도 한다. 단오절의 가장 큰 풍속은 단오제를 지내는 일이다. 농촌에서는 대체로 단오절을 즈음하여 파종을 마친다. 마한시대에도 5월 파종 후에 귀신에게 제사를 지낸 단오절 풍속이 있었다. 백제의 단오절은 중국 세시풍속의 영향을 받은 것처럼 보이는데, 마한시대 단오제의 전통일 수 있다. 마한시대부터 풍농기원의 농경의례가 행해진 것으로 보아 단오제의위풍이 자생적일 수 있다. 동아시아 벼농사 문화권에서는 공통적으로 단오를 매우 중시하였다. 단오제는 논밭에 파종한 후 모든 농작물들이 잘 자라기를 바라는 성장의례의 의미를 가진다.

중추일은 음력 8월 15일을 가리킨다. 이 날을 한가위 · 추석 · 중추절이라고 부른다. 한가위의 전통은 신라 유리왕 때에 6부 마당에서 궁녀들이 두 편으로 나뉘어 7월 16일부터 8월 15일까지 길쌈대회를 열고 진 편에서 이긴 편에게 술과 음식을 내놓고 함께 먹고 놀았다는 데서 비롯되었다. 신라에서는 중추일을 가배회(嘉俳會)라 했는데, 후에는 한가회(漢嘉會)라 하여 술과 음식을 주고받는 풍속으로 정착되었다. 제주도에서는 8월 보름날에 남녀가 함께 모여 노래하고 춤을 추며 놀다가 두 편으로 나뉘어 큰 줄을 양쪽에서 잡아당기는 줄다리기를 하기도 했다.

8월 15일의 줄다리기는 일본 규슈(九州)와 오키나와에서 행하는 세시민속놀이와 일치한다. 내륙 지방의 줄다리기는 중국에서 정월 대보름날에 하는 줄다리기 풍속과 일치하는데 제주도는 해양계 문화의 영향을 받아서 일본처럼 음력 8월 15일에 줄다리기를 한 것으로 보인다. 1년 동안 농사지은 곡식과 과일을 수확하여 햇곡식과 햇과일로 조상신에게 제사를 올리는 천신(薦新)이 중추절의 참뜻이다. 이렇듯 중추절은 천신례를 행하는 추수감사절이며 오랜 역사를 가진 벼농사 생활권의 전통이다.

중동일은 동짓날을 가리킨다. 동짓날은 동지에 이른 날이다. 동지는 1년 중 낮의 길이가 가장 짧고 밤의 길이가 가장 긴 날이다. 동지는 춘분 · 하지 · 추분과 함께 태양력의 24절기에 속하며, 1년을 마무리한다는 의미가 있다. 농촌에서 모든 농경의례는 10월 상달에 마무리한다. 음력 11월은 겨울의 가장 정점에 와 있는 달이라 중동일이라 하였고, 1년을 마무리 짓는 의미 있는 날이다. 조선시대에는 동짓날 관상감에서 왕에게 달력을 올렸다. 동짓날 관청에서 관원들에게 황색으로 장식한 달력과 흰색으로 장식한 달력을 나누어 주는 날이었다.

동짓날을 다른 이름으로 아세(亞歲)라 하는데, '다음 해가 시작되는 날' 이라는 뜻이다. 서민들은 동짓날에 찹쌀가루로 새알심을 만들어 팥죽을 넣어 끓여서 먹기도 하고, 집안의 곳곳에 뿌려서 귀신을 쫓는 의식을 치른다. 팥죽은 붉은 색을 띠기 때문에 잡귀를 쫓는다고 여긴 데서 나온 의식이다. 동지팥죽의 유래는 『형초세시기』에 "공공씨가 재주 없는 아들 하나를 두었는데 그 아들이 동짓날에 죽어 역질 귀신이 되었다. 그 아들이 생전에 팥을 두려워했으므로 동짓날 팥죽을 쑤는 풍속이 생겨났다."고 한다. 이 『형초세시기』는 백제가 대외관계를 밀접하게 유지하던 중국 양나라(502~507) 때의 종름이 편찬한 것이다. 따라서 백제의 사중지월에 행해진 세시풍속과 흡사한 내용이 많다.

다시 말하면 사중지월에서 백제의 단오절은 중국의 단양절과 흡사하고 중추절은 삼국시대부터 내려온 가배절인데, 둥근달을 보면서 만월제(滿月祭)를 지내는 벼농사권의 보름명절이다. 우리나라의 만월제는 부녀자들이 추석날 밤 달맞이를 하면서 풍년에 감사하는 강강수월래를 즐기며 놀았다. 중동절은 동짓날을 기점으로 낮의 길이가 길어지기 시작하므로 일양시생(一陽始生)을 기념하는 의미가 있다. 동지팥죽을 끓여 먹는 관습도 중국의 벽사풍속에서 전래되었다.

백제의 세시와 절기가 중국과 같다고 한 것도 단지 24절기만 같은 게 아니라 남조시대의 세시풍속이 백제로 전래해 와 사중지월의 세시풍속으로 정착한 흔적이 보인다. 왕이 국가 차원에서 지낸 제천과 오제신 제사도 그에 해당된다.

백제에서 행해진 동시월의 왕실행사는 왕이 천지신에게 제사지내고 사슴을 사냥하는 일이다. 10월의 천지신 제사는 온조왕 38년과 동성왕 11년에 나타난다. 두 번 모두 큰 단을 만들어 천지신에게 제사를 지냈다. 신단을 만들어 제사를 지내는 일은 백제에서만 나타나는 특징이다. 『삼국사기』 잡지 제사 조에 백제 온조왕 20년 · 38년, 다루왕 2년, 고이왕 5년 · 10년 · 14년, 근초고왕 2년, 아신왕 2년, 전지왕 2년, 모대왕 11년에 춘정월에 왕실에서 천지신에게 제사지냈다는 기록이 있다. 10월과 춘정월의 천지신 제사는 모두 농경의례였던 것으로 보인다.

10월의 사슴사냥은 백제 왕실의 세시행사이다. 『삼국사기』 잡지 제사 조에 백제 구수왕 16년, 고이왕 3년, 진사왕 6년 · 8년, 동성왕 14년 · 23년에 왕이 넓은 평원이나 섬으로 나아가 사냥하였다는 기록이 있다. 왕이 사냥하는 대상물은 사슴이다. 사슴은 왕의 권위를 상징하는 동물이기 때문에, 왕실의 권위를 높이고자 할 때에는 왕이 친히 사슴 사냥을 했던 것으로 보인다. 왕이 사냥에 나서면 하루에 끝나는 게 아니라 멀리 떠나 장기간 체류하면서 사냥하는 관행이 있었는데, 7일만에 돌아오거나 10일이 지나서도 돌아오지 않을 정도로 오랫동안 지속되었다. 왕의 사슴 사냥은 단순한 사냥이 아니라 왕권의 강화를 위한 수단이었다.

5. 백제의 천지제사와 시조묘

백제의 세시풍속에서 춘정월에 천지신과 동명묘에 제사지내는 관습이 있었다. 『삼국사기』 백제본기에 춘정월의 천지제사와 관련하여 "천지신에게 제사를 지내는데 북과 나팔을 사용하였다.(祭天地用鼓吹)", "천지산천에 제사를 지냈다.(祀天地山川)", "남단에서 천지신에게 제사를 지냈다.(祭天地於南壇)", "남쪽 교외에서 천지신에게 제사를 지냈다.(祀天地於南郊)", "천지신기에 제사를 지냈다.(祭天地神祇)" 등의 기록이 나타난다. 이 천지제사는 천지신과 산천신과 신기(神祇)가 그 대상으로서, 제의는 국왕이 직접 주제하였다. 천지산천의 제사는 왕실 안에서 지낸 것이 아니라 교외에 별도의 단을 만들어 지냈다.

왕제(王制)에 의하면, "천자는 天(神)·地(祇)와 천하의 명산대천을 제사하고, 제후(諸侯)는 사직과 자기 영역에 있는 명산대천에 제사를 지낸다"고 되어 있다. 이에 따라 국왕이 주재하는 춘정월 제사는 신년 제의의 성격이 강하다. 국왕과 제후가 천지 제사에서 토지신과 곡물신인 신지와 사직에게 제사를 봉행하는 게 관례였던 것이다. 백제시대 춘정월의 천지 제사는 왕실과 국가가 주도하는 풍농기원의 제의로서 도성 남쪽 교외에 큰 제단을 설치하고 행하였던 것이다. 이것은 연례행사로 거행된 세시풍속은 아니지만, 춘정월에 봉행한다는 세시적 의미는 있다.

온조왕 20년(2년) 2월에 큰 단을 만들어 처음으로 천지신에게 제사를 지냈다는 기록이 있다. 춘정월과 2월에 천지신에게 제사를 하는 것은 신년의례 겸 농경의례적인 성격이 강한 농경 세시 의례라고 볼 수 있다. 신라에서는 시조묘 제사를 정월 2일과 5일에 지냈는데, 백제에서도 시조뵤 제사는 정월 2일에 치렀을 가능성이 크다. 왜냐하면 이미 삼국시대부터 원일(元日, 설날) 풍속이 정착돼 있었기 때문이다. 음력 정월 초하루 설날에는 왕이 문무백관들로부터 신정 하례를 받고 그 다음날 왕이 시조묘에 배알하고 나서 천지신에게 제사를 봉행하였을 가능성이 크다. 아신왕 2년(393)과 전지왕 2년(406)에 동명묘와 천지신에 대한 제사를 춘정월에 함께 올리고 있는데, 이 제일은 정월 초이튿날(음력 1월 2일)이었다고 본다. 백제는 춘정월에 신하와 관료가 왕에게 신정하례를 올리듯이, 왕도 시조묘와 천지산천의 신에게 새해의 시작을 고하는 신년의례를 거행했다고 본다.

『책부원구(册府元龜)』에 백제는 시조 구태의 묘를 도성에 세우고 1년에 네 차례 제사를 지냈다. 그 내용에는 다음과 같은 주가 있다.

> 『해동고기』를 살펴보건대, 시조를 동명(東明) 혹은 우태(優台)라 하였다. 『북사』·『수서』에서는 모두 동명의 후손으로 구태(仇台)라는 이가 대방에 나라를 세웠다. 이 시조를 구태라 하였다. 마땅히 동명이 시조이다. 사적(事迹)이 명백하다. 그 밖의 다른 것은 믿을 수 없다.

『삼국사기』 잡지 제사 조에 백제 책계왕 2년, 분서왕 2년, 계왕 2년, 아신왕 2년, 전지왕 2년에 시조 동명묘에 배알하였다고 나온다. 동명왕 시조묘 배알은 모두가 춘정월에 행해졌다. 시조묘 제사는 세시풍속과는 다르지만 춘정월 · 춘이월 · 동시월로 제일이 고정되어 있어서 세시성이 강하다고 볼 수 있다. 신라에서 시조묘 제사는 공통적으로 정월 2일에 봉행되었다. 백제의 시조묘에는 백제의 건국자가 배향되어야 한다. 그러나 『책부원구』는 백제의 시조가 구태라고 적고 있으며, 『삼국사기』에는 『수서』 · 『북사』 내용을 빌어서 백제의 시조를 동명이라 하고 있다. 백제는 온조왕 원년 5에 동명왕묘를 세운다. 이 동명왕묘에 전지왕 2년대까지 춘정월에 배알하였다고 기록되어 있다. 『수서』 · 『북사』 백제전에 동명왕과 구태왕 이야기가 다음과 같이 나온다.

> 백제국은 마한의 족속으로 색리국(索離國)에서 나왔다. 색리국왕이 출행 중에 그 시녀(侍女)가 후궁에서 임신하였는데, 왕이 환궁하여 그녀를 죽이려 했다. 시녀가 "앞서 하늘에서 큰 달걀만한 기운이 내려오는 것을 보았는데, 거기에 감응되어 임신하였습니다." 고 아뢰자 왕은 그 시녀를 살려주었다. 뒷날 아들을 낳으매 왕이 그 아이를 돼지우리에 버렸으나 돼지가 입김으로 불어서 얼어죽지 아니하였다. 뒤에 마구간에 옮겨놓았으나 역시 그와 같이 하였다. 왕은 신령스럽게 여겨 그 아이를 기르도록 명하고, 그 이름을 동명(東明)이라 하였다. …(중략)… 동명의 후손에 구태(仇台)가 있으니 매우 어질고 신의가 두터웠다. 그는 대방(帶方)의 옛 땅에 처음 나라를 세웠다. 한(漢)의 요동태수 공손도가 딸을 구태에게 시집보냈는데, 마침내 동이(東夷)의 강국이 되었다. 당초에 백가(百家)가 건너왔다고 해서 나라이름을 백제(百濟)라 하였다.

위의 기록에 따르면, 백제국의 동명 신화는 고구려의 주몽신화와 매우 비슷하다. 『북사』 백제전에는 백제의 선대가 고구려에서 나왔다 하였고, 『위서』에서는 부여에서 나왔다 하였다. 백제의 동명신화는 부여와 고구려와 동일한 계통의 신화였다. 다만 백제의 동명신화는 달걀만한 붉은 기운에 감응하여 임신한 후에 사람을 낳게 되었지만, 고구려 주몽신화는 유화가 천기에 감응하여 알(卵)을 낳게 되는 차이가 있을 뿐 동일한 난생신화 계통이다. 이는 북부여와 고구려와 백제가 동명왕을 동일한 시조로 섬기는 부여족임을 입증해주는 것이라 하겠다.

『수서』『북사』에 백제의 시조를 동명으로 기술한 것도 백제의 시조가 부여계이기 때문이다. 이를 입증하듯 백제를 건국한 온조왕은 즉위년에 동명왕묘(東明王廟)를 세우고 있다. 온조가 부여의 동명왕 계통임을 스스로 자처한 것이다. 온조가 백제를 건국한 후에 동명왕을 시조묘에 배향하고 춘정월에 참배하는 것이다. 동명왕묘에 배알한 기록은 책계왕 2년, 분서왕 2년, 계왕 2년, 아신왕 2년, 전지왕 2년이다. 동명왕묘에 배알한 왕 모두가 즉위년 이듬해에 시조묘에 참배하고 있음을 알 수 있는데, 이는 춘정월에 즉위의식을 갖고, 이듬해에 시조묘에 참배했던 것으로 보인다.

『책부원구』에 백제의 도성에 구태묘(仇台廟)를 세우고 일 년에 네 차례 시조묘 제사를 지냈다고 했다. 일 년에 네 차례 시조묘 제사를 봉행하였다면 비류계가 국왕에 즉위했을 때에 가능한 일이다. 백제사에서 비류계가 왕위에 오르는 시점을 초고왕과 구수왕대로 본다. 구수왕(仇

首王)은 구태(仇台)와 왕의 호칭이 흡사한데 구수왕이 해씨(解氏)였는지는 알 수 없다. 다른 시각에서 비류계의 왕위세습을 고이왕대로 보는 경향이 있다. 백제 6대 구수왕이 서거하자 사반왕이 왕위에 올랐으나 나이가 어려 숙부인 고이왕이 왕위에 즉위하고 있다. 그렇다면 구수왕에서 사반왕에 이어 고이왕이 비류계 왕위를 세습하고 있는 것으로 볼 수 있다.

『삼국사기』 잡지 제사 조에는 구태묘에 배알한 왕의 이름은 등장하지 않지만, 동명왕묘에 배알한 왕은 다루왕·책계왕·분서왕·계왕·아신왕·전지왕으로 나와 있다. 동명왕묘에 배알한 왕을 부여씨로 보는 문제는 많은 논란이 있을 수 있으나 백제왕실 내부에서 부여씨와 해씨가 왕통을 교체하면서 승계하였던 징표가 아닌가 한다. 부여씨계 왕들은 즉위년 이듬해인 춘정월에 동명왕묘에 배알하고서 즉위식을 거행한 것으로 볼 수 있는데, 고이왕과 근초고왕 때에는 제단을 설하고 천지제사를 봉행했을 뿐 시조묘에는 제사를 올리지 않고 있다. 그러나 아신왕과 전지왕대에는 춘정월에 시조묘 제사와 제천지 제사를 동시에 거행하고 있다. 이러한 사실은 마침내 부여씨계로 동명왕 시조묘가 통일되는 것으로 보인다.

전지왕 2년(406) 시조묘 제사와 천지 제사를 함께 지낸 시기가 춘정월이었던 점으로 미루어 볼 때, 일 년에 네 차례 구태묘에 제사를 봉행한 시기도 사중지월인 것으로 보아야 한다. 동명왕묘의 제사는 춘정월과 동 시월 외에 다른 세시가 나타나지 않기 때문에 왕이 주관하는 구태묘의 제사를 백제의 세시에서 찾는다면 사중지월(四仲之月) 외에 달리 설명할 길이 없다.

백제의 놀이와 연희

1. 개인놀이

1) 바둑

『삼국사기』 백제본기 개로왕 21년(475)편에 바둑이야기가 나온다.

고구려 장수왕이 몰래 백제를 도모하여 간첩으로 갈 수 있는 자를 구하였다. 이때에 승 도림이 응모하여 말하기를 "어리석은 중이 아직은 불도를 알지 못하였으므로 나라의 은혜에 보답하고자 생각한 바 있습니다. 원컨대 대왕이 신을 어리석다고 하지 않으시고 쓰시면 왕의 명령을 욕되게 하지 않을 것입니다." 하였다. 왕이 기뻐하여 비밀리에 보내어 백제를 속이게 하였다. 이에 도림은 거짓 죄를 짓고 도망 온 것이라 하여 백제로 들어왔다. 당시 백제왕 근개루왕은 바둑을 좋아하였다. 도림이 대궐문에 나아가 고하기를 "제가 젊어서부터 바둑을 배워 꽤 묘한 수를 알게 되었으니 원컨대 왕을 측근에서 모시고자 합니다." 고 하였다. 왕이 불러서 바둑을 두었더니 과연 국수였다. 마침내 왕이 상객으로 받들고 심히 친근하게 지내면서 서로 늦게 만난 것이 한스러워할 정도였다.

백제 21대 개로왕은 너무나 바둑을 좋아하였다. 그런 탓에 고구려 간첩승 도림에게 속아서 궁실 · 누각 · 대사를 수리하고, 성곽과 제방 등을 수리하는 우를 범하기에 이르렀다. 그는 도림의 꾀에 넘어가 국가적인 대규모 토목공사를 벌였고, 그에 따라 백제는 막대한 경제적 손실을 가져왔으며 국력이 쇠진하여 나라가 도탄에 빠지는 결과를 가져왔다. 도림은 고구려로 돌아가서 장수왕에게 이러한 사실을 고하매 드디어 장수왕이 군사를 일으켜 한성을 공격하였다. 개로왕은 간첩인 도림에게 속은 것을 뒤늦게 후회하면서 다음과 같이 탄식하고 후일을 대비하게 하였다. "내가 어리석고 밝지 못하여 간사한 자의 말을 믿고 이 지경에 이르렀다. 백성은 쇠잔하고 군대는 약해졌으니 비록 위태한 일이 일어나도 누가 나를 위하여 힘써 싸우기를 즐겨하겠는가. 나는 마땅히 사직을 위하여 죽겠지만, 네가 여기서 함께 죽는 것은 무익한 일이다."하면서 아들 문주왕에게 유언을 하고 있다.

결국 개로왕은 바둑을 좋아한 나머지 바둑으로 망하여 목숨까지 잃고 말았다. 바둑이 고구려와 백제에서 국가 운영의 전략에 활용되었음을 알 수 있는데, 두 나라에서 그만큼 바둑을 좋아했고 성행했다는 증거이기도 하다.

백제에서 바둑을 즐겼음을 보여주는 자료가 일본 정창원에 보관되어 있는 바둑판과 바둑돌이다. 이것들은 모두 코끼리 상아로 만든 것이다.

백제시대의 바둑판

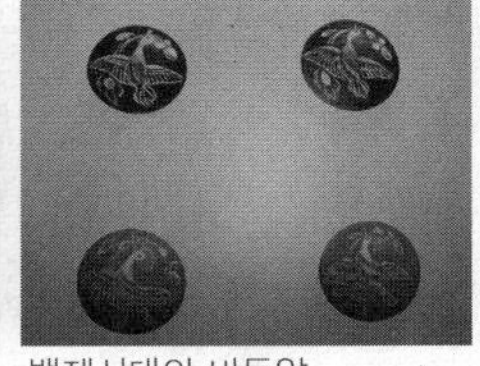
백제시대의 바둑알

백제 의자왕이 일본 등원염족(藤原鎌足, 후지하라가마타리)에 보낸 홍색과 감색의 바둑돌 한 벌과 흑백색 한 벌 등 모두 516개의 바둑알이다. 이 바둑알은 직경이 1.5㎝ 두께 0.7㎝이다. 이 바둑돌에는 새가 버드나무 잎을 물고 있는 모습이 섬세하게 그려져 있고, 매우 화려하다. 이 바둑판과 바둑알은 백제 의자왕이 왜의 실권자에게 보낸 왕의 하사품이었던 것으로 보인다.

바둑은 기원전 중국에서 만들어 즐겼던 것인데, 삼국시대 고구려·백제·신라에 전해졌고, 다시 백제에서 일본에 전래된 상류층의 놀이문화였다. 지금도 한·중·일 바둑의 국수들이 국제적인 대국을 벌이며 우위를 차지하려고 경쟁하는 것을 보면, 바둑의 역사는 지금까지 지속되고 있으며, 그 역사의 기원은 백제시대로 거슬러 올라간다고 볼 수 있다.

2) 장기

중국 『남제서』에 백제에서 장기를 즐겼다는 기록이 있다. 장기는 바둑과 함께 중국에서 백제로 전래해온 것으로 본다. 중국에서는 바둑과 장기를 묶어서 박혁(博奕)이라 불렀는데, 『삼국사기』 백제본기 개로왕조에 "백제왕 근개루왕은 바둑을 좋아하였다(百濟王近蓋婁王好博奕)"는 기록이 있다. 개로왕의 박혁 기록으로 볼 때, 백제시대의 바둑과 장기는 민속놀이라기보다 왕과 귀족들이 즐기는 상류층의 놀이문화였을 가능성이 크다.

장기는 기원전 200년경 인도에서 처음 창안된 놀이문화로 알려졌다. 기원전 5세기경 인도의 군제(軍制)는 코끼리대 · 기병대 · 전차대 · 보병대 4군으로 구성되어 있었다고 한다. 전투에 참가한 코끼리대가 커다란 역할을 하여 장기를 상희(象戱)라 불렀다. 지금의 장기에 상(象)이 있는 것으로 알 수 있다. 장기는 인도에서 아랍 지방 · 동남아시아 · 동북아시아 지방의 세 길로 퍼져나갔는데, 그 가운데 하나의 루트가 북인도에

장기를 즐기는 사람들

서 중앙아시아와 중국을 거쳐서 우리나라와 일본으로 퍼져나간 것이다. 장기가 처음 인도에서 중국으로 전래하여 우리나라에 유포되었지만, 우리나라의 장기판은 중국의 춘추전국시대에 전쟁의 이론과 전략을 세우는 병법판을 그대로 받아들인 것으로 본다.

장기는 초왕(楚王)과 한왕(漢王)이 전투부대와 병력을 이끌고 밀고 올라가면서 공방전을 벌이는 방식이다. 그래서 장기판에 초(楚)와 한(漢)의 나라가 맞붙어 싸운 초한전을 연상하게 한다. 이로써 미루어 보면, 춘추전국시대의 병법이 장기판의 기초가 된 듯하다. 춘추시대에 전투는 차전(車戰) 위주의 야전(野戰) 중심으로 전개되었으며 이에 따라 차(車)가 장기판에 등장하고 있다. 전국시대 각 국의 주력부대는 기마병(騎馬兵)과 보병(步兵)으로 구성되었고, 이러한 전술의 영향을 받아 장기판에 기마와 보병이 상징하는 병(兵)과 마(馬)가 등장하고 있다. 전국시대에 병력을 충당하기 위하여 국민개병제와 유목민들의 기마전법이 도입되면서 다양한 전술과 병법이 나왔던 것이다. 이러한 병법과 병술을 연구하는 작전 도판이 장기판이었다. 그래서 장기판에는 전술도구로 車와 包, 兵과 卒, 馬와 象 등이 등장하고, 이러한 작전 도구들은 춘추전국시대에 끊임없이 전개되는 전쟁과 전술 연구에 활용되었다고 본다. 기본적으로 장기가 춘추전국시대 병법의 산물이라고 보지만, 후대에 한 왕조가 세워지면서 대체되기도 하고, 현재와 같은 장기는 당송대 이후에 정착한 것으로 보고 있다.

3) 투호

투호(投壺)는 화살을 항아리에 던져 넣는 놀이이다. 투호도 개인적으로 즐기는 놀이나 민속놀이보다는 왕실과 귀족들이 즐긴 상류층의 놀이였다. 민속놀이는 서민적이고 집단적 특성이 있는데, 투호는 귀족적이고 개인적인 성향이 강한 놀이이다. 투호는 중국에서 들어온 것으로 알려졌다. 중국에서 투호에 대한 기록은 『좌전』에 처음 등장한다. 서기전 533년 제후공경이 진의 진사군 즉위 축하잔치에서 투호를 하였다는 것이다. 주대의 천자 · 제후 · 귀족들은 잔치 때 손님들을 위하여 투호로 여흥을 즐겼다. 그리하여 투호를 할 때에는 엄격한 예의와 범절을

조선시대 투호를 즐기는 선비들

지켰다고 한다. 중국의 제후들이 즐긴 투호가 백제에 전래된 것이다.

백제의 투호 기록은 『주서』·『북사』·『수서』 백제전에 등장한다. 백제에서 투호가 어떠한 방식의 놀이였는지 기술한 내용은 없다. 따라서 후대의 자료를 가지고 백제시대의 투호풍속을 유추해 볼 수밖에 없다. 『고려사』 세가편 권14에 "옛 예절인 투호가 오래 전에 중단되었다. 송에서 보낸 투호는 매우 정밀하게 만들었다. 내 장차 투호를 할 것이니 투호의를 편찬하고 그림도 곁들이라."고 한 내용이 있다. 이 내용은 투호가 고려시대에도 보편화된 민속놀이가 아니고 겨우 왕실에서나 즐겼던 놀이였음을 말해준다. 투호가 왕실의 놀이였음은 조선시대 성종 9년(1478) 기록에도 나타난다. 왕은 신하들에게 "왜 투호를 하지 않는가"라고 묻고 "투호는 희롱하고 노는 것이 아니라 마음을 다스리는 기구"라고 소개하고 있다. 이처럼 투호는 백제시대부터 후대에 이르기까지 왕족과 귀족들의 놀이문화였음을 알 수 있으며, 집단적인 민속놀이와는 거리가 멀었던 것 같다. 백제시대의 투호는 백제가 중국과 대외관계를 유지하면서 왕실문화로 수입한 놀이였으며, 7세기 초에 일본에 전해져 일본의 귀족들이 정월 세시풍속 놀이로 즐겼다고 한다.

4) 악삭

『북사』·『수서』 백제전에 따르면 백제인들은 악삭(握槊)을 즐겼다. 악삭은 쌍륙이라고 불리는 개인놀이를 말한다. 쌍륙은 12줄이 2열로 되어 있는 쌍륙판과 말이 있고 주사위를 두 개 던져서 나오는 숫자에 따

쌍륙을 즐기는 조선시대 한량과 여인

라 말을 옮기는 놀이이다. 말은 손잡이 달린 종처럼 나무로 깎아서 만든 것인데, 서양의 체스 말과 흡사하다. 쌍륙은 고금을 통하여 상류층 사회에서 연희된 민속놀이였던 것 같다. 쌍륙판과 말과 주사위만 있으면 때와 장소를 가리지 않고 즐길 수 있으므로 널리 행해진 놀이였던 것이다. 이 쌍륙은 인도에서 만들어진 것이며, 유럽과 아시아 대륙으로 퍼져나갔다고 한다. 우리나라에는 서역과 중앙아시아를 거쳐서 중국을 통하여 전래되었으며, 백제로 들어온 쌍륙이 일본에까지 전래되었다. 일본 정창원에 소장된 쌍륙판은 중국 당나라에서 들어온 것으로 알려졌으나 조선의 것과 흡사하여 백제 전래설이 유력하다.

쌍륙은 중국 당송대에 널리 성행한 놀이로서 왕실의 궁녀들 뿐만 아니라 술집 여인들도 즐기는 여성 선호의 민속놀이였다. 조선시대에는 남녀가 술집에서 어울려 술을 마시고 쌍륙을 치는 행실이 좋아 보이지 않는다 하여 쌍륙에 비판적인 신하들이 있었는가 하면, 명종은 "예부터 나례 뒤에 쌍륙을 쳤으니 지금 시행하라"라는 명을 내리기도 했다. 그런데도 신하들은 "장난에 지나지 않는 주사위를 던져서 임금과 신하 사이에 어려움이 없어지고 이로써 조정이 난잡해지게 되었으니 탄식을 금하기 어렵다"하여 부정적인 인식이 주류를 이루었다. 일반 사회에서 쌍륙은 도박으로도 행해지기도 했다. 정약용은 "진주 촉석루에서 떠들썩하게 음률을 즐기다가 해가 저문 뒤 심 비장과 함께 쌍륙치기로 3천 냥을 따서 기생들에게 뿌리며 즐겁게 놀았다."고 한 것을 보면, 조선시대에 쌍륙은 상류층 사회에서 가장 보편화된 개인놀이였다고 할 수 있다. 최근까지 좋은 가문의 여인들이 쌍륙을 즐기기도 했으나 지금은 찾아보기가 쉽지 않다.

5) 농주

『북사』·『수서』 백제전에 농주(弄珠)의 기록이 나온다. 농주는 기예자들이 공이나 방울을 공중으로 높이 올려서 내려오는 것을 받는 공받기 또는 방울받기의 놀이이다. 농주는 산악백희의 종목에 포함되는 기예놀이로서 농환(弄環)이라고도 부른다. 고구려 고분벽화에도 농주가 등장한다. 농주는 자그마한 공이나 방울 여러 개를 차례대로 공중에 높이

던져 올렸다가 양손으로 번갈아 받아서 다시 공중으로 올리는 일을 반복하는 놀이이다. 농주는 오랜 수련과정을 거친 전문적인 연희집단에서 전승하는 기예라 할 수 있다. 이러한 공받기놀이(농주)는 지금도 서커스 공연단에서나 볼 수 있는 고난도의 놀이이다. 이 놀이는 중국에서 고구려와 백제에 건너온 것으로 보인다. 고구려의 장천1호분 고분벽화에 보이는 농주지희가 중국 산동성의 화상석에도 나타나는 것을 보면, 중국의 기예인들이 삼국시대에 한반도로 건너와서 전한 것 같다. 이러한 사실로 미루어 백제에는 전문적인 연희집단이나 곡예인들이 있었다고 본다. 조선시대 대문장가였던 허균의 문집인 『성소부부고』에 조관기행의 전주기사에 쌍간희환(雙竿戱丸)이라는 기록이 나온다. 허균의 형인 허성이 전라도 관찰사로 재직할 때 허균이 전주로 들어오는 길목에서 기악과 잡희로서 환영행사를 벌였는데, 그 잡희 중에 두개의 막대를 올리고 공을 가지고 노는 놀이를 했는데, 고구려 고분벽화에 보이는 농주희가 너무나 흡사하다. 따라서 농주지희는 고대사회부터 전승된 잡희로서 조

고구려 고분벽화의 농주그림

선시대까지 민간에서 전승되어온 것으로 본다. 이러한 잡희가 오늘날 곡예사들에 의해서 전승되고 있는 것이다.

6) 저포와 윷놀이

중국의 『주서』·『북사』·『수서』 백제전에는 백제에서 저포라는 놀이가 연행되었다고 나온다. 저포는 중국에서 들어온 민속놀이이고, 윷놀이는 우리나라의 전래민속놀이이다. 백제시대에 저포가 중국에서 전래되었는데, 윷놀이와는 전혀 성격이 다른 민속놀이다. 즉 저포는 단순히 즐기기 위한 오락용 민속놀이이지만, 윷놀이는 새해 정월에 개인의 운세와 농사의 풍흉을 점치는 점복놀이의 성격이 강하다. 윷놀이는 정월에 즐기는 세시풍속의 의미가 담긴 민속놀이이다. 저포와 윷놀이가 동시대에 연행된 민속놀이였는지는 확인할 길이 없다. 다만 익산 미륵사지 주초석에서 윷판 도형이 발견되어 백제시대부터 윷놀이가 행해졌다고 볼 수 있지만, 당시의 윷판이 농사의 풍흉을 점치던 도형이라고 볼 수 있기에 놀이의 대상은 아닐 수 있다.

저포와 윷은 놀이방식과 도판 자체가 다르다. 다만 나무가락으로 만든 놀이도구가 흡사하다는 점 때문에 같은 종류로 인식되었을 뿐이다. 이수광은 『지봉유설』에서 저포를 탄희(攤戲)라 하고, 탄은 곧 저포라 하였다. 윷놀이는 사희(柶戲)라 했는데, 사(柶)는 『설문』에 비(匕)라 했으며, 네 개의 나무가락으로 논다 하여 사희라고 불러왔다. 이규경의 『오주연문장전산고』에서도 사희와 저포는 유사하다는 언급이 있을 뿐이다. 사희는 즉 윷놀이를 말한다. 4개의 윷을 던져서 논다 하여 척사희(擲柶戲)라 부른다. 저포는 나무가락 5개를 사용하고, 윷은 4개의 나무가락을 사용한다. 이와 같이 나무가락을 던져서 놀이를 즐기는 방식은 다른 나라에도 있다. 특히 4개의 나무가락을 던져서 즐기는 민속놀이는 남미 · 인도 및 동남아시아 · 서유럽과 아메리카 대륙의 원주민들의 민속놀이에서도 찾아볼 수 있다. 나무가락 4개를 던져서 노는 놀이는 비슷하지만, 놀이판은 제각각이다. 저포판이 다르고, 윷판이 다르다. 윷판을 놓고 4개의 윷가락을 던지는 윷놀이는 세계적으로 우리나라에서만 발달한 민속놀이이다.

김광언의 저포 이야기를 다시 옮겨 쓴다.

> "저포는 자 360개를 3등분하고 그 사이에 관 둘을 둔다. 말은 여섯, 가락은 다섯이다. 가락 위는 검은색, 바닥은 흰색이다. 검은색 면 둘에 犢, 흰색 면 둘에 雉자를 새긴다. 다섯을 한 번에 던져서 모두 검은색이 나오면 盧가 되어 16채를 얻는다. 둘이 검은색, 셋이 흰색이면 치로 14채이다. 둘이 검은색, 셋이 흰색이면 독으로 10채이다. 다섯이 흰색인 白은 8채이다. 이 넷은 귀한 채이다. 開 12채, 塞 11채, 塔 5채, 禿 4채, 梟는 2채, 撅는 3채이다. 귀한 채가 나오면 거듭 던지는 동시에 말을 잡고 관을 통과하지만 나머지는 그렇지 못하다."

저포는 여섯 개의 말이 있고, 다섯 개의 나무가락이 있다. 가락은 검은색과 흰색으로 구분되어 있다. 저포가락을 던져서 나오는 흰색과 검은색에 따라 채가 정해진다. 저포는 저포판과 말을 가지고 저포가락을 던져서 말이 가고 잡고 하여 노는 방식이라든가 채의 명칭이 윷놀이와 흡사할 뿐이다. 저포가 고려시대까지 민속놀이로 연행되었음은 고려시대 사찰인 남원 만복사와 관련하여 금오신화에 등장하는 만복사저포기를 통해서 알 수 있다. 윷놀이가 우리나라에서 언제부터 민속놀이로 연행되었는지 알 수 없으나, 저포와 윷놀이가 흡사하다고 한 것을 보면 동일한 시기에 두 가지의 놀이가 연행되었을 가능성이 크다.

한편 윷의 기원을 처음으로 밝힌 사도설이 있다. 16세기에 김문표(金文豹)가 밝힌 사도설은 이러하다.

"사도설이 윷을 만들었다. 길을 통하여 하늘은 둥글고 땅이 네모나고 건곤이 정해진 것을 알 수 있다. 별은 경도와 위도의 궤도에 있고, 태양은 주야로 나뉘어서 운행한다. 하늘이 높은 곳에 이르고, 별이 먼 곳에 이르므로 기형지도와 혼천지의가 필요하다. 추측하건대 후에 쉽게 알 수 있게 한 것은 오로지 윷 뿐이다. 윷의 밖으로 원의 형상이고, 하늘 아래로는 네모진 형상이다. 즉 하늘이 땅을 포위하고 있다. 별자리의 가운데에 있는 것은 추성이고 그 주변에 28수가 배열되어 있다. 북극성 별자리는 별이 무리지어 받들고 있는 모습이다."

위의 내용은 사도설(柶圖說)의 윷판에 대한 해석이다. 천체를 관측하는 문화가 발달하면서 하늘의 별자리를 윷판과 연결지어 해석하였음을 알 수 있다. 사도설은 윷판을 별자리를 조합한 도형으로 인식하는 경향이 조선시대까지 이어졌음을 보여준다. 오늘날 윷판에도 원형과 방형이 있는데, 그 도형의 숫자는 28개이다. 사도설에 따르면, 별자리 가운데에 추성을 두고 그 주위에 28수를 배열한 것을 윷판이라 하고 있다. 사도설에서는 추성과 북극성의 별자리를 다르게 표현하고 있다. 추성은 북극성이 아니라 북두칠성일 수 있다. 비록 사도설은 조선시대에 나온 윷판의 해석이지만, 별을 관측하는 기술은 삼국시대부터 발달했기 때문에 윷판이 삼국시대에 만들어졌을 가능성은 있다.

『삼국사기』에 따르면, 28수의 별이름과 별의 현상 변화에 따라 길흉을 점치는 점성문화가 발달해 있었고, 백제는 별자리를 전문적으로 관측하는 일관부(日官部)의 전담부서가 있었다. 28수도가 고구려 고분벽화에 등장하고, 이러한 28수도가 고구려 고분벽화 주변에서 윷판으로 묘사되고, 익산 미륵사지 강당지와 회랑지 주초석에서도 윷판이 등장하는 것을 볼 때, 이미 삼국시대부터 윷판이 도형화되었던 것을 알 수 있다. 백제 무왕대에 창건된 미륵사지 주초석에 새겨진 윷판 도형은 그 모습이 매우 정교하여 윷판이 신앙의 대상이기도 했다고 여겨진다.

세계적으로 유일하게 우리나라에서 윷판 도형이 만들어진 것도 천체 관측술과 우주를 이해하는 학문과 사상이 발달했기에 가능했으리라 본다. 그런 점에서 윷판은 심오한 천문학과 동양학의 이론이 담겨져 있는 오랜 역사의 산물이다. 따라서 윷놀이는 귀중한 가치를 가진 민속놀이라 할 수 있다.

2. 집단놀이

백제시대 민속놀이에 대한 구체적인 기록은 없다. 당시의 역사 기록은 항상 왕권을 중심으로 일어나는 나라의 역사를 기술한 것이기에 민중생활의 풍습을 이해할 수 있는 자료는 좀처럼 발견하기 어렵다. 민속은 기록문화가 아니라 행위 전승의 문화이기에 더군다나 당대 자료를 활용하기가 쉽지 않다. 백제의 민속자료가 부족하다면, 사회발전에 따라 그 이전 시대인 마한의 사회풍속 자료를 인용할 수밖에 없다. 농촌사회의 관행으로 볼 때, 마한의 농경의례가 백제시대까지 이어진 것으로 보는 견해에 커다란 이견은 없는 듯하다. 마한과 백제의 민속자료는 우리나라 사서보다는 중국 사서에 더 많이 기술되어 있다. 『삼국지』 위지동이전 한전에는 마한 사회의 농경의례에 관한 내용이 있다.

> "항상 오월에 씨앗을 뿌리고 난 뒤 귀신에게 제사를 지내는데, 사람들이 모여서 노래를 부르고 춤을 추었다. 이때에 낮밤 없이 며칠간 음식과 술을 즐겼다. 그 춤은 수십 명의 사람들이 함께 일어서서 서로 뒤따르면서 땅을 밟으며 낮추었다가 몸을 일으키며 손과 발이 서로 마주 응하는데 탁무와 흡사한 음악이 한바탕 울려댔다. 10월 농사일을 마치고서 또한 그와 같이 하였다."

이 기록은 마한의 농경의례와 관련된 세시풍속 내용이다. 마한에서는 연중행사로 농경의례를 벌여 춤과 노래를 즐겼음을 알 수 있다. 『구당서』 백제전에 세시(歲時)와 절기(節期)가 중국과 같다는 내용이 있다. 마한에서 5월과 10월에 행해지는 두 차례의 농경의례는 벼농사와 관련된 농경의례이며 중국의 농경문화와 흡사한 면이 있다고 본다. 진수가 『삼국지』에 기술한 것도 그러한 배경에 있다. 봄에 풍농기원제를 드리고, 가을에도 수확제를 행하는 풍속이 유사했을 것이다. 중국과 마한의 농경의례가 유사했고, 이러한 전통은 백제시대의 세시풍속과 생활관습으로 전승되어 왔다고 본다.

세시풍속에서 농경의례의 대상신은 다신적인 성향을 갖고 있으나 전체를 하나로 묶는 용어를 선택한다면 잡신 또는 귀신이라고 할 수 있다. 천신과 대응하는 모든 잡신은 애니미즘적인 자연신 또는 귀신으로서 농사짓는데 등장하는 농경신도 이에 해당한다고 하겠다. 오늘날 파종과 추수 후에 농경의례를 지내는 것처럼, 마한시대에 귀신에게 풍농기원의 농경의례를 거행하였는데, 의례의 대상 신은 자연신적 존재로서의 농경신이었을 것이다.

마한의 농경의례에는 수십 명의 사람들이 춤을 추는 춤사위가 묘사되어 있다. 『삼국지』 위지 동이전을 찬술한 진수는 마한 사회의 절기제의에서 수십 명의 사람들이 다함께 일어서서 열을 지어 앞사람을 따라가면서 춤을 추는데, 땅을 밟으며 몸체를 일으켰다가 엎드리며 양손이 양발과 교차로 맞대응하는 방식으로 춤을 추었다고 기술하면서 이를 탁무(鐸舞)와 흡사하고 했다. 마한의 농경의례는 놀이와 춤이 등장하는 전통축제라 할 수 있다.

농기세배를 행한 후 농악대의 합굿

탁무의 핵심은 수십 명의 사람들이 열을 지어 서로 따라가면서 몸을 구부렸다가 일으키고 손과 발을 엇갈려 맞대응하는 춤사위이다. 이러한 춤사위는 오늘날 농촌의 전통춤에서 찾는다면, 강강수월래와 두레춤이라 할 수 있다. 강강수월래는 8월 명절에 여자들이 집단적으로 대열을 지어 서로 따르고 몸을 구부렸다가 일으키는 춤이고, 두레춤은 남자들이 논으로 들일을 나갈 때 농악의 반주에 맞추어 농요를 부르면서 열을 지어 가면서 추는 춤을 말한다.

탁무는 마한에서 5월에 땅에 씨앗을 뿌리고 나서 농작물의 생장발육을 촉진하는 기원제의 행사에서 추는 집단가무였음을 보여준다. 이런 점에 비춰보면, 탁무는 매악(韎樂)과 그에 따른 춤으로 본다. 『주례』에 따르면, 매악은 계절의 생성을 돕고 양기의 만물을 통하여 양육케 하는 주술적인 집단가무로서 16명이 춤을 추고 수십 명이 따르는 군무였다고 한다. 지금도 농촌에서는 농악을 매굿 · 매귀 · 매귀굿이라고 부르고 있다. 중국에서 매(韎)는 '동이의 악(東夷之樂)'이라 하였다. 매악은 동이족의 독특한 음악이라는 중국적 사고가 깃들어 있다. 따라서 매악은 벼농사를 짓는 한반도 농민들이 즐긴 농악이라 할 수 있으며, 매악의 역사가 곧 농악의 역사라 할 수 있다. 농악은 마한시대부터 동이족들이 농사를 지으며 악대를 연주한 음악이었으며, 이러한 전통이 오늘날 농악대로까지 이어진 것으로 본다. 그런 점에서 탁무와 유사하다는 악대는 농악대를 지칭한 것으로 본다.

탁무(鐸舞)가 오늘날 농악대와 흡사하다면 악대가 쓰던 악기도 농악기에서 크게 벗어나지는 않을 듯하다. 중국 위촉오 삼국시대에 목탁 · 동탁과 같은 타악기(打樂器)를 치면서 춤을 추고 놀았던 타악대가 있었다고 보아야 한다. 우리나라에서 탁무와 흡사한 반주악대(伴奏樂隊)는 농악대 외에 달리 설명할 길이 없다. 농악기는 모두가 타악기이다. 농악기에서 꽹과리와 징은 청동으로 만든 제품이며, 장고와 북은 나무통에 동물 가죽을 씌워서 만든 타악기이다. 청동과 가죽으로 만든 타악기는 남방계 원주민의 전통축제에 등장하는 전통악기의 주류를 이룬다. 타악기는 속이 빈 나무통을 두들기거나 나무통 한쪽을 가죽으로 덮은 북을 두들기거나 청동으로 만든 징이 중심인데, 남방계 원주민들이 이러

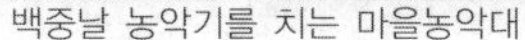

백중날 농악기를 치는 마을농악대

타악기를 치는 인도네시아 청년들

한 타악기를 치는 모습을 종종 볼 수 있다.

『삼국지』 위지 동이전 한전에 "立大木懸鈴鼓"라는 내용이 있다. 마한 사회에서 농경의례를 거행할 때, 산에 올라가 신목(神木)을 베어다가 마을 광장에 세워놓고 그 신목에 방울과 북을 걸어놓았다는 것으로, 방울은 청동기이고 북은 나무통에 가죽을 씌운 악기였을 것이다. 영고(鈴鼓)는 농경의례에서 음악을 반주하는 악기이기도 하고, 신목에 걸어놓고 농경신의 신체로 사용했을 가능성도 있다. 따라서 농악은 신악(神樂)이라 할 수 있으며, 악기는 신기(神器)로 사용되었다고 본다. A.D. 300년경 진수가 찬술한 『삼국지』 위서 동이전 한전에는 남방계 사회풍속이 많이 기술되어 있다. 그것은 마한 사회가 남방계 농경문화권에 속하였고 중국의 남방문화와 흡사한 점이 많다는 점을 뜻한다. 이러한 문화적 배경은 벼농사 짓기와 그에 따른 농경의례의 발달을 꼽을 수 있다. 진수가 마한의 민속음악을 탁무와 흡사하다고 한 것도 그러한 배경이었다고 본다. 중국 남부 원주민의 농경의례는 제의와 놀이가 복합된 민속놀이였을 것이며, 마한의 농경의례도 동일한 방식이었을 것이다. 마한에서 농경신에게 제사를 지내는데 밤낮을 가리지 않고 음주가무를 즐겼으니, 제의와 놀이가 복합된 농경의례라고 할 수밖에 없다. 오늘날 마을굿에서 놀이가 제의를 수반하고 제의가 놀이적인 요소를 갖고 있으니 마한 농경의례를 전승해왔다고 해도 과언이 아니다. 농경의례에서 농악은 필수적이다. 농악은 길잡이이고 가무를 즐기는 반주이며, 농경의례의 집단놀이에서 신명을 불러일으키는 신악이라 할 수 있다. 마한의 농경의례를 유추해볼 수 있는 중국 운남성 리수족과 라후족의 농경의례를 소개한다.

"정월초하룻날 새벽에 제관은 산에 올라가 신(神)이 강림할 수 있는 신목을 베어다가 마을 공터 중앙에 세운다. 또 집집마다 남자들은 자신들의 집안에 개별적으로 신목을 세운다. 이 신목에는 색깔 있는 천과 비파(琵琶) · 해금(奚琴) 같은 악기를 매단다. 이윽고 새 옷으로 차려 입은 마을 사람들이 모두 나와 신목 주위에 둘러서서 빙글빙글 돌면서 강강수월래 춤을 춘다. 춤이 끝나면 음악대가 선두에 서고 마을 사람들이 뒤를 따르며 집집마다 돌아다니며 지신(地神)을 밟아준다. 집주인은 참가자들에게 음식과 술과 차 등을 대접한다."

"1월이 되면 추장(酋長)이 길일을 잡아 제천의 날을 선포한다. 온 동네 사람들이 깨끗한 옷으로 갈아입고 마을의 제사 터에 모여 제관(祭官)의 주관 하에 제천의식(祭天儀式)을 거행한다. 이때에 남자들은 생황 · 징 · 소북 등의 악기를 연주하고 여자는 원형으로 둘러서서 손에 손을 잡고 춤을 추며 제단의 주위를 돈다. 제단에는 음식물이 차려져 있고, 이어서 제관이 하늘에다 고천(告天)을 한다."

이 내용은 중국 운남성 라후족과 리수족의 민족지에서 발췌한 내용이다. 이들 역시 우리나라 정월 대보름날 마을굿과 같은 농경의례를 거행하고 있음을 볼 수 있다. 중국 운남성의 제천의식과 우리나라의 마을굿이 흡사한 점을 간추려 정리해보면 다음과 같다.

첫째, 정월 초에 길일을 택하여 제천의식을 행하는 것이다. 운남성의 제천의식과 우리나라의 동제(천제 · 산신제 · 당제 · 천룡제 등)는 정월 초에 제관을 선정하고 길일을 택하여 제관의 주도 하에 주민들이 마을 제장에 모여서 신년제의를 거행하는 것이 동일하다. 마한에서 제천의식을 소도라 이름하였고, 소도에서 제의를 주관하는 자가 천군이었다. 역사적 맥락에서 본다면, 오늘날 마을굿은 근본적으로 마을 단위의 제천의식이라 할 수 있다.

둘째, 제천의식에서 신목에 악기를 매달거나 악기의 연주에 맞추어 춤을 추는데, 여자들은 강강수월래를 추고 논다. 신목에 비파와 해금을 매달아 놓는데, 이 모습이 마한의 "立大木懸鈴鼓"와 흡사하다. 리수족들이 제장에 신목을 세우는데, 마한에서도 별읍에 방울과 북을 매단 신목을 세웠다. 그리고 제천의식에서 남자들이 징 · 소북으로 악기를 연주하면서 노는 것과 마을굿에서 남자들이 농악을 연주하면서 노는 것이 흡사하다.

셋째, 제천의식(마을굿)이 끝나고 나면 집집마다 돌아다니며 지신을 밟아주고, 집주인이 음식과 술을 내놓아 향응을 베푸는 의례가 우리와 너무나 흡사하다. 우리나라는 지신밟기를 걸립굿 또는 매굿이라고 부른다. 운남성의 지신밟기는 우리나라의 매굿에 해당하는 마을굿의 한 유형이라 할 수 있다.

마한과 운남성의 세시풍속을 비교해보면 정월 초 농경의례에서 악기를 신목에 매다는 것, 제관 또는 천군이 제천의식을 주관하는 것, 탁무처럼 악기의 반주에 맞추어 제장에서 군무(群舞)를 추는 것이 기본적으로 같다. 신목에 매단 악기는 마한에서는 청동방울과 북을 매달았는데, 리수족에서는 비파와 해금을 매달고 있다. 방울과 북은 타악기라는 점이고, 비파와 해금은 현악기라는 차이가 있다. 신목에 매다는 신기(神器)에는 차이가 있지만, 춤을 추는데 반주를 하던 악기를 매단 것은 일치한다. 그리고 징과 소고를 들고 연주하면서 춤을 추는 것과 우리나라에서도 농악기를 들고 놀이춤을 즐기는 것은 같다.

운남성의 원주민들이 징(錚)과 소북(小鼓)를 갖고 있음은 우리나라의 농악이 마한시대까지 올라갈 수 있음을 말해준다. 우리나라의 농악기인 징과 꽹과리 · 장고와 북은 원시적인 타악기로서 마한시대에도 있었고, 탁무라고 지칭하는 농악은 백제시대에도 행해졌다. 징과 북은 우리나라와 운남성에만 있는 게 아니라 벼농사를 짓는 동아시아 원주민들의 공통적인 농악기라고 생각된다. 탁무라는 춤도 중국 고유의 놀이춤이 아니라 한반도와 중국 남쪽지역 · 태국 · 라오스 · 베트남 지역에서 농사를 짓는 원주민들이 사용하는 타악기의 반주에 따라 춤을 추는 보편적인 놀이춤이라고 본다.

우리나라도 벼농사 문화권에 속하여 남방계 탁무문화권에 속한다고 할 수 있다. 농악은 우리나라의 원시적인 타악기 음악이며, 이 음악에 맞추어 추었던 춤을 탁무라고 표현한 것이다. 탁무는 오늘날 농악의 놀이춤을 보면 쉽게 짐작이 간다. 전라도에서 우도 · 좌도의 농악이 발달한 것도 벼농사 생활과 관련된 문화 전통이라 할 수 있다. 마한의 벼농사 문화권에서 발달한 농악의 뿌리가 오늘날 호남농악의 뿌리라고 할 수 있다. 따라서 마한 · 백제의 민속문화를 이해하는 데는 벼농사 계통의 남방문화가 중요한 기준이 된다.

3. 백제의 가면희

3세기 말 백제는 서진과의 대외교섭을 주도하면서 마한 소국의 백제국(伯濟國)에서 백제(百濟)로 전환하는 계기를 가져온다. 서진은 해상교통망을 조성하면서 276년부터 291년까지 마한의 여러 소국들과 대외관계를 유지하였다. 백제의 해상루트는 경기만과 한강을 통해서 이뤄졌다. 이는 풍납토성과 몽촌토성에서 서진에서 만든 것으로 보이는 시유도기와 전문도기가 출토된 사실을 통해서 알 수 있다. 백제는 낙랑 · 대방과 대립각을 세운 대외관계를 유지하면서도, 한편으로 서진과 외교관계도 주도하면서 남조의 문물을 받아들였다. 육조의 도성이었던 남경을 끼고 있던 항주만 · 양자강과 백제가 위치한 경기만 · 한강과의 해상교통로는 마한시대부터 열렸으며, 이 해상루트를 따라 다양한 남조문화가 들어왔다.

서진이 멸망하고 이어 들어선 동진시대에 백제는 남조불교를 받아들였다. 그런데 마한과 백제가 처음부터 육조문화를 받아들였다면 불교문화도 마한과 백제에 동시에 전래해왔고, 한강유역 외에 금강 · 영산강 유역에도 들어왔다고 본다. 백제가 침류왕 원년(384)에 불교를 국교로 공인하지만 불교문화가 전래된 것은 그보다 훨씬 이전의 일이다. 이러한 사실은 『일본서기』에 백제의 미마지가 오나라에서 기악(伎樂)을 배워왔다는 기록에서 그 단서를 찾을 수 있다. 『일본서기』 추고천왕 20년(612)조에는 백제의 기악 내용이 등장한다.

"백제인 미마지(味摩之)가 귀화하여 말하기를 "오(吳)나라에서 배워서 기악(伎樂)의 춤을 출수 있다"고 했다. 그를 영정(櫻井, 사쿠라이)에 살게 하고 소년을 모아서 기악의 춤을 가르치게 하였다. 眞野首弟子 · 新漢濟文 두 사람이 그 춤을 배워서 전수하였다. 이것이 지금의 大市首 · 辟田首 등의 선조이다."

백제인 미마지(味摩之)가 백제의 기악을 일본에 전하였고, 일본에서는 기악을 기가쿠라고 불렀다. 백제 귀화인의 후손들은 야마토국 시로시타군 모라야촌에 살면서 기가꾸를 가업으로 세습하면서 전승했다고 한다. 그리고 기가꾸는 불교의 2대 명절인 사월초파일(4월 8일)과 우란분절(7월 15일)에 동서양사제회(東西兩寺齋會)에서 공연되었는데, 나라시대에는 기가꾸가 모든 사찰에서 연행될 정도로 융성했다고 한다. 13세기 초 일본의 『교훈초』에 따르면, 기가꾸는 사찰에서 불사공양을 위하여 무곡으로 연출되던 묵극(默劇)이었다고 한다. 기가꾸는 사찰에서 올리는 공양의 일종으로 악기의 반주에 맞추어 춤과 노래를 연행하였던 불교예술이였다고 할 수 있다.

이러한 사실은 『일본서기』 천무천왕 원년(686) 4월에 "신라의 손님에게 향응을 베풀기 위하여 천원사(川原寺)의 기악을 쓰쿠시 항구에 운반하였다."는 내용으로 알 수 있다. 사찰 내에 불교의 장엄구를 설치하고 스님들이 합장을 하면서 악기의 반주에 따라서 의식을 거행하는 기악대(伎樂隊)가 있었으며, 가면무는 가면을 쓰고 춤을 추는 하나의 과장이었다고 본다. 기가꾸는 처음부터 불교의식에서 가면을 쓰고 춤을 추는 무기악(舞伎樂)이었던 것이다.

그렇다면 백제의 기악에도 가면무가 있었다고 본다. 왜냐하면 기악이 백제에서 전래된 것이기 때문이다. 『일본서기』에 미마지가 귀화한 시점이 600년대 초인데, 그는 기악을 중국 오나라에서 배웠다고 했다. 미마지가 배웠다는 중국의 오(吳)나라(222~279)는 후한이 멸망하고 나서 약 50여 년간 위 · 촉과 함께 삼국시대를 연 나라이다. 위 · 촉 · 오 삼국시대는 백제의 고이왕대에 해당하는 시기이다. 이 시기에 백제는 한성에 도읍을 두고 고대국가의 기반을 강화하는 차원에서 중국 남조문화를 적극 받아들였다.

미마지가 오나라에서 가져왔다는 기악이 불교음악이었다면, 불교의 전래 시기도 훨씬 앞당겨질 수 있다. 마한과 백제에 전래된 대표적인 남조문화는 불교문화였기 때문이다. 『삼국지』 위지 동이전에는 삼한의 역사가 기술되어 있지만 백제전은 없다. 그리고 마한의 역사는 『진서』 동이열전 마한전을 끝으로 중국사에서 자취를 감춘다. 『진서』는 서진과 동진의 154년간(265~418)의 역사기록이다. 291년 서진의 정치적 혼란으로 정치적인 중심이 서진에서 동진으로 이동하고, 우리나라에서도 마한사회가 점차 쇠퇴해가면서 정치의 중심이 백제로 이동하고 있었다. 384년 동진의 마라난타가 백제에 불교를 전래해오는 것 자체가 그 증거이다. 그러나 불교는 그보다 훨씬 이전인 3세기 말에 마한과 백제에 전래해온 것으로 보인다. 백제인 미마지의 오나라 기악전수설이 불교 전래의 연대를 앞당길 수 있게 한다.

그렇다면 중국에서 기악은 무엇인가.

『마하승기율』 권 제33에는 부처님께서 왕사성 가란타 죽원에 머무르고 있을 때, 비구들이 기악을 본 이야기가 실려 있다. 기악을 직업적으로 행하는 사람을 기아(伎兒)라 한다. 기아는 북을 치거나 노래를 하고 춤을 추고 비파를 뜯고 징이나 동발을 치는 사람이다. 이와 같이 여러 가지 기악을 하는데 최소한 네 사람이 모여서 놀이를 한다. 기악은 기아들이 주관하며 가(歌)·무(舞)·악(樂)·희(戱)가 모두 포함된 종합적인 음악형태를 말한다.

불경에 기록되어 있는 기악을 살펴보면 『대정장』 권10 「도세품경」에

"존신을 모시는 사찰에서 기악이라 하는 금(琴)·쟁(箏)·적(笛) 등의 음악으로 부처님의 탑과 절에 공양을 올린다."고 하였고, 『대정장』 권54 「대방등무상경」에는 "부처님이 계신 곳으로 와서 향·꽃·번기·보개·기악으로 부처님께 공양을 올린다."고 하였으며, 『대정장』 권3 「과거현재인과경」 제3에서는 "모든 천신들이 하늘의 기악을 연주하면서 꽃을 뿌리고 향을 피웠고 '노래와 패'로서 찬탄하였다."고 했다. 경전을 통해서 본 기악은 춤추는 무기, 노래하는 가기, 징과 북을 치는 악기 등 다양한 기악이 있었음을 알 수 있다. 기악은 부처님께 춤과 노래로써 공양을 올리는 불교의식이며, 부처님의 탄신법회와 불교의례에서 공덕을 찬탄하면서 연주하는 불교음악이라 할 수 있다.

인도불교가 중국으로 전래돼 온 시점은 한 무제 때이다. 한 무제가 장건을 대월씨국에 사신으로 파견하면서 서역과 교통이 열리고 불교가 인도에서 중앙아시아를 거쳐 중국으로 전래되었고, 동시에 서역의 문물도 함께 들어왔다. 중국에서 후한 대에 이르러 서역승들이 들어와 불법을 전하였고, 후한 말에 이르면 왕실에서도 부처님을 신으로 받드는 의식을 거행하고 황제·노자·부도를 함께 신으로 모시기 시작하였다. 후한 환제는 부도를 모시는 사당을 세우고 연희 8년(168)에는 고운 비단으로 단을 만들고 교외에서 하늘에 바치는 음악을 연주하고 있다(用郊天樂也). 불교가 중국에 전래되면서 승려와 불상과 불교의식이 함께 들어오고, 하늘에 바치는 음악을 연주하고 있다고 했으니 서역의 기악이 불교와 함께 중국으로 들어온 것으로 볼 수 있다.

낙양으로 전해진 중국 불교는 후한 명제(58~74) 때에 불교 신봉자였던 초 왕영의 유배지를 따라 강남지방으로 전파된 것으로 보이며, 동시에 기악도 전파된 것으로 본다. 오나라는 중국에서 강남 불교의 전진기지 역할을 하였다. 미마지가 배웠다는 오나라의 기악은 강남지방에 유포된 노래와 춤과 연주가 곁들여진 불교음악이라 할 수 있다. 강남지방에 불법을 전하려고 앞장선 인물이 오나라의 지겸(支謙)과 강승회(康僧會)이다. 지겸은 강남지역에 처음 불교를 전파한 사람이며, 강승회는 지겸의 전교에 이어 강남 불교를 정착시킨 인물이다. 이들은 서역의 불법을 전하고자 불경을 번역하고 사찰을 짓고 불상을 모시는데 헌신적이었다.

위촉오 삼국시대에 위문제의 동생인 조식(曹植, 192~232)이 범패를 처음 만들었으며, 오나라에서도 범패가 행해졌다고 한다. 지겸이 번역한 『태자서응본기경(太子瑞應本起經)』 권 하 「제석악인반차슬가패(帝釋樂人般遮瑟歌唄)」 제1 중본기(中本起)에 기악(伎樂)과 관련된 내용이 나온다. "바야흐르 천악(天樂)의 반차기(般遮伎)가 서서히 아래로 내려와 석실에 이르렀다. 부처님은 마침내 정의(定意)를 깨달으려 하였으며, 반차는 거문고를 타고 노래를 불렀다."는 내용이다. 하늘의 음악을 연주하는 신이 하늘에서 내려와 거문고를 타면서 노래를 했다는 데에서 천음을 연주하는 기악이 오나라에서 실행되었음을 알 수 있다. 조식이 만든 중국 범패는 기악과 범패가 조합된 불교음악으로 서역 음악과는 차이가 있었다. 부처님에게 공양을 올릴 때 기악과 '歌' '唄'로 노래하고 찬탄하였음을 알 수 있다. 인도에서는 '게(偈)' '송(頌)' 하는 패(唄)가 있다면 중국에서는 소리와 음악이 결합한 찬(讚)이 불교음악의 특징이었다. 오나라의 기악과 가패 기록이 실린 『출삼장기집』 지겸전에는 "또한 무량수 · 중본기경에 의거하여 '천보살'과 '연구범패' 삼계를 만들었다(又依無量壽 · 中本起經 製讚菩薩連句梵唄三契)."고 하였으며, 『대장전』 권1 「대반열반경」에 "향 피우고 꽃 뿌린 뒤 여러 가지 기악을 만들고, '가'와 '송'으로 찬탄하였다(燒香散華 作衆'伎樂' '歌' '頌' '讚嘆')"하여 강남불교의 초전지인 오나라에서 기악과 범패가 사찰의 불교의식에서 연행된 것으로 보인다. 오나라의 지겸은 이러한 기악과 범패가 결합한 불교음악을 강남지방에 퍼트렸으며, 백제인 미마지가 이 기악과 범패가 조합된 오나라의 불교음악을 배워왔던 것으로 보인다.

3세기 말 마한과 서진 사이에 해상교통로가 개설되어 있었기 때문에 강남지방의 기악과 불교문화가 마한과 백제에 전래되었을 가능성은 있다. 오늘날도 스포츠와 예술단의 해외공연을 하거나 민간 외교사절단으로 활용되거나 기독교의 해외선교단이 파견되는 것도 비슷한 논리일 것이다. 중국 남조의 불교기악단이 포교 차원에서 마한과 백제에 파견되어 범패를 공연했을 가능성은 얼마든지 있다. 이러한 오나라의 기악공연은 백제가 불교전래를 공인하는 침류왕 원년(384) 이전에 있었던 일로 보아야 한다. 백제인 미마지가 기악을 배워왔다는 사실은 백제와 오의 문물교류가 이뤄지고 있었다고 볼 수 있기 때문이다. 이러한 역사적 흔적이 마한과 백제 문화 속에 나타난다.

오나라의 기악은 마한 소도의 제천의식에서 찾아볼 수 있다. 진수가 3세기 후반에 편찬한 『삼국지』 위서 동이전 한전에서 "소도를 행하는 뜻이 불교와 흡사하다(其立蘇塗之義 類似浮屠)"고 하였다. 마한의 소도는 중국 오나라의 불교(浮屠)와 유사하다고 기술하고 있다. 인도에서 서역을 통하여 오나라에 유포된 중국불교가 마한에 전파되었을 가능성을 보여주는 대목이다. 소도 관련 내용 가운데 마한에 탁무와 흡사한 춤이 있었다는 내용이다(節奏有似鐸舞). 탁무는 한대의 무곡으로 청동방울을 손에 들고 추는 춤이었던 것으로 보이는데, 기악에서 북과 징을 치고 동발을 치면서 춤을 추고 노래를 하는 모습이 있다. 중국 기악의 춤과 마한 소도의 탁무가 흡사했던 것으로 본다. 마한에서는 춤꾼들이 집단적으로 청동방울 또는 소고(小鼓)와 같은 악기를 손에 들고 춤을 추었을 가능성이 있다. 소도에서 천신에 제사 지내기에 앞서서 귀신을 물리치는 의식으로 탁무와 흡사한 춤을 추었다고 본다.

오늘날 무속굿에서 '부정거리' 라는 과장의 굿이 있듯이, 마한 소도에서도 수십 명이 축귀의식을 거행한 모습을 탁무라고 했을 가능성이 크다. 이러한 의식이 마한의 소도에서 행해졌음은, 소도 사료에서 "큰 나무를 세워 방울과 북을 걸어놓았다(立大木懸鈴鼓)"는 내용 가운데 청동방울이 등장하고 있기 때문이다. 나무에 걸어놓은 방울과 북은 기악에서 연주할 때 사용하는 북(鼓)과 동령(銅鈴)일 가능성이 있다. 동령은 청동방울이고 귀신을 부르거나 쫓아내는 도구로 활용되었다. 청동방울과 북은 신목에 걸어 놓은 신기로서 귀신을 쫓는 방편으로 활용되었다

음성 대소리의 청동방울

가면형청동방울

고 본다. 이 청동방울로 추정되는 가면형청동기(假面形靑銅器)가 충북 음성에 출토되었다. 이와 흡사한 얼굴상 청동방

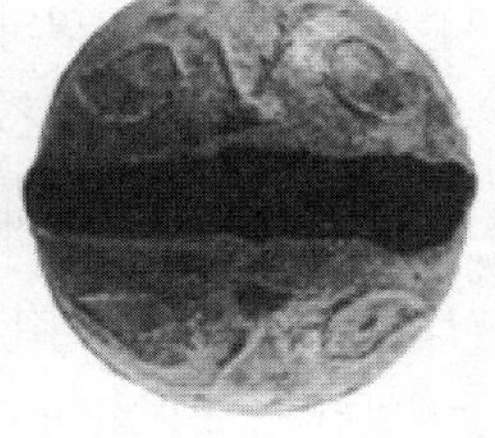
표정리 출토 청동말방울

울도 충남 연산 백제시대 무덤에서 출토된 바 있다. 이들 두 유형의 청동방울은 청동기시대의 동령과 달리 마한 또는 백제시대의 동령으로 보이는 가면형청동기이다. 동령이 귀신을 쫓는 기능을 갖고 있듯이, 가면도 벽사의 기능을 갖고 있다. 가면을 쓴 사람이 동령을 들고 춤을 추는 의식무가 기악에서 행해졌을 가능성이 크다. 가면형 청동방울이 벽사적 도구로 활용되었듯이 봉산탈춤과 양주별산대에 등장하는 8먹중들도 붉은색 가면을 쓰고 사악함을 물리치는 벽사의식무를 춘다. 특히 8먹중은 불법을 수호하는 8부신중(八部神衆)에 근원을 두고 있어서, 그

연원은 백제시대 불교 수용과정에서 기악무에서 비롯된 것으로 본다. 따라서 이 가면형청동기는 마한과 백제에서 기악의 연행을 뒷받침하는 자료라 하겠다.

백제시대 가면 관련 청동유물은 두 가지 유형이 있다. 하나는 가면이 조각된 청동방울이고, 다른 하나는 방형가면이다. 청동방울(동령)은 충북 음성 · 충남 연산 · 경남 합천 등지에서 출토되었다. 음성 대소에서 출토된 동령은 양주별산대놀이의 먹중탈과 너무나 닮았다. 둥근 얼굴에 눈 모양새가 가면의 눈맵시 같이 둥글면서 눈꼬리를 길게 모은 양식이 같고, 코가 주먹코처럼 큰 모양새와 옆으로 길게 벌린 듯한 입모양이 먹중탈과 너무 흡사하다.

또한 충남 연산과 경남 합천에서 출토된 가면형청동기도 가운데에 길게 벌린 입모양을 하고 위아래에 얼굴상을 대칭으로 조형해 놓은 청동방울(銅鈴)이다. 이 동령들은 말방울(馬鈴)로 만들어졌지만, 청동방울에 벽사가면을 조각한 것이다. 방울과 가면이 가진 벽사적 성격이 동일하여 말방울에 가면문을 새긴 것이라고 본다. 이러한 말방울들은 3세기에서 5세기 사이의 것으로, 당시에 가면과 방울이 벽사의 도구로 사용되었음을 보여주는 증거라 하겠다.

다른 한 가지는 방형가면이라 할 수 있다. 방형가면청동기는 부여 구교리와 관북리에서 출토된 바 있다. 이 청동제 가면은 7세기경에 제작된 것이며, 가면은 실제 가면극에서 사용한 흔적으로 두 눈과 사방에 끈을 꿸 수 있는 구멍이 만들어져 있다. 이 청동가면은 정전급 건물터에서 출토되어 당시 백제 사찰에서 기악이 연희될 때 가면무가 행해졌던 것으로 추정해볼 수 있는 유물이다. 더욱 이 청동가면은 불교의 신장상을 본뜬 얼굴상으로 사찰에서 가면희가 연행되었을 가능성을 보여주는 증거이다.

이러한 백제시대 불교의 신장상 가면은 현전하는 양주별산대놀이에서도 찾아볼 수 있다. 양주별산대놀이의 먹중탈이 불교의 팔부신장상에서 유래했다는 의견을 수렴한다면 백제 사찰에서 기악이 연행되고 있었으며, 7세기 초에 백제의 기악이 일본에 전해졌고, 백제 기악의 민간전승이 오늘날 한강유역 일대에서 연행되고 있는 송파산대 · 양주별산대 · 퇴계원산대 등 산대극 전승에 영향을 준 것으로 보인다. 양주 · 송파 · 퇴계원이 위치한 한강유역은 백제시대의 한성도읍권에 속한다. 충북 음성은 남한강 유역에 위치한 백제문화권에 속한다. 음성에서 출토된 가면형청동기의 얼굴상이 한강유역의 산대희에 등장하는 얼굴상과 모습이 닮은 점은 백제 가면의 전승일 수 있음을 시사한다. 한강유역에서 가면극의 역사는 백제시대까지 올라갈 수 있으며, 후대로 내려오면서 나례의 영향을 받아 오늘날 산대극의 면모를 갖게 된 것으로 본다. 가면극

백제의 가면

은 처음부터 불교의례의 연희였던 것이 분리되어 후대에 독립적인 가면극으로 전승해왔다고 본다. 양주별산대놀이의 먹중탈과 취발이가 서역 계통의 호인형(胡人形) 가면이란 점은 오나라의 기악이 불교문화와 함께 백제에 전래해왔으며, 백제의 기악이 다시 613년경 일본에 전파되어 기가쿠를 정착시킨 것으로 보인다. 일본에 남아있는 기가쿠의 가면들이 대부분 호인형이라는 점도 오나라에서 서역 계통의 가면희가 기악과 불교문화를 통하여 백제로 전해졌고 그것이 다시 일본으로 전파되었음을 말해준다.

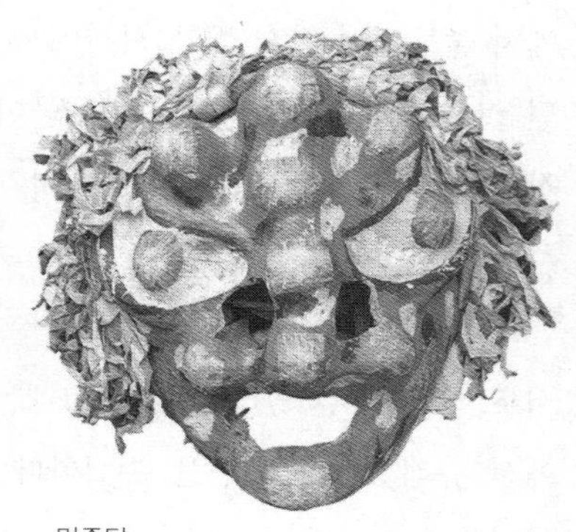

먹중탈

오늘날 한강유역에서 산대가면극이 강렬하게 전승돼오는 것도 조선시대 해상교역이라는 상업적 조건보다는 불교문화의 전파가 더 큰 요인으로 작용한 것으로 본다. 한강유역에서 연희되어온 산대극계통의 가면무들은 처음에는 불교의식무였으나 조선시대 배불정책과 민중의식과 해학적 요소가 삽입되면서 불교문화가 퇴색 변질되었다고

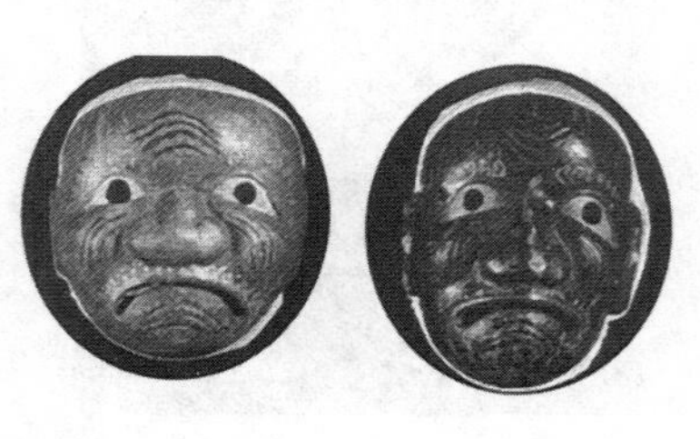

옴중과 먹승(일본 천리대학교 박물관)

본다. 그렇지만 산대극 가면희에서는 여전히 벽사신앙과 불교적 연희성이 강하게 드러나 백제 기악의 잔형을 엿볼 수 있다. 일본 기악의 가면들이 양주 별산대놀이와 봉산탈춤과 동일한 계통의 가면이라 한다면, 양주 별산대놀이와 봉산탈춤을 통해서 백제시대 가면극의 모습을 살펴볼 수 있겠다.

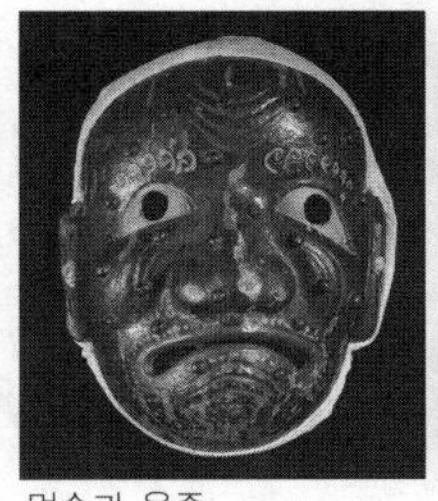

먹승과 옴중

백제시대 가면극을 이해할 수 있는 자료가 『삼국사기』 잡지 악조에 실려 있다. 이 글은 최치원이 당시에 가면희를 보고 지은 「향악잡영오수(鄕樂雜詠五首)」를 재인용한 것으로, 삼국시대 세속에 가면희가 전승하고 있었음을 보여주는 내용을 담고 있다. 5수 중 3수를 소개한다.

월전月顚

어깨는 높고 목은 움츠리고 머리털은 위로 솟고 肩高項縮髮崔嵬

팔을 걷어부친 선비들이 술잔을 들고 싸우고 있네 攘臂羣儒鬪酒盃

노랫소리 아무리 들어본들 재미가 이보다 더할 건가 聽得歌聲人盡笑

초저녁에 든 깃발 첫새벽을 재촉하네 夜頭旗幟曉頭催

이 글은 가면희에서 선비들이 술에 취한 채 술잔을 들고 싸우는 취희(醉喜戲)를 기술한 내용을 핵심으로 하고 있다. 삼국시대 가면희에서

술 취한 사람들이 노는 과장이 있었음을 알 수 있다.

중국 당나라에 술에 취한 호인이 등장하는 취호등 · 취호자라는 연희가 있었는데, 이것이 일본으로 건너가 호음주로 불리게 되었다고 한다. 일본에는 술에 취하여 춤을 추는 호인무가 있었고, 기가쿠에서도 술에 취하여 춤을 추는 취호자라고 불리는 무곡이 있었다고 한다. 오늘날 중국 안휘성(安徽省)의 가면희에도 술에 취한 서역인인 회회인(回回人)이 등장하고 있는데, 회회는 서역의 이슬람교도를 가리킨다. 양주별산대놀이와 봉산탈춤에서 취발이와 팔먹중이 서역인 가면을 쓰고 술에 취해 춤을 추는 모습은 불교의 전래 루트를 따라 백제에 전래된 중국 회회무의 잔형이라 할 수 있다. 취호가면희의 호인(胡人) 가면을 통하여 회회무가 서역에서 중국을 경유하여 백제에 들어왔고, 그것이 다시 일본으로 전해졌다 보는 것이다.

월전의 시에 가면을 쓴 사람들이 등장하는 내용은 없지만, 서역인의 가면을 쓰고 술에 취한 채 춤추는 가면희로서, 기악과 함께 백제에 전래되었다고 본다. 양주별산대놀이와 봉산탈춤은 백제시대 불교의례에서 행해진 가면희 계통으로서 취발이와 팔먹중은 불교의 신장상 또는 호법신에 해당된다고 본다.

대면大面

황금색 가면을 쓴 사람이 그 사람이네 黃金面色是其人

구슬 채찍 손에 쥐고 귀신을 쫓는 일을 하네 手抱珠鞭役鬼神

빠른 걸음 느린 모습으로 정아무를 추는데 疾步徐趍呈雅舞

단봉무 같은 춤사위는 요순시대 봄이로구나 宛如丹鳳舞堯春

대면은 방상씨 같은 큰 가면을 연상하게 한다. 가면을 쓰고 채찍을 들고 귀신을 다루는 방상씨의 역할을 기술한 듯하다. 방상씨는 황금색 또는 붉은색 가면을 쓰고 귀신을 물리치는 역할을 맡는다. 방상씨라는 직접적인 표현은 없지만, 나례의 구나의식에서 역귀를 쫓는 나자(儺者)의 역할을 한시적으로 표현한 듯하다. 대면의 시에 등장하는 구슬 채찍을 들고 귀신을 쫓는 모습은 나례에서 12지신이 가면을 쓰고 채찍을 들고 나와 역귀를 쫓는 모습과 흡사하다. 『구당서』에 따르면 대면은 북제(550~564)에서 시작되었다는 설이 있다. 이 시기는 백제 성왕대와 일치하는데, 중국의 남조문화가 백제에 전래되면서 무기악과 더불어 대면희가 들어왔을 가능성도 있다. 백제시대 이후 대면희는 신라와 당나라 사이의 문물교류가 확대되면서 속가에서도 연행되었다고 생각된다.

대면희에서 귀신을 쫓는 모습은 현전하는 가면극에서도 보인다. 봉산탈춤에서 취발이가 붉은색 가면을 쓰고 버드나무 가지를 들고 역신을 쫓아내는 모습과 오광대에서 말뚝이가 큰 가면을 쓰고 나와서 채찍을 휘두르며 양반들을 쫓아내는 방식이 대면희에서 귀신을 쫓는 내용과 일치한다. 취발이가 든 버드나무는 벽사의 상징성을 갖고 있다. 버드나무는 역귀를 쫓는 주술성을 가진 나무로서 가면희에서 취발이가 버드나무를 들고 역귀를 쫓는 것도 이러한 벽사성 때문이다. 불교에서 버드나무를 들고 서 있는 관세음보살을 양류관음이라 부르는데, 삼국시대 불교의식의 가면희 중 버드나무로 역신을 쫓는 의식이 통일신라 · 고려시대의 구나의식으로 전승되었고, 오늘날 가면희에서 버드나무를 든 취발이가 역귀를 쫓아내는 의식으로 이어지고 있다고 본다.

봉산탈춤에서 취발이가 버드나무로 역귀를 쫓는 의식은 불교의식의 가면무에서 비롯된 것으로 그 역사는 백제시대까지 올라갈 수 있다.

산예狻猊

멀리 사막을 지나 머나먼 길 오느라 遠涉流沙萬里來

털옷이 모두 해어지고 먼지만 뒤집어썼구나 毛衣破盡?矣

머리를 흔들고 꼬리치는 모습이 인덕에 길들여졌으니 搖頭掉尾馴仁德

씩씩한 기운이 사자의 재주에 비할 건가 雄氣寧同百獸才

산예(狻猊)는 사자의 원래 이름이다. 사자춤은 삼국시대에 중국에서 불교문화와 함께 들어온다. 중국의 사자춤도 서역에서 중앙아시아의 사막을 지나 서안 · 낙양으로 처음 들어왔다고 본다. 불교가 들어온 길을 따라 사자춤도 중국에 들어왔다. 가면극에서 추는 사자춤은 서역의 구자국에서 연희되었고 후한시대에 중국으로 전래되었다고 한다. 불교에서 사자는 불상을 수호하고 부정을 쫓는 벽사의 동물로 등장한다. 사자가 불교 조각에 부처의 수호자로 등장하기도 하고, 사자무의 가면으로 부정과 역신을 쫓아내는 역할을 하기도 한다. 사자무는 처음부터 불교의식에서 행해졌다고 본다. 중국과 한국의 나례에 사자춤이 등장하는데, 나례에서 사자춤은 벽사진경의 성격이 강하여 사악함을 물리치거나 귀신을 쫓는 일을 수행한다.

사자춤과 승무

우리나라 가면희에서 사자춤도 정월 초 가가호호 방문하여 지신밟기를 행하고 부정을 쫓아내는 일을 한다. 이러한 지신밟기를 매귀굿이라 한다. 지신밟기는 농악을 울려 집안 구석구석 잡귀를 쫓는 매귀의식을 말하는데 나례의 매귀(埋鬼)와 동일하다. 우리나라 가면희에서 사자춤은 봉산탈춤 · 강령탈춤 · 북청사자놀이 · 하회별신굿 등에 등장한다. 이러한 가면희의 사자춤은 나례의 매귀의식에서 사자의 역할을 강조한 것으로 불교에서 사자가 벽사와 수호의 영물임을 말해주는 것이라 하겠다. 그런 점에서 매굿이라는 지신밟기(걸립굿)도 불교의식에서 파생되었으며, 농악도 불교의례의 대중화 과정에서 각색된 면이 없지 않다.

불교에서 사자는 잡귀를 쫓는 역할도 하지만, 부처는 호위하는 수호신으로 등장하기도 한다. 도솔천이 계시는 미륵보살의 좌대가 사자좌이다. 사자는 백수의 왕으로 불법과 부처를 호위하는 수호신으로 등장하기도 한다. 백수의 왕과 불교문화의 만남은 사자를 수호신으로 등장시켰고, 부처의 좌대 외에 불탑과 불상에서도 사자조각상을 쉽게 찾아

불상을 받치고 있는 사자

흥덕왕릉 사자상

볼 수 있다. 경주 분황사 모전탑에는 네 방위에 위용을 가진 사자석상을 조상해 놓았고, 화엄사에는 네 마리의 사자가 삼층석탑의 탑신을 받치고 있다.

사자춤은 서역의 불교의식에서 행하던 기악의 한 부분이다. 기악은 후한시대 불교와 함께 서역에서 중국으로 들어왔으며, 삼국시대 초에 불교전래와 함께 백제에 전파되었다고 본다. 서역에서 중국에 들어올 때 불교를 홍보하고 불법을 전하는 방편으로 기악대가 포교지에 찾아가 불교예술을 공연하였듯이, 중국 오나라에서 마한과 백제에 처음 불교를 전파하고자 기악대가 선발로 들어와 기악을 선보였던 것으로 본다. 이 시기에 중국의 사자춤이 백제에 전래되었다고 본다. 백제시대의 기악대가 7세기 초에 바다를 건너 일본에 불교와 기악을 전파했으며, 일본

분황사탑 사자들

에서는 백제인 미마지가 오나라의 기악을 전해왔다고 하여 오악(吳樂)이라고 부르고 있다. 천원사의 예에서 보듯이, 일본의 기악은 불교 세시풍속으로 석가탄신일과 우란분절에 사찰에서 불사공양을 목적으로 연행되었으며, 현재도 나라와 교토를 중심으로 오랜 역사를 가진 사찰과 마을에서는 가면희 중심의 기악이 연희되고 있다고 한다.

우리나라에서는 사찰의 기악이 단절되었지만, 기악의 한 계통이라 할 수 있는 범패와 의식무가 불교의례에서 연희되고 있다. 그러나 이 범패는 춤보다는 게 · 송 중심의 소리이기에 가면무와는 거리가 멀다. 사찰에서 가면무는 단절되었지만, 속가에서 가면무는 오늘날까지 전승되고

부안 내소사 대웅보전

있다. 오의 기악이 백제에 전래되어 가면희로 정착한 사실은 한강유역의 산대극 계통 가면희에서 찾아볼 수 있다. 사찰에서 기악공연은 고려

내소사 대웅보전의 가면극 연희그림

시대까지 연행되었으나 조선시대에 이르러 불교의 기악이 해체되면서 각각의 연행주체들이 민간화된 것으로 본다. 그 대상은 가면극, 사당패, 걸립패 등이다. 양주별산대놀이와 일본의 기가꾸에서 사용하는 가

면이 서역 계통으로 서로 흡사하다는 점과 팔먹중과 취발이의 역할과 사자춤에서 불교수호신의 모습이란 점에서 기악은 사찰 연희에 그 뿌리를 두고 있다고 할 수 있다. 통일신라기에 민간에 전승되던 월전, 대면, 산예 등 불교계 기악무가 조선시대 숭유억불정책으로 와해되면서 민속연희로 정착했다고 본다. 1890년대 경남 고성지역에서는 이러한 연희패들이 관아와 마을을 무리지어 돌아다니며 춤을 추었는데 월전, 대면의 탈춤도 연행되었다고 기술하고 있다. 이러한 사실은 가면극이 삼국시대부터 조선시대까지 민간에서 연행되었음을 말해준다. 특히 고려시대까지는 나례를 담당했던 불교계 예능인들이 조선시대에 유랑예인집단으로 전락한 것이다. 유랑예인집단이 조선 후기까지도 사찰을 근거지를 삼었음은 사당패들이 경기도 안성 청룡사를 중심으로 활동한 데서 알 수 있다. 또한 부안 내소사 대웅보전에도 탈춤을 추는 그림이 그려져 조선 후기에 사찰과 유랑예인집단이 유착되었음을 알 수 있다. 따라서 가면극은 삼국시대 불교계 예능인들이 주도하였던 기악무에서 출발하였으며, 불교가 융성하던 통일신라, 고려시대에 크고 작은 불교의례, 또는 국가행사에 참여하였으나 조선시대에 점차 와해되어 갔다고 본다. 그렇치만 조선 후기에도 유랑예인집단은 사찰을 근거지로 활동했다고 본다. 따라서 현전하는 걸립패, 사당패, 가면극들도 기본적으로는 불교계의 기악무에서 파생되었다고 본다.